中國學術思想 研究輯刊

二八編

林慶彰 主編

第1冊

《二八編》總目

編輯部編

孔、孟、荀王道思想研究

鄧夢軍 著

花木蘭文化出版社

國家圖書館出版品預行編目資料

孔、孟、荀王道思想研究／鄧夢軍 著 — 初版 — 新北市：花
木蘭文化事業有限公司，2018〔民 107〕

目 2+218 面；19×26 公分

（中國學術思想研究輯刊 二八編；第 1 冊）

ISBN 978-986-485-468-4（精裝）

1.（周）孔丘 2.（周）孟軻 3.（周）荀況 4.中國政治思想

030.8   107011399

ISBN- 978-986-485-468-4

9 789864 854684

中國學術思想研究輯刊
二八編　第　一　冊　　　　　　ISBN：978-986-485-468-4

孔、孟、荀王道思想研究

作　者　鄧夢軍

主　編　林慶彰

總 編 輯　杜潔祥

副總編輯　楊嘉樂

編　輯　許郁翎、王　筑　美術編輯　陳逸婷

出　版　花木蘭文化事業有限公司

發 行 人　高小娟

聯絡地址　235 新北市中和區中安街七二號十三樓

　　　　　電話：02-2923-1455／傳真：02-2923-1452

網　址　http://www.huamulan.tw 信箱 hml810518@gmail.com

印　刷　普羅文化出版廣告事業

封面設計　劉開工作室

初　版　2018 年 9 月

全書字數　187924 字

定　價　二八編 12 冊（精裝）新台幣 22,000 元　　　　版權所有・請勿翻印

《二八編》總目

編輯部 編

《中國學術思想研究輯刊》二八編 書目

《中國學術思想研究輯刊》二八編
各書作者簡介・提要・目次

第一冊　孔、孟、荀王道思想研究

作者簡介

鄧夢軍（1987～），男，湖南永州人，北京師範大學 2015 屆博士；現爲廈門市行政學院哲學教研室講師。研究方向：先秦儒家與道家哲學。碩士論文爲《莊子修養論研究》，指導老師爲張松輝教授；博士論文爲《孔孟荀王道思想研究》，指導老師爲李景林教授。已在《光明日報》、《黑龍江社會科學》、《原道》、《海南師範大學學報》、《道學研究》等雜誌發表道家、儒家方面論文若干篇。E-mail：mengliuhe@163.com

提　要

王道是先秦儒家政治思想中的核心理念。它既是儒者們的壹種人文信仰，也是他們能希望在國家治理過程中落實的制度與方法。它的核心是以道德仁義爲原則，從而達到實現國家長治久安的目標。從現有的文獻當中可知，在孔子以前，「王道」思想就已經存在。《尚書・洪範》篇對此有明確的記載。對處於由宗法封建社會進入官僚地主社會大變之際的孔子來說，隨著社會動亂不斷的加劇，過去彰顯於穩定統壹秩序中的「王道」思想也變得幽暗不明，岌岌可危。孔子作爲儒家的創始人，在對舊有的六經等典籍進行整理的同時，也依附六經灌註了自己的思想，寄託了自己的整套理想制度，從而爲後來的儒生們重塑了對王道的信仰。孔子王道思想的核心是以仁修身，以德治國。

在此核心思想的指導下，孔子認爲統治者在選撥人才的制度上應打破血統論從而舉賢任能，實行精英治國；在具體政策實行的過程中應該注重民生，富民而教，減輕民眾負擔；在宗教信仰上，主張「敬鬼神而遠之」、強調「未能事人，焉能事鬼」的人本主義。從而建立壹套名分（禮）與孝道（仁）爲主的和諧穩定的賢能政治社會。

孔子去世後，以七十賢人爲代表的孔門弟子及其再傳弟子，對王道思想從不同層面進行了深化與推進。在理想層面，它主要表現在對禪讓制度的推崇以及對大同小康社會的展望；在實踐層面，孔門後學特別是曾子學派對孔子的「孝」治思想進行了深化；在心性論層面，孔門後學對對誠的論述、對以情應物的心物關係、對大體小體等問題的探討，爲孟子性善論的提出提供了思想、理論上的準備。孟子在吸收前人思想的基礎上，通過以情論心、以心論性的方式，論證了人性爲善的本質。孔子之後，由曾子、《大學》、《中庸》、《五行》到孟子，孔子構建的王道信仰的心性層面，表現出了壹個由外到內、由性到情、心的內向轉折。心性之學看似是向內發展，實質上是爲向外的王道大同社會的實現提供了價值基礎與教養的本源。除此之外，孟子在對歷史事件的分析以及對具體政策的探討上都貫穿著他仁義至上的王道理念。並在王道與霸道的關係上表現出尊王賤霸的態度。

隨著簡帛《五行》篇的出土問世，荀子對子思、孟子的批評逐漸明朗。荀子並不是要批評「仁義禮智聖」等具體德目，而是批評思孟將「仁義禮智聖」五種德目引入到傳統五行相生相剋的觀念當中。這種引入使得「甚僻違而無類，幽隱而無說，閉約而無解」等神秘主義開始在學術理論界流行。鄒衍即是這方面的代表。因此，荀子在反對孟子的同時，走向了與孟子對王道論證的不同道路。雖然論證方式不同，但是他們在仁義至上的王道理念是壹致的。荀子通過對「天人之分」與「性僞之別」的分析論證認爲王道理念的推行必須建立在聖人教化的基礎上以及禮義制度的保障中。於是，荀子對如何將王道理念落實到現實中做了詳細的設計。正如壹國國家的君主有「聖君、中君、暴君」等區別，荀子將國家治理的好壞也分爲三個等級：壹個是實行禮義的王道國家，壹個是講究信用的霸道國家，壹個是搞權術陰謀的必然走向滅亡的國家。對於荀子來說，他認爲君主在治理國家時採用什麼樣的治理之道就會走向相應的社會。因此現實社會中，人們必須要效法師儒，從而爲王道社會的實現提供相應的理論指導。

目 次

第二冊 《論語》與《孟子》的生命觀研究

作者簡介

許詠晴，臺灣高雄市人，1988 年生。
臺灣大學哲學博士。
專長：儒家哲學、先秦哲學。
目前於湖北省黃岡師範學院擔任講師。

提 要

　　本文以孔孟哲學為中心，溯及孔孟哲學出現以前中國古代對於生命的認識，再深入探討孔孟哲學的生命觀。人類生命中需要面對的互動關係可以區分為四類：人與自然界、其他人類、超越界，以及自己，本文將研究《論語》與《孟子》如何說明人與這四者的關係。古代信仰環境中，「絕地天通」標誌著人類走出自然、與超越界明確區分，只有統治者可以得知「天命」，「人」的觀念形成，但是「個人」的觀念還不顯著。同時，古人雖設法說明了人的來源與歸宿，認為人的本性有一定的規則，順著人性的規則發展，就會喜好美好的德行，卻沒有說明人「為何」實現人性。孔子說明人在正常的成長發展之下，自然會產生「安」與「不安」的道德要求，人與自己的關係在於自覺內心的要求並且真誠面對它。實踐我心對於行善的要求，就是完成我個人的使命。孔子認為天是人類生命與德行修養的來源，完成個人的德行修養，就是完成上天的使命。天命是每個人都可以在自己身上加以肯定的。孔子強

調人的道德要求內在於己，在人與自己的關係以及人與超越界的關係中，透過自覺造成了重大突破。孟子則進一步以不忍心說明不安，將人的道德需求溯源於心。心的官能可以思考，思考便能自覺心所喜好的是理義（合理性與正當性），而人心有四端（四種行善的開端），順著自然湧現的四心，就可以實踐善行，這就是性善。心是天賦予人的，充分實踐內心的要求，就會瞭解本性，瞭解本性就會瞭解天。養育本性等待任務，就是建立使命的方法。肯定每個人都可以主動修養自我，瞭解天賦予我的人性、建立使命。不斷的自我修養與擴充，還能夠照耀別人、感化群眾，人的德行修養永遠有向上提升的空間。孔孟哲學使人意識到人性源自於天，人有上達無限之境的潛能，甚至可以為了理想犧牲生命，這就是理性臣服於終極關懷之下，被這股發自無限的力量驅動，躍升於自身限制之上。這層體認便是孔孟共同的終極關懷，也是孔孟的信仰。

目　次

第三冊　透過冥契主義重構《莊子》體道工夫的研究向度

作者簡介

　　林修德，1983 年生，新北板橋人，東吳大學哲學碩士，國立東華大學中文博士，遊走於哲學與中文兩端，期許理性與感性的整合，得以開拓當代中國哲學研究的新向度。現任嶺東科技大學通識中心助理教授，曾任教於國立東華大學、國立臺東大學、國立臺東專科學校、聖母醫護管理專科學校。著有〈從〈聲無哀樂論〉引用《莊子》「三籟」典故探其「聲情關係」

中所蘊含的工夫向度〉、〈試從存有三態語言觀反省《莊子》工夫的研究方法〉、〈中國哲學研究關懷初探——以《莊子》冥契主義研究爲例〉等篇論文。

提　要

　　本論文企圖融合理性的思辨與感性的體悟，是一種嘗試連結中文、哲學、心理與宗教的跨領域研究。

　　從結構而言，本文涉及了《莊子》體道思想及其書寫表達方式、冥契主義（即 Mysticism，又譯爲神祕主義）、榮格的集體潛意識理論。集體潛意識理論認爲所有人類從古至今共同具有一超越時空的潛在意識，此集體潛意識得以做爲冥契主義的理論基礎，而冥契主義旨在探究天人合一的體驗內涵，《莊子》的體道思想亦屬冥契主義的一種。因此，研究集體潛意識理論，將有助於我們對於《莊子》體道智慧的當代理解。

　　提出新的《莊子》體道思想研究方法，亦是本論文的研究目標。冥契主義除了得以做爲《莊子》體道思想的基礎理論外，心理學進路的冥契主義研究，亦有助於我們調整研究《莊子》體道思想的方法策略，心理學進路擅長從冥契語言的分析中，掌握言說者完整的冥契體道歷程，據此重新檢視並解構傳統《莊子》三言的語言表達模式，將得以發展出一種針對《莊子》體道思想的當代研究模式。

　　本論文旨在探究《莊子》體道思想所能引發的當代實踐意義，亦即呼應於當代意義治療、哲學諮商與人文臨床的發展脈絡，期許《莊子》能跨越歷史文化的時空限制，而爲當代人們帶來更豐厚的生命智慧！

目　次

第四、五冊　兩漢祀權思想研究——以《春秋》與《禮記》中郊廟二祭之經典詮釋為例

作者簡介

陳惠玲，現任於黎明技術學院時尚設計系。

成大與清大，古城與風城，青澀而純真，多少回憶與紀念，一晃眼已見華髮。回想，當年誌謝詞是這樣寫的：「以春光詩篇，佐茶。這是廣告詞。以月色孤寂，沏一壺兩漢青澀。這是九年歲月。浮沉，知識地學海，俯拾，過去地腐朽。看不盡，二千年來光陰。微風細雨，樓起樓塌，殘垣，枯骨，青青，草木埋藏盛世榮輝。我在歷史那頭，問鬼求神，飲酹，兩漢月色。」詩心一般埋藏於瑣碎，細數日子，師恩永誌，我在這頭念著，祝願建俊老師、聰舜老師、旭昇老師，闔家康泰，永保九如。

提　要

如果我們仔細研讀《春秋》，不難發現孔子以片言之史錄述其主張，其一主張誠乃藉由「喪之終始」以申其「祀權思想」。喪有始終，喪之始也，踰年行郊，郊權以正其位，《公羊》家「董仲舒」主之，《禮記‧王制》條例是其

證也，《春秋》是其驗也；喪之終也，三年吉禘，禘權以令天下，《左傳》家「劉歆」主之，《禮記・大傳》條例是其證也，《春秋》是其驗也。

《春秋》言祭，重在郊、禘二祭；《禮記》言魯公受賜，內祭則大嘗禘，外祭則郊社，亦以郊、禘二祭為重。《春秋》乃魯之實錄，不論郊禘是成王特賜，抑或魯公僭祀，都無礙於我們對兩漢祀權思想的觀察。郊、禘二祭乃周王以來天子的專屬祀權，《禮記》〈王制〉、〈大傳〉揭之甚明，誠乃透過祭祀禮儀以建尊卑秩序，實踐以尊統親之宗法體制。這一「寓政於祀」的思維，在漢朝時期則成為伸張君權之兩大不可旁落的祀權。「郊天權」乃由「董仲舒」掘其微言大義，以「越喪行郊」，踰年即位郊天，以正天子之名位，成為《公羊》尊王之基本教義；「禘祖權」則由「劉歆」張其宗廟之本，以三年喪畢，「吉禘告終」，五服來朝，新主易世，即位稱王，此乃《左傳》及《國語》之權力主張。

要之，不論董仲舒或劉歆，都亟以祀權掘發君權之大義，因此，「祭主權」，乃帝王政教之寶器，這就是孔子以史鑒誡之主張——「器以藏禮」——禮以建紀，班爵秩序，一寓於名與器中，故不可妄賜，賜之假人，則王政亡矣，乃孔子作《春秋》之真諦也。所以《禮記・王制》中這十七字箴言：「喪三年不祭，唯祭天地社稷，為越紼而行事」正道出祀權之於王者的唯一性與不可替性。事實上，此乃襲取上古帝王顓頊「絕地天通」一統天下祀權的歷史效用，而此一效用正為兩漢經學家所發揚光大。

目　次

上　冊

第六冊　嵇康與郭象自然與名教思想之比較研究

作者簡介

　　李建興，臺灣宜蘭人，1964 年生。宜蘭高中、東海大學哲學系畢業，中國文化大學哲學研究所碩士、博士。曾任國立宜蘭大學兼任副教授，現任蘭陽技術學院副教授，並就讀國立東華大學中國語文學系博士班。

提　要

　　在魏晉玄學史上，嵇康與郭象分別為「竹林時期」與「永嘉時期」的代表性人物，本論文旨在探索、比較二者有關玄學主題「名教與自然」的思想；依序從時代背景、立論目的、語詞意涵、實質內容、理論得失及影響等層面，研討和對照二者的理論系統，並釐清二者之間是否存在某種傳承遞嬗的關係。

　　魏晉「名教與自然」問題，源自於玄學家對漢末以降名教危機的反省，進而提出改革現實世界的理想，同時也關涉儒道二家思想的調和。此一主題由「正始時期」王弼的貴無論奠定理論基礎和規模，嵇康前期原本也致力於名教與自然的結合，後來由於對司馬氏政權操縱下異化虛偽的現實表示反抗，遂轉變態度而提出「越名教而任自然」，此可視為王弼「崇本息末」思想的一種片面發展和深化，典型地反映了正始以後，魏晉禪代之際知識份子的心路歷程。嵇康將自身艱困的處境以及對苦難人生的深沉存在感受，融入他的玄學思維中，以其心目中自始至終不曾放棄的，真實自然的名教理想為依

據，憤慨地批判現實虛偽的名教，以率真適性的姿態，為自己身處的荒謬時代留下見證。

而面對西晉動盪局勢的郭象之玄學任務，則在於綜合總結當時兩種偏離玄學主題而片面發展的的思想，亦即嵇康自然論所主張現實是必須超越的，與裴頠崇有論所主張現實是不能超越的，力圖將這兩個相互矛盾對立的命題予以辯證地統一，從而完成調和名教與自然的理論。郭象獨化論體系從本體論上證明自然就是名教，名教就是自然；超越的玄冥之境不在名教之外，就在名教之中。他所謂「內聖外王之道」，乃是通過至人逍遙無待的主體觀照，而臻於仕與隱，山林與廟堂，名教與自然為一，萬物各各自爾獨化的境界。郭象高妙的哲學理想為玄學發展再創新局，但在實踐的意義上則較顯薄弱。

嵇康所倡「越名教而任自然」，雖因對現實激憤而偏離玄學調和名教與自然的主軸，但是他追求性靈自由及自然美感的生命精神和境界，卻深深觸動了那個苦難時代中憂患徬徨的士人心靈，刻劃出高雅脫俗的魏晉風度與神采。而郭象則是繼嵇康之後，真正能立足於「任自然」的思想基礎之上，對名教社會的價值給予合理肯定的玄學家；他從嵇康的「越名任心」、「越名教而任自然」，進一步推展到「任性逍遙」、「獨化於玄冥之境」，將嵇康所苦心尋覓寄託理想的彼岸世界，重新冷靜地拉回現實生命的舞臺，此岸的人間世界。

目　次

第七、八冊　唐代音樂賦之思想研究

作者簡介

　　曾愛玲，台中師範學院音樂組畢業，主修鋼琴，副修聲樂。後師承王秀甄老師習箏數十年，參與多場古箏音樂演奏。曾任國小音樂教師，指導兒童合唱、設計音樂科教材教案，於 2004 年獲頒台中市特殊優良教師。因指導學生參加國語文演說及朗讀等競賽，感受到中國文學之美，跨足語文領域。2005年畢業於新竹教育大學語文教育研究所碩士班，2013 年取得逢甲大學中文系

博士學位。近年來醉心習書，弄墨以弘書道。現任逢甲大學通識教育中心兼任助理教授。研究專長爲唐賦、音樂與文學、語文科教材教法等領域。

提　要

音樂是聲音的藝術，文學是語言的藝術，在本質、內容和形式上獨具特色，各有不同表達形式。音樂與文學除了情感以外，思想內涵是共同具有的內在元素。文學家以文字爲媒介，將抽象音樂藝術之概念與義理，賦予邏輯與合理性的敘述，產生和諧之共鳴與對話。

本書透過全面檢索《全唐賦》之資料，篩選符合本文所界定之音樂賦。分析唐代文人在賦體文學表現中，對於音樂文化的思考邏輯，並試圖釐清在特定歷史因素、政策制訂過程及執行中，呈現何種鋪寫模式，展現何種思想架構與期待。研究發現，唐代音樂賦追求文字、內容、結構之美，普遍的引用音樂類的故實、成辭，並以音響感知、音樂義理爲創作手法。在音樂鑑賞方面，不以音樂「符號」來申論，而是以字面上的音樂「語言」作爲支持，較無音樂專業術語陳述，而以文學形式爲前提表現音樂的審美理想。

本書以「賦」爲文學領域的研究文體，以「音樂」作爲藝術領域討論的對象與主題，對音樂與文學的和諧性及其對音樂環境、文學思考所展現的融合互補、影響與效應，從思想的角度作出結論。

目　次

上　冊

第九冊　宋代湖湘學派理學研究

作者簡介

　　劉榮賢，台灣嘉義人，一九五五年生，東海大學中文系畢業，一九九四年東海大學中文所博士。曾任靜宜大學中文系副教授，現任東海大學中文系教授。研究專業在中國思想史、先秦道家及宋明理學，近年轉至佛教思想研究。著有專書《張子正蒙注研究》、《宋代湖湘學派理學研究》、《莊子外雜篇研究》及期刊論文三十餘篇。

提　要

　　湖湘學派原以胡安國的《春秋》學起家，而其學術有超出傳統《春秋》學之處：安國一變自來治《春秋》者重禮樂刑政的傳統，開始注意人主的「心術」問題。故安國之子胡五峰在《春秋》之外又注意到《論語》中的性命之學，湖湘學派於是從經史之學逐漸開出理學之路。五峰之時湖湘理學大興，乃成方面重鎮。

　　湖湘學派理學承繼北宋濂溪、橫渠、明道三大家的思想傳統，加以吸收整合：以「氣」之流行立「性」為天下之大本，而「心」則是能「知天地，宰萬物」以成「性」之主體，湖湘學派的理學結構在宋明理學史上可以說是代表一個「基本原型」的意義。

　　本文除就師弟、學友間學脈傳承的立場敘述湖湘學派人物之間思想演進的學術脈絡之外，更逐一分析其重要理學觀念的實質內容，以期對湖湘學派人物在理學方面做較深入的研究。

　　湖湘學派理學傳至南軒之後，在思想內容上雖稍有轉轍，然尚足以術湖湘之旗幟以與朱子之理學相激盪，對朱子理學思想的發展與定型的過程之中起了重大的影響。因此從朱子四十歲以前參究已發未發的「中和」問題的過程中與南軒湖湘思想中的相互激盪影響中，即可看出理學發展到南宋之後「朱子」與「湖湘」兩大系統之間的歧異，以及造成此一歧異的理論根源。

　　另外，由於湖湘學派理學在理學史上具有原型結構的形態，因此與宋明

理學中的主要學者，如朱子、象山、陽明，及明末逐漸重「氣」觀念的王廷相、王船山等人的理學在「內在結構」上都有一定程度的關聯性。本文最後即論述湖湘學派與這些理學上的重要學者在理學思想結構上的內在關聯性，並從這些思想關係來確定湖湘學派理學在整個宋明理學史上的意義與地位。

目　次

第十冊　周海門哲學思想研究

作者簡介

　　代超，男，1982 年生，2004〜2006 年就讀於中國人民大學西方哲學專業，獲西方哲學碩士學位。2006〜2010 年就讀於北京大學儒藏編纂與研究中心，獲中國哲學博士學位。

提　要

　　周海門繼承王陽明、王龍溪一脈的思想，以良知心體爲核心構建其哲學思想。首先周海門以爲心爲萬物的本原。此一思想並非是以心爲本原生成宇宙萬物。而是指只有通過心體的感知作用，世界萬物才被揭示爲存在。同時，周海門還強調心體的意向性作用賦予存在物以道德、審美的價值，是對王陽明「心外無物」思想的進一步擴展。

　　周海門的心學思想來自於王龍溪，爲了維護王龍溪「心體之無善無惡」的思想，提出生命主體在道德實踐時，心體自然感應萬物而呈現道德價值，「心體之無善無惡」所體現的是心體周流萬物而不滯的道德境界，他不僅以「無善無惡」爲道德的圓熟境界，同時也解讀爲人的本性是無善無惡的。

　　周海門的修養理論與王龍溪一脈相承，強調即本體爲工夫的修養理論，並且引用禪宗參禪之法來徹悟良知本體，在一念之微上做爲善去惡的工夫。周海門強調生命的眞實感悟，在實踐中理解道德理論的眞實內涵，反對在思維上對道德理論作辨析。

　　周海門的思想也深深地受到佛教的影響。他認爲儒佛之心同，但是因爲不同的因緣條件呈現不同的形式，不能根據二者形式上的矛盾而相互攻擊。故而儒不應排斥佛教，但是也不必捨儒而入佛。佛教不必攻擊儒家，也無需捨佛而入儒。

目　次

第十一冊　耿定向與李贄論爭研究

作者簡介

　　周素麗，1985 年生於河北平山縣。2013 年考入中國政法大學人文學院哲學系，2017 年經推薦免試進入北京大學哲學系，2013 年獲哲學博士學位。畢業後進入人民日報社人民論壇雜誌社工作。主要研究方向為中國哲學與中國文化、儒家哲學、陽明心學；同時，對中醫藥、當代中國社會思潮有一定研究。曾發表論文《李贄與耿定向學術人格的對比——耿李論戰的原因分析》、《〈黃帝內經〉中各流派分析——從與黃帝問對諸臣之名切入》、《2010～2014社會思潮動向調查分析報告》等。

提　要

　　耿定向和李贄的論爭，是明代中後期思想界的一段著名公案。二人論爭自萬曆十二年（1584），至萬曆二十三年（1595），持續時間長達十二年。

　　耿定向和李贄的論爭，始於互相規勸與各自辯解，但由於各持己見，皆不願讓步，也都不能說服對方，漸漸地互相不滿，論爭升級爲比較尖銳的批評，甚至人身攻擊。二人論爭書信、文章在友人、弟子間傳播，矛盾日益公開化。在與耿定向的論爭中，李贄的思想、言行日益激進狂放，影響日眾，最終受到統治者的敵視與迫害。

　　耿李論爭涉及到的問題有名教與眞機、道德與情慾、出世與入世、正統與異端等，皆是中國哲學內部值得爭論的問題。拋開歷史的成見，站在客觀的立場，心平氣和地對他們的論爭進行專門、細緻的研究，將有助於我們對耿定向、李贄的思想有更爲公允的理解，對明代中後期思想史進程有更好的把握，對中國傳統哲學中個人與社會、自由與秩序、眞與善等不同價值之間的矛盾與張力也會有更深的認識。

　　本文第一章對耿定向和李贄的生平和思想作簡要介紹，以便讀者瞭解二人論爭的背景。第二章對耿李論爭作歷時性的考察，將耿定向和李贄論爭的相關書信、文章進行梳理，結合前人的考證成果，儘量還原二人論爭的全過程，將耿李論爭的來龍去脈再現於世人面前。第三章側重從「明代中後期道德與性命之學的分化」、「關於情慾問題的論爭」「泰州學派的狂俠精神」三個方面，詳細分析耿李論爭中涉及的名教與眞機、情慾與性命、正統與異端等問題，藉以考察明代中後期士人的思想動向，以及中國傳統思想中不同價值之間的矛盾和張力。

目　次

第十二冊 壇經十八講

作者簡介

　　錢翰，男，籍貫安徽，1973 年 2 月生於武漢。2006 年獲得北京大學和法國索邦大學法語文學博士。從 2005 年開始在北京師範大學文藝學研究中心工作至今。

　　作者的著作《二十世紀法國先鋒文學理論和批評的「文本」概念研究》曾入選國家社科基金文庫，並獲北京市社科優秀成果二等獎，在西方文論和中國傳統經典方面皆有深入研究，擔任北師大國學社指導教師。錢先生希望以自己的努力，溝通中西文化。

提 要

　　本書是 2014 和 2015 年，我在北京師範大學講授課程《禪宗與文學》的

講稿。課堂上，除了佛教的基本常識之外，我用了專門一段時間介紹小乘理論，作為入門的基礎。本書主體的部分當然是對《壇經》的解讀。《壇經》之難不在於其文字，難的是其中所反映的哲學思想，而且這種哲學並不是所謂理論的或概念的哲學，而是實踐的哲學。慧能大師在《壇經》中所說的，並不是源自命題和邏輯的推演，而是他自身的生命經驗。「不二法門」超越了語言所能達到的極限，因此就語言層面上來說，禪宗話語充滿了矛盾、悖論和不知所云。如果只能依文解義，要麼會陷入一頭霧水的迷茫，要麼會陷入自以為是的狂妄。同時也可能陷入與其他佛教流派的爭議。本講稿力圖透過重重迷霧，把壇經的思想與我們的生活相結合，以「可思議」的文字讓讀者可以揣測「不可思議」禪宗境界。

另外，附錄的部分討論了日本俳句的禪意。雖然禪宗與俳句之間並沒有那麼直接的關係，但我卻想作為附錄保留下來，可能是因為我有對俳句有特別的偏愛，也可能是因為我感覺這些俳句，尤其是小林一茶的俳句，呈現了一種不可思議的慈悲與無為的境界，希望通過我的講解，讓大家對這些優美而充滿智慧性靈的俳句報以會心的微笑。

目　次

序　言

目錄與簡介

孔、孟、荀王道思想研究

鄧夢軍　著

作者簡介

鄧夢軍（1987～），男，湖南永州人，北京師範大學 2015 屆博士；現爲廈門市行政學院哲學教研室講師。研究方向：先秦儒家與道家哲學。碩士論文爲《莊子修養論研究》，指導老師爲張松輝教授；博士論文爲《孔孟荀王道思想研究》，指導老師爲李景林教授。已在《光明日報》、《黑龍江社會科學》、《原道》、《海南師範大學學報》、《道學研究》等雜誌發表道家、儒家方面論文若干篇。E-mail：mengliuhe@163.com

提　要

　　王道是先秦儒家政治思想中的核心理念。它既是儒者們的壹種人文信仰，也是他們能希望在國家治理過程中落實的制度與方法。它的核心是以道德仁義爲原則，從而達到實現國家長治久安的目標。從現有的文獻當中可知，在孔子以前，「王道」思想就已經存在。《尚書・洪範》篇對此有明確的記載。對處於由宗法封建社會進入官僚地主社會大變之際的孔子來說，隨著社會動亂不斷的加劇，過去彰顯於穩定統壹秩序中的「王道」思想也變得幽暗不明，岌岌可危。孔子作爲儒家的創始人，在對舊有的六經等典籍進行整理的同時，也依附六經灌註了自己的思想，寄託了自己的整套理想制度，從而爲後來的儒生們重塑了對王道的信仰。孔子王道思想的核心是以仁修身，以德治國。在此核心思想的指導下，孔子認爲統治者在選撥人才的制度上應打破血統論從而舉賢任能，實行精英治國；在具體政策實行的過程中應該注重民生，富民而教，減輕民眾負擔；在宗教信仰上，主張「敬鬼神而遠之」、強調「未能事人，焉能事鬼」的人本主義。從而建立壹套名分（禮）與孝道（仁）爲主的和諧穩定的賢能政治社會。

　　孔子去世後，以七十賢人爲代表的孔門弟子及其再傳弟子，對王道思想從不同層面進行了深化與推進。在理想層面，它主要表現在對禪讓制度的推崇以及對大同小康社會的展望；在實踐層面，孔門後學特別是曾子學派對孔子的「孝」治思想進行了深化；在心性論層面，孔門後學對對誠的論述、對以情應物的心物關係、對大體小體等問題的探討，爲孟子性善論的提出提供了思想、理論上的準備。孟子在吸收前人思想的基礎上，通過以情論心、以心論性的方式，論證了人性爲善的本質。孔子之後，由曾子、《大學》、《中庸》、《五行》到孟子，孔子構建的王道信仰的心性層面，表現出了壹個由外到內、由性到情、心的內向轉折。心性之學看似是向內發展，實質上是爲向外的王道大同社會的實現提供了價值基礎與教養的本源。除此之外，孟子在對歷史事件的分析以及對具體政策的探討上都貫穿著他仁義至上的王道理念。並在王道與霸道的關係上表現出尊王賤霸的態度。

　　隨著簡帛《五行》篇的出土問世，荀子對子思、孟子的批評逐漸明朗。荀子並不是要批評「仁義禮智聖」等具體德目，而是批評思孟將「仁義禮智聖」五種德目引入到傳統五行相生相剋的觀念當中。這種引入使得「甚僻違而無類，幽隱而無說，閉約而無解」等神秘主義開始在學術理論界流行。鄒衍即是這方面的代表。因此，荀子在反對孟子的同時，走向了與孟子對王道論證的不同道路。雖然論證方式不同，但是他們在仁義至上的王道理念是壹致的。荀子通過對「天人之分」與「性僞之別」的分析論證認爲王道理念的推行必須建立在聖人教化的基礎上以及禮義制度的保障中。於是，荀子對如何將王道理念落實到現實中做了詳細的設計。正如壹國國家的君主有「聖君、中君、暴君」等區別，荀子將國家治理的好壞也分爲三個等級：壹個是實行禮義的王道國家，壹個是講究信用的霸道國家，壹個是搞權術陰謀的必然走向滅亡的國家。對於荀子來說，他認爲君主在治理國家時採用什麼樣的治理之道就會走向相應的社會。因此現實社會中，人們必須要效法師儒，從而爲王道社會的實現提供相應的理論指導。

此書獻給我的導師李景林先生

目

次

緒　言

　　王道是先秦儒家政治思想中的核心理念。王道其實質是以理想的政治之道建立理想的人間秩序。它既是儒者們的一種人文信仰，也是他們能希望在國家治理過程中落實的制度與方法。「一種文化理念，既表現著一種內在的理想性，亦表現為一種價值的實現方式。《禮記・中庸》說：『其次致曲，曲能有誠。』應該指出，任何一種文化理念的落實都表現為一種歷史性的『致曲』之道。『致曲』的現實化常常表現為一種文化理念的墮落，但前者卻正是在此『墮落』中不斷透顯出其永恆的超越意義。」〔註1〕王道作為這樣的一種文化理念，它的核心是以道德仁義為原則，從而達到實現國家長治久安的目標（即是仁政）〔註2〕。由字面意思上可知：所謂「王道」就是由聖王而行其道，或者得聖王而行其道。〔註3〕從現代政治學的角度來說，它是一種自上而下的頂層制度設計。這種借助聖王提出自己政治思想、學說的方式，在春秋戰國時期隨著「上帝」、「天」信仰權威的衰落，變得尤為盛行，由此而形成了一股

〔註1〕　李景林：《教化的哲學》〔M〕，哈爾濱：黑龍江人民出版社，2006年，第488頁。

〔註2〕　董仲舒說：「堯舜三王之業，皆由仁義為本。仁者所以理人倫也，故聖王以為治首。」（《全漢文》卷二四《詣丞相公孫弘記室書》）

〔註3〕　傅永聚、任懷國在《儒家政治理論及其現代價值》中提到：「『王道』就是行仁政而『王天下』之道。在孟子新民中，古代聖王，特別是堯、舜、禹『三王』是行仁政的楷模，所以『王道』也就是『先王』之道或『三王』之道。」李景林先生說：「『王道』的精神，其核心是對道義原則的強調，可以概括為一種『道義至上主義』的精神。」（見論文《論儒家的王道精神》）范文瀾：儒學最根本的政治思想是德治（王道）（《中國通史》第二冊，人民出版社，1978年版。）

「聖人崇拜」〔註4〕的思潮。在禮壞樂崩的社會環境中，先秦諸子們感受到了來自社會無秩序所帶來的生死離別以及無窮無盡的戰爭造成的痛苦與無奈。因此，他們首先要追求的是用一種思想去為社會的穩定與統一奠定理論基礎。沒有一個穩定的社會秩序，也就沒有條件開展各種可能的理想生活，而所謂的「自由」也就無從談起。這種對穩定秩序的渴求成為了當時人們共同的心願。

　　從現有的文獻當中可知，在儒家產生以前，「王道」思想就已經存在了。《尚書·洪範》說：「無偏無陂，遵王之義；無有作好，遵王之道；無有作惡，尊王之路。無偏無黨，王道蕩蕩；無黨無偏，王道平平；無反無側，王道正直。會其有極，歸其有極。」〔註5〕龐樸先生在《原道》中「王道」一節解釋到：「這些蕩蕩、平平、正直的王道，內容並不很多，那就是其文前所說的什麼以五福（壽、富、康、寧、所好德、終其正命）賜其庶民，和顏悅色對待臣民，毋侮鰥寡而畏高明，鼓勵臣民有所作為等等。不過王道的內容雖說不多，性質卻很重要。王道之重要，重在它的意義和作用，那就是其後文所說的『是彝是訓，於帝其訓』，『是訓是行，以近天子之光』，以及『曰天子作民父母，以為天下王』。第一句話可看成王道的性質：它順乎天帝，為民作則。第二句說王道的作用：庶民理應遵行，以沐君王之恩。第三句話是總結，由此得出了君民的尊卑關係。《左傳》中有一段話說得好：『……事神、訓民、事君，示有等威，古之道也。』（《文公十五年》）這個所託的古之道，也正就是《洪範》所說的王道。」〔註6〕

〔註 4〕　關於聖人崇拜現象，康有為在《孔子改制考》一書中早有論述，他認為上古茫昧無稽可考，「『六經』以前無復書記。夏、殷無徵，周籍已去，共和以前不可年識，秦、漢以後乃得詳記。」（康有為：《孔子改制考》，中國人民大學出版社，2010 年版，第 4 頁。）並且認為「夫三代文教之盛，實由孔子推託之故。」（同上。）他將上古聖賢的行為都說成是古代諸子為了實現自己的主張而託古創建。春秋戰國時代，諸子並起創教，接著託古改制。也是由此，顧頡剛針對這一「聖人崇拜」現象，通過對史料的縝密梳理，「悟」出了古人「造聖」的事實。在 20 世紀 20～30 年代提出了著名的「層累地造成的中國古史」說。

〔註 5〕　這句關於王道的經典論述在先秦典籍中就已經被反覆引用，如《左傳·襄公三年》引《商書》曰：「無偏無黨，王道蕩蕩。」《墨子》裏也有引用。《荀子·修身》（《天論》所引與《修身》同）、《韓非子·有度》和《呂氏春秋·貴公》都曾引用了它。《荀》、《呂》兩書分別標明引自《書》和《洪範》，《韓非子》稱為「先王之法」。

〔註 6〕　龐樸：《當代學者自選文庫·龐樸卷》〔M〕，合肥市：安徽教育出版社，1999

　　西周末年，王室內部矛盾重重。根據《史記》記載：公元前 771 年，犬戎攻破鎬京。周幽王因烽火戲諸侯等一系列荒唐行爲〔註7〕，最後被殺於驪山。其後眾諸侯擁立太子宜臼爲王，是爲周平王。因鎬京曾發生過地震受損，又接近戎、狄等外患，於是平王在即位後第二年（公元前 770 年），將國都遷至雒邑。錢穆評論道：「及平王東遷，以弑父嫌疑，不爲正義所歸附，而周室爲天下共主之威信掃地以盡，此下遂成春秋之霸局。」〔註8〕與之相隨的，「天下同歸而殊途，一致而百慮」（《周易·繫辭下》）的道也不得不被迫分裂。莊子對此有非常深刻的描述，他說：「內聖外王之道，暗而不明，鬱而不發。天下之人各爲其所欲焉以自爲方。悲夫，百家往而不反，必不合矣！後世之學者，不幸不見天地之純，古人之大體，道術將爲天下裂。」（《莊子·天下》）在這種由於生產力發展，人權呼聲高漲，伴隨著西周初期封邦建國的「國野制」〔註9〕崩潰而帶來的動盪的社會環境中，過去曾經彰顯於穩定統一的秩序中的「王道」思想也變得幽暗不明，岌岌可危。在這種動亂的環境下，士大夫們都希望藉重諸侯的力量，建立一個和平安定的太平社會〔註10〕。這種對從混亂的狀態中尋求統一的焦慮，我們稱之爲「制度的焦慮」。沒有穩定秩序的保障，生命的安全、自由等一切都變得遙不可及。所以孔子常說：「苟有用我者，期月而已可也，三年有成。」（《論語·子路》）又說：「如有用我者，吾其爲東周乎！」（《論語·陽貨》）這是何等急於用世的心情啊！當齊景公向孔子討教如何執政的時候，他回答道：「君君、臣臣、父父、子子。」（《論語·顏淵》）孔子首先追求的是用禮義名分思想去建立並維持一個穩定的社會

　　　　　　年，第 303～304 頁。

〔註7〕　司褒姒不好笑，幽王欲其笑萬方，故不笑。幽王爲烽燧大鼓，有寇至則舉烽火。諸侯悉至，至而無寇，褒姒乃大笑。幽王說之，爲數舉烽火。其後不信，諸侯益亦不至。司馬遷：《史記·本紀·周本紀》。

〔註8〕　錢穆：《國史大綱》（錢賓四先生全集·第二十七冊）〔M〕，臺北：聯經出版事業股份有限公司，1998 年，第 53 頁。

〔註9〕　關於西周初期在周公封邦建國所形成的「國野」制度，我們可以從《左傳》《國語》等書籍中找到相應的足跡。這一制度的形成及其崩潰，在吳龍輝先生的《原始儒家考述》中有具體的闡釋。

〔註10〕　司馬談在《論六家要指》中說道：「夫陰陽、儒、墨、名、法、道德，此務爲治者也。」《淮南子·泛論訓》也有幾乎一樣的評論：「百川異源，而皆歸於海；百家殊業，而皆務於治。」《漢書·藝文志》對這一現象進行了總結，指出：「諸子十家，其可觀者九家而已。皆起於王道既微，諸侯力政，時君世主，好惡殊方，是以九家之術蜂出並作，各引一端，崇其所善，以此馳說，取合諸侯。」

秩序。

　　作爲儒家創始人的孔子在最具權威的孔子語錄《論語》中沒有對「王道」概念進行過的直接論述，而《禮記・鄉飲酒義》中卻有記載孔子語云：「吾觀於鄉，而知王道之易易也。」後文便接著有對此句話的解釋：「貴賤明，隆殺辨，和樂而不流，弟長而無遺，安燕而不亂，此五行者，足以正身安國矣。彼國安而天下安，故曰：『吾觀於鄉而知王道之易易也。』」另外，司馬遷在《十二諸侯年表》中記載：「是以孔子明王道，干七十餘君。」〔註11〕結合前面龐樸對《尚書》中王道思想的解釋，可以發現孔子的思想體系完全包含王道理念，並且內容更加充實具體。如孔子對古代聖王極爲推崇，並把他們所尊奉的信仰稱爲先王之道〔註12〕。在《論語》中有大量對「堯、舜、禹、湯、文、武、周公」的讚美，他們都是孔子心中有德且有位的「盛德大業」的人物〔註13〕。他們的共同的人格特點是「內聖而外王」。子曰：「修己以敬」、「修己以安人」、「修己以安百姓」（《論語・憲問》）內心修養好了，達到仁的境界，然後在通過具體的政策將仁心推廣出去，從而達到「博施於民而能濟眾」（《論語・雍也》）的境界。這種利民、使民、治民的思想在《論語》中有反覆的論述如：「子張曰：『何謂惠而不費？』子曰：『因民之所利而利之，斯不亦惠而不費乎？』」（《堯曰篇》）「其養民也惠，其使民也義。」（《公冶長》）「節用而愛人，使民以時。」（《學而》）「爲政以德，譬如北辰，居其所而眾星共之」（《爲政》）、「道之以德，齊之以禮，民有恥且格。」（《爲政》）這些都是王道仁政的一種體現。由此可知：孔子雖然沒有直接論述「王道」這一概念，但是他提出「君子喻於義、小人喻於利」、「爲政以德」、「三軍可以奪帥，匹夫不可以奪志」等一系列捍衛「人格尊嚴」信念話語，可以說他既是上古以來王道思想的繼承人，更是王道信仰的再造者。王道在孔子看來不僅是一種人文信仰，也是在人們的生活世界中可以切身體會得到並且能應用於日常生活中的，用熊十力先生的觀點來說就是「即用見體」、「體用不二」

〔註11〕除此外，《淮南子・泰族訓》中也說：「孔子欲行王道，東南西北，七十說而無所偶。故因衛夫人、彌子瑕而欲通其道。」

〔註12〕「禮之用，和爲貴，先王之道斯爲美，小大由之。」（《論語・學而》）

〔註13〕子曰：「舜其大孝也與！德爲聖人，尊爲天子，富有四海之內：宗廟饗之，子孫保之。故大德，必得其位，必得其祿，必得其名，必得其壽。故天之生物，必因其材而篤焉，故栽者培之，傾者覆之。詩曰：『嘉樂君子，憲憲令德，宜民宜人，受祿於天：保祐命之，自天申之。』故大德者必受命。」見《中庸》第十七小節。

〔註 14〕。這些在孔子弟子及其再傳弟子們將孔子的語錄編輯成《論語》一書中隨處可見。另外值得注意的是，孔子王道思想的開放性與包容性，爲後來儒家的發展提供了多條可闡釋的途徑，這也爲儒家王道思想在孔子之後的發展過程中，吸收其他流派的思想，與其他流派辯論提供了保障〔註 15〕。

孔子去世後，以七十賢人爲代表的孔門弟子及其再傳弟子們，對王道的理想層面進行了闡釋。它主要表現在對禪讓制度的推崇以及對大同小康社會的展望。另外，孔門後學特別是曾子學派對王道的實踐層面用「孝」進行了深化。這從近些年出土的簡帛文獻及大小戴禮等傳世文獻中就可以感受得到。值得注意的是，孔門後學對王道思想的闡發與孔子存在著密切的聯繫。隨著社會形勢的發展，諸侯國之間的兼併愈發嚴重。「王道」一詞的使用也變得越來越頻繁，並且逐漸成爲與霸道相對的一種治國方式。劉向在《戰國策》序言裏說「道德大廢，上下失序，至秦孝公捐禮讓而貴戰爭，棄禮義而用詐譎，苟以取強而已矣」。後來顧炎武對這段歷史有一個非常著名的概括，他說：「春秋時猶尊禮重信，而七國則絕不言禮與信矣；春秋時猶宗周王，而七國則絕不言王矣；春秋時猶嚴祭祀、重聘享，而七國則無其事矣；春秋時猶論宗姓氏族，而七國則無一言及之矣；春秋時猶宴會賦詩，而七國則不聞矣；春秋時猶有赴告策書，而七國則無有矣。邦無定交、士無定……不待始皇之併天下，而文武之道盡矣。」（《日知錄‧周末風俗》）我們知道，到戰國中後期，王霸的分立已成定局，在以商鞅、吳起、張儀、蘇秦等主張以法術勢爲主的霸道潮流中，孟子毅然站出來推崇王道貶斥霸道。他說：「以力假仁者霸，霸必有大國。以德行仁者王，王不待大。湯以七十里，文王以百里。以力服人者，非心服也，力不贍也。以德服人者，中心悅而誠服也。」（《孟子‧公孫丑上》）眞正最好的統治是使老百姓心悅誠服，用仁德仁政贏得百姓的尊重和擁護，而不是仰仗於武力，卻披著仁義的外衣去收買人心。這就是所謂的「得民心者得天下」〔註 16〕。並且孟子還說：「不仁而得國者，有之矣；不仁

〔註 14〕 熊十力先生的這種思想是來自於中國傳統。早在宋朝的時候，程頤就說過類似的話：「體用一源、顯微無間」。

〔註 15〕 關於先秦儒家思想發展的脈絡以及儒家思想者面對其他流派的批評挑戰時，他們是如何進行回應與吸收其他學派思想的過程，可以參考錢穆先生的《中國學術思想六講》以及吳龍輝先生的《原始儒家考述》。這兩本著作對此過程進行了比較詳細的說明和論證。

〔註 16〕 孟子曰：「桀紂之失天下也，失其民也；失其民者，失其心也。得天下有道：得其民，斯得天下矣；得其民有道：得其心，斯得民矣。」（《孟子‧離婁上》）

而得天下，未之有也。」（《孟子・盡心下》）

　　重要的是孟子繼承了子思「誠」的思想〔註17〕，發現了人性本善的事實。並且他在《孟子》一書中給予邏輯的證明。「人皆可以爲堯舜」（《告子下》）「聖人與我同類」（同上）「有爲者亦若是」（《滕文公上》）等命題的提出，使得每個人都有成爲聖王的可能，在人性的可能上繼承孔子，使得「血統貴族論」被徹底打破，也爲堯舜之道倫理秩序化鋪平了道路〔註18〕。但現實中爲什麼人人沒有成爲堯舜呢？孟子說：「是不爲也，非不能也。」（《梁惠王上》）於是，有此形而上的理論做爲基礎，如果人人特別是統治階層將自己本有的仁心推廣出去，那麼將國家治理好就如翻手掌一樣容易。孟子曰：「人皆有不忍人之心。先王有不忍人之心，斯有不忍人之政矣。以不忍人之心，行不忍人之政，治天下可運之掌上。」（《公孫丑上》）另外將仁義禮智四端「皆擴而充之矣，若火之始然，泉之始達。苟能充之，足以保四海。」（同上）這是孟子認爲人在精神上平等的論述。而對於普通人來講，人人都有生活的欲望，其中最低層次的就是「衣食住行」。如果連基本的生存欲望都滿足不了，何來倫理與道德？所以管子說：「倉廩食而知禮節，衣食足而知榮辱。」（《管子・牧民》）《漢書・酈食其傳》中也說：「王者以民爲天，民以食爲天。」〔註19〕由此可知，基本的衣食欲望和倫理道德觀念是人類活動的兩個不可分離的部分，因此兩者並不能全其一而禁其他。孟子說：「無恆產而有恒心者，惟士爲能。若民則無恆產，因無恒心。」（《梁惠王上》）要使人民有恒心，必須首先要制民之產，所以孟子由此而提出王道思想的具體落實就源於此，他說：「不違農時，穀不可勝食也；數罟不入洿池，魚鱉不可勝食也；斧斤以時入山林，材木不可勝用也。穀與魚鱉不可勝食，材木不可勝用，是使民養生喪死無憾也。養生喪死無憾，王道之始也。」（同上）有了基本的生活保障後，人民才能「仰足以事父母，俯足以畜妻子，樂歲終身飽，凶年免於死亡，然後驅而

　　　　另外《白虎通義》解釋說，「王者，往也，天下所歸往」。

〔註17〕　關於孟子繼承子思「誠」的思想，前輩學者已經做過非常多的研究與論證。王國維先生在《孟子之學說》一文就提到過。而具體詳細地論證可以參看李景林先生的《教養的本原》一書。

〔註18〕　「堯舜之道，孝悌而已矣！」

〔註19〕　關於民以食爲天的思想，其實在《尚書》中就有體現。《書・洪範》以「食、貨、祀、司空、司徒、司寇、賓、師爲八政」，此八種政事對人民來說，以吃飯最重要。王粲《務本論》說：「古者之理國也，以本爲務，八政之於民也，以食爲首。」

之善。」（同上）從孟子論述的王道思想來看，他所說的王道思想不僅僅只是一種理念信仰，或者像余英時所說的「理想的文明社會」，而是可以實踐到人民生活的各個方面。這種一實踐的過程，必須要靠在上位的君子的行動。孟子說：「堯舜之道，不以仁政，不能平治天下。今有仁心仁聞而民不被其澤，不可法於後世者，不行先王之道也。故曰，徒善不足以爲政，徒法不能以自行。」（《離婁上》）這種以身作則、上行下效的理念，在儒家看來是一以貫之且自然而然的，也是農業文明的一個重要體現。在孔子思想中就有明確論述：「子欲善，而民善矣。君子之德，風也；小人之德，草也。草上之風，必偃。」（《論語・顏淵》）「上好禮，則民莫敢不敬；上好義，則民莫敢不服；上好信，則民莫敢不用情。」（《論語・子路》）《大學》說：「上老老，則民興孝；上長長，則民興弟；上恤孤，則民不悖。」《中庸》也說：「其人存則其政舉，其人亡則其政息」，「待其人而後行。」因此「修身，尊賢，親親，敬大臣，體群臣，子庶民，來百工，柔遠人，懷諸侯」（《中庸》）這就成爲王道政治不可缺少的部分。

孟子之後，到戰國末期的荀子時期。經過幾百年不斷的戰爭，人們對建立統一國家的呼聲越來越高，因此各種制度設計層出不窮，王先謙在《荀子集解》序言中說到：「陵夷至於戰國，於是申、商苛虐，孫、吳變詐，以族論罪，殺人盈城，談說者又以慎、墨、蘇、張爲宗，則孔氏之道幾乎息矣，有志之士所爲痛心疾首也！」〔註20〕而荀子死後的十多年，秦始皇在其學生韓非子、李斯的思想指導下完成了全國的統一大業。因此，對處於大變革中的荀子來說，如何膠固王道、使之不墜，變成爲他頭腦中一直思索的問題。從《荀子》一書中我們大體可知：一方面爲了能戰勝其他流派，他不得不吸收他們的思想，另一方面他不惜反對子思、孟子來維護孔子重塑的王道。〔註21〕

〔註20〕王先謙撰，沈嘯寰、王星賢整理：《荀子集解》〔M〕，北京：中華書局，2012年，第43頁。

〔註21〕關於反對子思、孟子的言論，見《非十二子》等篇章。「略法先王而不知其統……案往舊造說，謂之五行；甚僻遠而無類，幽隱而無說，閉約而無解……是則子思、孟軻之罪也」。又有《性惡》篇駁孟子的性善論。另外《天論》篇說：「慎子有見於後，無見於先；老子有見於詘，無見於信；墨子有見於齊，無見於畸；宋子有見於少，無見於多。有後而無先，則群眾無門；有詘而無信，則貴賤不分；有齊而無畸，則政令不施；有少而無多，則群眾不化。」《解蔽》篇說：「墨子蔽於用而不知文，宋子蔽於欲而不知得，慎子蔽於法而不知賢，申子蔽於勢而不知知，惠子蔽於辭而不知實，莊子蔽於天而不知人。故由用

梁啓雄《荀子簡釋》比較孟荀的特點說：「孟子言性善，荀子言性惡；孟子重義輕利，荀子重義而不輕利；孟子專法先王，荀子兼法後王；孟子專尚王道，荀子兼尚霸道。」〔註22〕但不管怎樣，荀子在尊崇孔子、維護王道的根本原則上則與孟子等其他儒者是一致的。雖然他也肯定霸道，但王道仍是最主要的。王道是他最高層次的政治理想，霸道則是一種有缺陷但不得已的政治妥協。在此原則下他反對專恃武力、專尚權謀、欺詐的政治行為。他說：「故用國者，義立而王，信立而霸，權謀立而亡。」（《荀子・王霸》）「尊聖者王，貴賢者霸，敬賢者存，慢賢者亡，古今一也。」（《君子》）更重要的是，他首先明確肯定了「從道不從君」（《臣道》）的偉大思想，這一觀念的提出為後人以德抗位、以道匡君的義舉奠定了堅實的理論基礎，在某種程度上強化了孔子以來儒者們「捨身取義、殺身成仁」的信仰。

在具體實施王道的途徑上，荀子比孟子更進一步，也更加詳細。如在《王制》篇，他將王道政治細分為「王者之人」、「王者之制」、「王者之論」、「王者之法」：

王者之人：飾動以禮義，聽斷以類，明振毫末，舉措應變而不窮，夫是之謂有原。是王者之人也。

王者之制：道不過三代，法不二後王；道過三代謂之蕩，法二後王謂之不雅。衣服有制，宮室有度，人徒有數，喪祭械用皆有等宜。聲則非雅聲者舉廢，色則凡非舊文者舉息，械用，則凡非舊器者舉毀，夫是之謂復古，是王者之制也。

王者之論：無德不貴，無能不官，無功不賞，無罪不罰。朝無幸位，民無幸生。尚賢使能，而等位不遺；析願禁悍，而刑罰不過。百姓曉然皆知夫為善於家，而取賞於朝也；為不善於幽，而蒙刑於顯也。夫是之謂定論。是王者之論也。

王者之法：等賦、政事、財萬物，所以養萬民也。田野什一，關市幾而不徵，山林澤梁，以時禁發而不稅。相地而衰政。理道之遠近而致貢。通流財物粟米，無有滯留，使相歸移也，四海之內若一家。故近者不隱其能，遠者不疾其勞，無幽閒隱僻之國，莫不趨

謂之道，盡利矣；由俗謂之道，盡嗛矣；由法謂之道，盡數矣；由勢謂之道，盡便矣；由辭謂之道，盡論矣；由天謂之道，盡因矣。此數具者，皆道之一隅也。」等等。

〔註22〕梁啓雄：《荀子簡釋》〔M〕，北京：中華書局，1983年，第9頁。

　　使而安樂之。夫是之爲人師。是王者之法也。

在這裡荀子對他的理想國作了一系列的描述。王者並不是實現中的「時王」，而是像堯舜禹一樣的聖王。他的任何行爲都是以禮義爲指導原則，聽斷以類，明振毫末，舉止措施都應變而不窮。相應聖王之下的制度、名分倫理、法律等等都能使生活在王道社會中的人們過得幸福安定，所謂「衣服有制，宮室有度」、「朝無幸位，民無幸生」、「百姓曉然皆知夫爲善於家，而取賞於朝也」。可以說，荀子在對王道的制度化上面作了深刻的反思與探討。

　　以上大體就是先秦時期儒家王道思想的演變過程。由此可知，王道作爲一種文化理念，特別是在它的「致曲」過程中，它不是一個固定的、一成不變的靜態客體。它在不同的歷史時期，呈現出不同的狀態，亦表現出不同的方式與方法。如王道在孔子那裡表現爲德政以及對孝道的推崇，在孟子那裡則表現爲先王之道與仁政，而在荀子那裡則表現爲禮義及王道的制度化過程。它是一個敞開的、面向未來而永遠處於未完成的過程。儒家王道思想在先秦時期傳承的過程中，一方面與墨家、道家、法家、陰陽家的思想相對抗，另一方面也在此對抗中吸收融合諸家的思想。雖然王道在各個時期會呈現出不同的面向，但它那仁義至上的追求卻是永恆的。因此這也爲後人重新闡釋王道的可能性及意義提供了依據。

第一章 孔子王道思想建構的背景

第一節 宗法血緣封建世襲制度的崩潰

殷周之際是中國古代社會的大變動時期。周民族在打敗建邦將近四百年之久的殷商王朝後，總結商朝失敗的原因及武庚叛亂的教訓，以周公爲首的政治集團對商代的制度進行了重大改革。儘管後來孔子總結說，「周因於殷禮」但「損益」的部分是非常之多的。這之間的差別，王國維先生的《殷周制度論》作了很好的總結。他說：

> 周人制度之大異於商者，一曰「立子立嫡」之制，由是而生宗
> 法及喪服之制，並由是而有封建子弟之制，君天子臣諸侯之制；二
> 曰廟數之制；三曰同姓不婚之制。此數者，皆周之所以綱紀天下。
> 其旨則在納上下於道德，而合天子、諸侯、卿、大夫、士、庶民以
> 成一道德之團體。周公制作之本意，實在於此。〔註1〕

雖然當時及其後人對王國維的觀點持有異議，但大多集中在殷周之間的區別上，而對他關於周代制度的論述大都持肯定態度。因本文著重論述西周的政治、文化制度，所以對其他人懷疑王國維先生的地方就可以暫時不用討論。根據王國維先生的論述，周人能綱紀天下，主要有三大制度上的考量：立子立嫡、廟數及同姓不婚。這三大制度最重要的是第一條，而後兩條是因第一條而有，並補充第一條之不足。因此，周王朝能在打敗商王朝後能穩定軍心，

〔註1〕 謝維揚、房鑫亮：《王國維全集》（第八卷）〔M〕，杭州：浙江教育出版社，
2009 年 12 月，第 303 頁。

安撫國人及被征服的國家，關鍵在於自身制度的穩定所帶來的國家繁榮。這最重要的一部分就在於繼承權上的傳嫡長子制度。與這一制度相配合的是宗法血緣制度及封國建邦制度。金景芳先生對此兩種制度解釋說：

> 封建是政治體系，宗法是血緣體系，封建與宗法相結合的政治制度，反映這時雖然已爲階級社會，但還保存著很多的氏族制度的殘餘……周禮中所貫穿的思想，主要爲「親親」、「尊尊」。「親親父爲首」，反映宗法關係；「尊尊君爲首」，反映封建關係。〔註2〕

可知，宗法關係主要穩定統治者內部的矛盾，而封建關係則主要側重穩定統治者與外部（特別是被統治民族）的矛盾。於是由嫡庶制形成宗法制，由宗法制形成封建制。封建制以「尊尊」的原則確立了天子的尊嚴以及君臣的名分，天子不只是宗法血緣上的大宗，更重要的是所有分封國的諸侯之君。對於許多不是同姓的諸侯國，王國維認爲在同姓不結婚的制度安排下，用婚姻去柔化他們，他說：「異姓之國，非宗法之所能統者，以婚媾甥舅之誼通之。於是天下之國，大都王之兄弟甥舅；而諸國之間，亦皆有兄弟甥舅之親；周人一統之策實存於是。」這樣，就把「親親」與「尊尊」相結合來了，希望使天下穩定，從而保證周朝國運長存。

這裡需要更一步解釋的是，封邦建國的初衷就是「封建親戚，以藩屏周」。所謂「同姓則同德，同德則同心，同心則同志」，以及「非我族類，其心必異」。因此，周王室在打敗商王朝後，爲了擴大自己的統治範圍及政權的穩定，不得不分好幾批派出自己的功臣至親及一部分武裝部隊去被征服的地區建立城堡，即「國」。住在國內的人稱之爲國人，「他們大致包括周天子及各諸侯國君的族人，執役於宮府或貴族家中的奴隸，爲貴族直接消費服務的工商，和某些被征服者的家族。」〔註3〕而原先住居在此地的大多數族人被趕到沒有城牆保護的曠野當中生活，而被稱之爲「野人」。這些人主要由三方面組成「其一曰『亡王之後』。原始社會後期，部落或部落聯盟的首領例皆稱王。所以，我們所說的『亡王』，就不僅是指夏、商之王，而且包括一些傳統的古老部族的酋長。而所謂的『亡王之後』則泛指這些古族和夏、商的後

〔註 2〕 《論孔子的思想》，《金景芳儒學論集》〔M〕，成都：四川大學出版社，第483頁。

〔註 3〕 趙世超：《周代國野制度研究》〔M〕，陝西：陝西人民出版社，1991 年，第33頁。

裔」；「其二曰蠻、夷、戎、狄」；「其三曰：『流裔之民』」〔註4〕。關於國與野的概念，焦循有過分析，他說：「蓋合天下言之，則每一封爲一國。而就一國言之，則郊以內爲國，外爲野。就郊以內言之，又城內爲國，城外爲野。蓋單舉之則相統，並舉之則各屬也。」〔註5〕周人這種「體國經野」的治理方式並不是簡單的劃分，而是有著重要政治考量的。野人除了在身份上比國人低一等外，享有的政治權力也有很大不同。根據童書業先生的研究可知：「『國人』（主要爲士）在西周後期及春秋時地位極爲重要。國之盛衰、勝敗、國君及執政之安否，貴族之能否保其宗族及興盛，幾悉決定於『國人』。」〔註6〕他們有接受教育、當兵打仗、集會、參與國家盟誓、甚至起義廢封國君的權力。而野人作爲被統治和被保護的群體，只能被限制在土地上，世世代代日夜勞作消耗自己的生命而爲貴族階層提供衣食來源〔註7〕。

在上面我們提到國人的成分除了統治階層周民族和一起抗殷商的功臣外，還包括許多其他的人。周代統治者爲了確保自己王朝的永世長久利用手中的權力以「親親」原則推行宗法世襲制。這種以血緣關係的親疏和政治特權的有無，將國人劃分爲「貴族」、「非貴族」。「貴族」在當時被稱爲「君子」，而「非貴族」則被呼爲「小人」。所謂「君子勞心，小人勞力，先王之制也」。君子包括當時的王族、異姓功臣諸侯、卿大夫、士。他們屬於眞正的剝削階級。小人主要指當時無田自食其力，或食於官府的庶人、工、商、皁、隸。《國語・晉語四》載：

> 公食貢，大夫食邑，士食田，庶人食力，工商食官，皁隸食職。

王公食貢稅，大夫食采邑，士食田，「田」大部分注家解爲「受公田也」。因此士雖較王公大夫們等級要低，但是還是有「公田」可以作爲經濟來源。而庶人、工商、皁隸只能靠自食其力或者食於官府、職位，而沒有土地財產。這樣一來也就形成了一個穩定的社會等級秩序：

> 天子建國，諸侯立家，卿置側室，大夫有貳宗，士有隸子弟，庶人工商各有分親，皆有等衰。是以民服其上，而下無覬覦。（《左傳》桓公二年）

〔註4〕　同上，第33～55頁。
〔註5〕　孫詒讓：《周禮正義・太宰》疏引。
〔註6〕　童書業：《童書業著作集》（第一卷）〔M〕，北京：中華書局，2008年，第449頁。
〔註7〕　《國語・魯語下》：「自庶人以下，明而動，晦而休，無日以怠。」

是故天子有公，諸侯有卿，卿置側室，大夫有貳宗，士有朋友，
庶人、工、商、皁、隸、牧、圉皆有親暱，以相輔佐也。善則賞之，
過則匡之，患則救之，失則革之。自王以下各有父兄子弟以補察其
政。（《左傳》襄公十四年）

不僅如此，這種不同人員之間的等級關係在周民族的統治者看來，應該要世
世代代保持不變。因為自己能打敗殷商是天命所歸。自己有德性，所以天命
也就從商那裡轉移到了自己身上。所謂「天命無常，惟德是輔」。因此，只要
自己保有德性，那麼我就應該統治其他階層的人並永遠處以金字塔頂端。這
種等級制度具體表現就是：

天有十日，人有十等。下所以事上，上所以共神也。故王臣公，
公臣大夫，大夫臣士，士臣皁，皁臣輿，輿臣隸，隸臣僚，僚臣僕，
僕臣臺。（《左傳》昭公七年）

晉杜預注「天有十日」是「甲至癸」，即指從甲乙到壬癸，中國古代與地支配
合紀年月的十天干，而非「日月」之「日」。當時統治者認為天干有十種分別，
那麼人類社會中的等級也必須相應有十等。可謂是等級分明。人不僅一生下
來就處於這種等級之中，而且必須世守其業：

庶人、工、商各守其業，以共其上。（《國語·魯語上》）
民不遷，農不移，工、賈不變。（《左傳》昭公二十六年）

庶人、工、商等人都世襲其業，不能自由遷移、更改職業，並且用法律的形式
固定下來。這些被統治的人如此，士大夫們也是如此。《國語·齊語》載：

士之子恒為士，工之子恒為工，商之子恒為商，農之子恒為農。

由此，以周公為首的周代政治家們，設計並完成了以宗法血緣為基礎和以封
建親戚以藩屏周為原則的宗法世襲制度。

隨著時間的推移，經濟發展和社會人口的增加，原有的以親親原則為核
心的宗法血緣關係在國與國之間，諸侯國與周王朝之間慢慢變得陌生，以采
邑、祿田為主的封建制度也慢慢崩潰。在這種情況下，國與國之間、諸侯王
與周天子之間必然會出現許多矛盾。特別在平王東遷，周天子軍事作戰能力
下降之後，諸侯王更是不把周天子放在眼裏。另外，各國為了發展自己的實
力（軍事實力、經濟實力等），國野的界限也開始被打破，國人中的貴族淪落
為平民，野人中傑出的人員也可以成為統治階層的一部分。

關於這一變化童書業在顧頡剛《春秋史講義》的基礎上而作的《春秋史》

總結了四方面的原因：

第一是土地制度的轉變。春秋中年以後，土地漸次集中於各大族，失土的世族較前大增；一面人民私有土地制似也萌芽。上下內外兩面的夾攻，使得世族的階級開始崩潰。

第二是世族內部的傾軋。春秋中年以後，大世族的勢力發展到了極度，因之互相兼併，被傾軋的大小世族中人許多喪失職守而降爲平民。世族的人數一少，階級便更維持不住。何況作爲世族制度基礎的封建制度也正在同時崩潰著！

第三是尚賢主義的興起。春秋初年以來，各國競爭漸烈，任用賢才的觀念也發達起來，士以下的階層因此漸次抬起頭來；又因教育較前普及，平民的勢力格外容易發展，這使世族的地位急劇地倒塌。

第四是宗族觀念的中衰。春秋中年以後，封建組織漸漸向統一國家轉移，因之宗族觀念的一部便被國家觀念所取代；到了戰國，「治國平天下」的學說大張，於是世族制度便不由得完全崩潰了。〔註8〕

另外錢穆在《國史大綱》中對這一歷史變動現象的原因也總結了六點。第一是郡縣制之推行，政府直轄的郡縣，代替了貴族世襲的埰地；第二是井田制之廢除；第三則爲農民軍隊之興起；第四是工商業大都市之發展；第五是山澤禁地之解放；第六是貨幣之使用。〔註9〕總而言之，前輩學者的研究使我們在很大程度上對這一歷史變動的原因有了基本的瞭解。其實，這些變動的根本原因可以用一句話概括：那就是對自由的追求與平等的嚮往。由於周天子實力的減弱與外族國家的崛起，各個國家的人民在發展中感覺到了戰爭的來臨。他們都希望有一個強權國家能夠維持天下的穩定，以消除對戰爭的恐懼。這種免於戰爭恐懼以及貧窮飢餓的自由，使得各國國家努力發展自己的經濟，提高自己戰爭能力，以保衛自己的生存。於是春秋時代，五霸政權連續交替。各個國家開始打破西周以來的政治制度以實施變法。如經濟上，廢棄井田制。（晉「作爰田」〔註10〕，魯「初稅畝」〔註11〕，鄭「作丘賦」

〔註 8〕　童書業：《童書業著作集》（第一卷），北京：中華書局，2008 年 12 月，第 260～261 頁。

〔註 9〕　錢穆：《國史大綱》（錢賓四先生全集‧第二十七冊）〔M〕，臺北：聯經出版事業股份有限公司，1998 年，第 88～101 頁。

〔註10〕　《左傳‧僖公十五年》。

〔註 12〕，都在不同程度上破壞了井田制。）政治制度上，郡縣制開始漸漸替代分封制〔註13〕。軍事上，戰爭的權力由國人向野人開放。（晉「作州兵」〔註14〕，鄭「作邱賦」〔註15〕，魯「作邱甲」〔註16〕等）這些變法在一定程度上也漸漸打破了周初國野制及對周初時人有十等的等級制度，滿足了人們特別是底層人們追求平等的心理。另外由於貴族階層自身的腐敗，以及政治內部鬥爭的影響，越來越多的君子從貴族變成小人，甚至有的還淪爲奴隸。如《國語‧晉語五》載：

> 臼季使，捨於冀野。冀缺薅，其妻饁之。敬，相待如賓。從而問之，冀芮之子也。

冀缺的父親冀芮作爲晉國的貴族因觸犯了法律，而獲罪。這使得他的兒子冀缺親自耕田於野。顯然可知，冀缺已經從君子降爲小人了。貴族淪爲奴隸者，如《左傳》昭公三年，叔向在與晏嬰談論到晉國的政治時說到「欒、郤、胥、原、狐、續、慶、伯降在皁隸」，便是明確的證據。也正由於此種原因，越來越多的國家核心領導人開始直接從小人和野人階層中選拔優秀人才參與到國家的建設當中來。這就是童書業所說的「尚賢主義」的興起。這也爲孔子從理論上提出了「吾從先進」的口號埋下了種子。（子曰：「先進於禮樂，野人也；後進於禮樂，君子也。如用之，則吾從先進。」）

第二節　懷疑精神與人文理性思想的崛起

在原始社會時期，由於人類生產力水平低下，對於剛剛走出蒙昧時代的人類，在變化無常和不可捉摸的大自然面前常常會感覺到自身的渺小與莫名的恐懼。於是認爲山河大地、日月星辰的背後都有一種人類所無法認識與把握的神秘力量。這種力量使他們形成了原始的宗教信仰。它包括萬物有

〔註11〕《左傳‧宣公十五年》。
〔註12〕《左傳‧昭公四年》。
〔註13〕《左傳‧僖三十三年》，晉襄公「以再命命先茅之縣賞胥臣」，說明此時晉國已有「郡縣制」的實行。又如，《左傳‧昭公五年》，中記載楚蓬啓強說：「韓賦七邑，皆成縣也。羊舌四族，皆強家也。晉人若喪韓起、楊肸。五卿八大夫輔韓須、楊石，因其十家九縣，長轂九百，其餘四十縣，遺守四千。」可見郡縣制度在春秋末期已經廣泛推行了。
〔註14〕《左傳‧僖公十五年》。
〔註15〕《左傳‧昭公四年》。
〔註16〕《左傳‧成公元年》。

靈、靈魂觀念、圖騰、自然崇拜、祖先崇拜、神鬼等一系列宗教觀念。與此相適應產生了各種巫術、祈禱、祭祀、禁忌等宗教行為。因此巫師、薩滿、族長和一些氏族成員在為了個人或集體的利益與情感需求常常舉行帶有上述行為的祭祀活動。如殷墟卜辭中有關於對帝、上帝的祭祀；有關於對先公、先王的祭祀；有關於對風雨山川的祭祀；還有關於對四方神的祭祀等一系列的宗教行為〔註17〕，這些行為在很大程度上表現了他們對待世界萬物的觀念與信仰。

　　隨著私有財產的出現，階級社會的產生，原始宗教除了繼續滿足一些與人們日常生活實際相關的宗教需求外，還發生了與等級社會變化相一致的改變。神靈決定一切的原始宗教傳統越來越成為階級社會中統治者維護其特權的工具。部落首領、貴族紛紛掌握宗教祭祀的權力，並把自己的特殊權力和利益歸於神靈的安排，說它來自天意。於是原始的自然宗教信仰順勢被改造成為人為的社會宗教。在中國古代社會，最重要的標誌莫過於顓頊的「絕地天通」的宗教改革行為。這一行為一直影響到孔子，一共長達 2000 多年。

　　「絕地天通」一事在先秦漢魏古籍中記載非常頻繁，如在先秦主要見於《尚書》、《山海經》、《國語》、《墨子》等經典，在漢魏主要見於《史記》、《漢書》、《中論》等書籍。可見它並不是簡單的神話傳說，而是對中國來說是具有非常重大意義的一件事。

　　《尚書・呂刑》說：「乃命重、黎，絕地天通。」這一故事在《山海經》的《大荒西經》中，將重、黎描寫為顓頊之孫：「顓頊生老童，老童生重及黎，帝令重獻上天，令黎邛下地。」可知「絕地天通」的意思就是「重獻上天，黎邛下地」，但還是不好理解。《國語・楚語》對此做了詳細的解讀：

　　　　昭王問於觀射父曰：「《周書》所謂重、黎寔使天地不通者，何也？若無然，民將能登天乎？」對曰：「非此之謂也。古者民神不雜。民之精爽不攜貳者，而又能齊肅衷正，其智慧上下比義，其聖能光遠宣朗，其明能光照之，其聰能聽徹之，如是則明神降之，在男曰覡，在女曰巫。是使制神之處位次主，而為之牲器時服，而後使先聖之後之有光烈，而能知山川之號、高祖之主、宗廟之事、昭穆之世、齊敬之勤、禮節之宜、威儀之則、容貌之崇、忠信之質、禋絜

―――――――――――――
〔註17〕具體詳細論述，可參閱陳來的《古代宗教與倫理》，第四章《祭祀》。

之服而敬恭明神者，以爲之祝。使名姓之後，能知四時之生、犧牲之物、玉帛之類、采服之儀、彝器之量、次主之度、屏攝之位、壇場之所、上下之神、氏姓之出，而心率舊典者爲之宗。於是乎有天地神民類物之官，是謂五官，各司其序，不相亂也。民是以能有忠信，神是以能有明德，民神異業，敬而不瀆，故神降之嘉生，民以物享，禍災不至，求用不匱。」

「及少昊之衰也，九黎亂德，民神雜糅，不可方物。夫人作享，家爲巫史，無有要質。民匱於祀，而不知其福。烝享無度，民神同位。民瀆齊盟，無有嚴威。神狎民則，不蠲其爲。嘉生不降，無物以享。禍災薦臻，莫盡其氣。顓頊受之，乃命南正重司天以屬神，命火正黎司地以屬民，使復舊常，無相侵瀆，是謂『絕地天通』。」

「其後，三苗復九黎之德，堯復育重黎之後，不忘舊者，使復典之。以至於夏、商，故重、黎氏世敘天地，而別其分主者也。其在周，程伯休父其後也，當宣王時，失其官守，而爲司馬氏。寵神其祖，以取威於民，曰：『重寔上天，黎寔下地。』遭世之亂，而莫之能禦也。不然，夫天地成而不變，何比之有？」

從昭王問觀射父的話中可知「絕地天通」的意思也就是「使天地不通」。「天」代表神事，「地」代表人事，天與地分裂也就標誌著階級社會的誕生和一定區域範圍內形成了一種穩定統治秩序。這種穩定的秩序最初表現爲「民神不雜」。作爲當時能通「神事」的巫覡，在社會秩序上，他們對神所處的祭位、尊卑等級做了規定，對祭祀所要的祭器、服飾和牲畜等一系列必備品做了準備。然後讓「祝」、「宗」等管理「天地神民類物」的五種官員各司其職，不相混亂。這樣一來，保證了人民講忠信，神明有德性，從而獲得避免災禍，財用不匱的幸福生活。後發展到少皞氏時期，由於自身文化的衰落，周圍的九大黎族開始崛起。他們以一種強勢文化的姿態攻陷了當時中原固有的傳統文化。這種衝擊造成了當時民眾信仰的混亂。於是民神混雜在一起，老百姓不知所從。後來，爲了自身情感的需求和家族的安全，百姓開始自己求福祈禱，社會也就沒有了統一的信仰。正所謂「夫人作享，家爲巫史，無有要質」。這種民神混雜的行爲慢慢地造成了嚴重的後果：人民窮於祭祀，但卻得不到福。人與神處於平等的地位，於是對神沒有了敬畏之心，相應地，神也

就不保祐百姓。結果災禍連綿不斷，人民痛苦萬分。面對這種情況，顓頊作為傳統文化的託命人，他重整秩序，穩定綱常，在吸收九黎族文化的基礎上，對當時的宗教進行了一番改革。他命令南正重主管天來會通神，命令火正黎主管地來會合民，禁止巫術氾濫，將祭祀的權力收回國有，派專門的人看守。從而使人與人、人與神之間不再互相輕慢侵犯，這就是所說的「絕地天通」。那麼我們要問這種「絕地天通」的改革與古時的「民神不雜」有什麼區別呢？

雖然從表面上看，他們的結果都是使得民神不雜、民神異業，但卻有著本質的區別。這區別主要體現在顓頊「絕地天通」是在異族文化的侵略下，進行的宗教改革。這種改革融合了其他族類的一些優勢而使當時的傳統文化重放光芒，抵抗住了異族文化的侵略而沒有淪落為其他文明所取代。而以前的民神不雜主要是一個民族或者一個氏族內部的人神異業。徐旭生曾對「乃命南正重司天以屬神，命火正黎司地以屬民」有過精彩的解讀。他說：「『司天以屬神』是說只有他，或者說只有他同帝顓頊才管得天上的事情，把群神的命令會集起來，傳達下來，此外無論何巫全不得昇天，妄傳群神的命令。又使『火正黎司地以屬民』，就是說使他管理地上的群巫，使他們好好地給萬民治病和祈福。」〔註18〕因此，以前每個家族或者共同集團的巫覡經過顓頊的宗教改革之後成為了一個更大文化、政治集團的下屬單位（換句話說，也就是有氏族組織社會進入到了地域組織社會）。與此相應，以前直接能通神巫覡只能在火正黎的管理下才能進行通天的活動。這種由顓頊開創的「絕地天通」新模式展現了他前所未有的生命力，為中國文化的奠基起了重要作用。例如上面例子當中提到的，後來的三大苗蠻集團也像九黎一樣崛起，中國的傳統文化再一次遭到了威脅與破壞。而堯繼承了顓頊的傳統，使重、黎之後繼續掌管祭祀大權，穩定人心。從而使當時的傳統文化在遭到異族的侵蝕下保存了自己。到夏、商、西周時期也莫不如此。下面我們詳細地考察一下夏、商、西周時期的宗教天命觀。

一般認為，夏王朝的建立是中國文明由地域組織型社會進入國家文明的一個標誌。《尚書・甘誓》：「王曰：……有扈氏威侮五行，怠棄三正，天用剿絕其命，今予惟恭行天之罰。」根據《書序》可知，這是啟伐有扈氏時的誓

〔註18〕徐旭生：《中國古史的傳說時代》〔M〕，廣西：廣西師範大學出版社，2003年，第95頁。

辭。《墨子・明鬼下》引用此文時作《禹誓》。又《墨子・非命上》載：「於《仲虺之告》曰：我聞於夏人矯天命，布命於下，帝伐之惡，龔喪厥師。此言湯之所以非桀之執有命也。」另外《禮記・表記》說「夏道尊命」。結合《尚書》的記錄可知這個「命」，就是「天命」。由此，李景林先生認為「作為地上王權之表現的至上神觀念，在夏代已經形成」〔註19〕。到殷商時，殷人稱至上神為帝或者上帝。殷人認為在叫做「下」的人的世界上面，還有叫做「上」的神的世界。他們按照當時社會中階級對立的狀況，幻想在「上」界裏有一位至尊無上的大神「帝」（或稱「上帝」），其屬下有許多臣吏。殷人還崇拜一些自然神，如日、風、雲、四方、山河等。對祖先的奉祀也是宗教的重要部分，有時在祀典對上帝、自然神和祖先是分不開的。殷人以為戰敗、疫病、噩夢等都是死去的祖先或親屬作祟，因而必須經常舉行祭祀，祈求福祐。王和貴族們有疑難事情一定要求神問卜。用燒灼龜甲或獸骨，看甲骨上裂痕（「兆」）的形狀，藉以「決定」吉凶。〔註20〕對此，胡厚宣也有類似的看法，他說：「根據甲骨卜辭，殷代的最高統治者稱王，在天上的至上神，則稱為帝。天上的上帝，在殷人的心目中，也相應成為一個高高在上、無所不能的神。它主宰者大自然的風雲雷雨、水潦乾旱，決定著莊稼的生產、農業的收成。它處在天上，能下降城邑，作禍造害。鄰族來侵，殷人因為是帝命所為。出師征討，必先卜帝是否授祐。帝雖居天上，但能給人間以福祥災疾，能直接護祐或作孽於殷人。它甚至可以降下命令，指揮著人間的一切。」〔註21〕

在將原始宗教信仰改造為人為的社會宗教過程中，殷商統治階級加強了對親屬血緣關係的利用。他們將人們對祖先崇拜的大眾心理和大神「帝」聯繫起來使自己統治合法化以更好地統治人民群眾。這樣，祖先崇拜與上帝崇拜在社會意識形態上面就趨向一致。這一觀點幾乎被學者們所公認。如王國維認帝嚳即是殷祖先，「乃商人所自出之帝，故商人祀之」〔註22〕。郭沫若

〔註19〕 李景林：《教化的哲學》〔M〕，哈爾濱：黑龍江人民出版社，2006年，第245頁。

〔註20〕 侯外廬：《中國思想史綱》〔M〕，上海：上海世紀出版集團，2008年，第23頁。

〔註21〕 胡厚宣、胡振宇：《殷商史》〔M〕，上海：上海人民出版社，2003年，第82頁。

〔註22〕 王國維：《殷卜辭中所見先公先王考》，見《王國維全集集》第八卷，浙江教育出版社，2009年，第265～266頁。

說：「卜辭中的帝就是高祖夔」〔註23〕，「至上神『帝』同時又是他們的宗祖」〔註24〕。陳夢家在《殷虛卜辭綜述》中說道：「商代的祖先崇拜隆重，祖先崇拜與神崇拜的逐漸接近、混合，已為殷以後的中國宗教樹立了規範，即祖先崇拜壓倒了天神崇拜。」〔註25〕但不管怎樣，商代和夏代一樣，依舊處在《禮記‧表記》中孔子所說「殷人尊神，率民以事神」的神權統治之下。

　　隨著商朝統治的腐敗，周代統治者在打敗殷商王朝後開始反思商朝統治者宣傳的天命思想。周代統治者慢慢地用「天」來取代殷商時期的「上帝」或「帝」，使「天」成為新的至上神。但又有所區別，這一區別主要體現在周人所推崇的「德」上。所謂「皇天無親，惟德是輔」（《尚書‧蔡仲之命》）。將德的引入是為了不影響神的威嚴下，比較好地解釋天之所以命令武王伐殷的原因以及給出周王朝取得政權合法性的理由。殷王朝失去上帝的護祐，主要是他們不敬德保民，「昏棄遺王父母弟」甚至「暴虐百姓」（《尚書‧牧誓》），於是丟掉了天命的保祐。如《尚書‧召誥》曰：「惟不敬厥德，乃早墜厥命。」而相反，周能取得天下，主要是他們能注重自己的德行修養。《尚書‧康誥》：「惟乃丕顯考文王，克明德慎罰……天乃大命文王。殪戎殷，誕受厥命，越厥邦厥民。」這種對「德」的重視雖然為小邑周打敗大邦殷給出了一種合理的解釋，但也在很大程度上架空了「天」的神聖性與主宰性。按照此種道理，天命既然能棄商，當然也有可能棄周。所以，周人為了能祈永天命，一而再，再而三地自勉要敬德愛民。這種周代統治者為了將周朝的永世的命運能掌握在自己手中，甚至在統治階層內部總結歷史經驗教訓的會議上提出了「天不可信」〔註26〕「天意在民」〔註27〕的思想。因此，周代統治者在對下層人民宣傳周民族的統治是天命所歸，強化神權統治；在上層則推行以血緣為主的宗法封建世襲制度。

　　但是，自平王東遷以來，隨著宗法血緣封建世襲制度的逐漸崩潰，人們

〔註23〕　郭沫若：《青銅時代‧先秦天道觀的發展》，見《郭沫若全集》，北京：人民出版社，1982年，第327頁。

〔註24〕　同上，第330頁。

〔註25〕　梁國真：《商代的天神崇拜、祖先崇拜及其相關問題》，張光明、姜永利主編：《夏商周文明研究》，中國文聯出版社，1999年版。

〔註26〕　《尚書‧周書‧君奭》。

〔註27〕　天意在民的思想體現在《尚書‧周書‧泰誓》當中，如：「惟天地萬物父母，惟人萬物之靈」，「天矜於民，民之所欲，天必從之」，「天視自我民視，天聽自我民聽。」

開始對周王朝宣揚的天命鬼神觀念產生了懷疑。作於西周末和春秋初的《詩‧小雅》《詩‧大雅》中就明確提出了否認天的明察，以致恨天、罵天的思想。如《小雅‧節南山》：「昊天不傭，降此鞠訩。昊天不惠，降此大戾。」《小雅‧雨無正》：「旻天疾威，弗慮弗圖。舍彼有罪，既伏其辜。若此無罪，淪胥以鋪。」《大雅‧蕩》：「疾威上帝，其命多辟。天生烝民，其命匪諶。」除此之外，春秋時期中一些富有改革精神的思想家們在解釋自然與社會現象時，用理性思考代替鬼神卜筮，人道與天道逐漸分離。如《左傳》僖公十六年載：

> 十六年春，隕石於宋五，隕星也。六鷁退飛過宋都，風也。周內史叔興聘於宋，宋襄公問焉，曰：「是何祥也？吉凶焉在？」對曰：「今茲魯多大喪，明年齊有亂，君將得諸侯而不終。」退而告人曰：「君失問。是陰陽之事，非吉凶所生也。吉凶由人，吾不敢逆君故也。」

宋襄公認為隕石的突然降落與六鷁倒著飛過宋的都城，是天顯異象，對人事會蘊藏吉凶災禍。但周內史叔興認為這些只是一些自然現象，是陰陽不調所導致的結果，並沒有所謂的神秘力量在背後主宰。另外在理性精神鼓舞下，貴族中的開明之士在對一些自然災禍進行預防與災後處理的時候也更注重在人事上，而非巫術迷信。如《左傳》僖公二十一年載：

> 夏大旱，公欲焚巫尪。臧文仲曰：「非旱備也。修城郭、貶食、省用、務穡、勸分，此其務也。巫尪何為？天欲殺之，則如勿生；若能為旱，焚之滋甚。」公從之，是歲也，饑而不害。

魯國發生大旱，魯僖公認為是這主管祭祀的巫尪不盡責的後果，想焚殺他來達到阻止旱災。但這種傳統的做法遭到了臧文仲的阻攔。他認為阻止旱災關鍵在於盡人事（城郭、貶食、省用、務穡、勸分），而不是巫術所能影響的。後來，僖公採用了他的建議，旱災得到了較好的處理，雖然這一年有饑荒但並沒有餓死人。

這些恨天、罵天，對神的懷疑，隨著社會政治的變動和文化的發展漸漸成為一股強大的思想浪潮，無形當中席捲著神權的統治。顓頊的「絕地天通」模式遭到了巨大的衝擊。人們開始漸漸不相信神了。傳統宗教信仰開始朝著人文主義方向發展。如《左傳》桓公六年，季梁向隨侯解釋祝史祀神正辭時說：

夫民，神之主也。是以聖王先成民而後致力於神。

這是將民視為神的主人。僖公十九年中，宋司馬子魚在論述祭祀時有同樣的
看法：「祭祀以為人也。民神之主也。」莊公三十二年，史嚚論神之語說：

國將興，聽於民；將亡，聽於神。神，聰明正直而壹者也，依
人而行。

國家的興盛在於民，而不是神。神是依人而行的。又昭公十八年，子產論述
火災而涉及到的天道與人道時說：

天道遠，人道邇，非所及也。何以知之。

他認為天道悠遠，人道切近。天道並不能影響到人道。人事比天道對人的前
途影響更為密切。另定公元年，士彌牟說：

薛徵於人，宋徵於鬼，宋罪大矣。

宋國因徵於鬼神，被當時的人認為是有罪的。在上述這些對神與人關係
的論述中，人完全成為社會生活中的中心，神則被用來解釋成服務人的對象
而已，人不再是神的奴隸和僕人了。這可以說是對神權統治的巨大衝擊和破
壞。春秋時期的老子在總結歷史經驗的同時甚至提出了「人法地，地法天，
天法道，道法自然」、「以道蒞天下，其鬼不神」的向神挑戰的戰鬥口號。這
口號似乎宣告了顓頊以來的「絕地天通」即用一個至上神來統治世界的神權
統治模式的正式破產。那麼如何重新組建一套社會秩序呢？這是留給孔子巨
大的難題，也是他要在政治秩序上解決的重要以及關鍵的問題。而孔子的王
道思想的提出就是面對這一問題的結果。

第三節　跡息詩亡

一般認為，政治和宗教上的變化，必然會引起文化上的波動。文化的有
無關乎著一個民族的興亡。孔子在對王道進行構建時，即面臨著孟子描述「跡
息詩亡」的局面。那什麼是「跡息詩亡」呢？《孟子‧離婁下》載：

王者之跡熄而《詩》亡，《詩》亡然後《春秋》作。晉之《乘》、
楚之《檮杌》、魯之《春秋》，一也。其事則齊桓、晉文，其文則史。

趙岐注：「太平道衰，王跡止熄，頌聲不作，故《詩》亡。」朱熹則在《孟子
集注》更有詳細的解釋：「『王者之跡熄』，謂平王東遷，而政教號令不及於天
下也。『《詩》亡』，謂《黍離》降為《國風》而《雅》亡也。」可知「跡息詩
亡」中「跡息」體現了周王朝在平王東遷後，國家開始陷入到政不由王出，

令不由王發的局面。「詩亡」朱熹解釋爲《雅》亡。似乎還是不太好理解。錢穆在《讀〈詩經〉》一文中做了比較好的說明。他說：

> 孟子之所謂《詩》亡，乃指雅、頌言也……鄭釋《詩譜》則曰：於是王室之尊與諸侯無異，其詩不能復雅，故貶之謂之王國之變風。陸德明謂：平王東遷，政遂微弱，詩不能復雅，下列稱風。孔穎達謂：王爵雖在，政教才行於畿內，化之所及，與諸侯相似，故言無異也。詩者緣政而作，風、雅繫政廣狹，故王爵雖尊，猶以政狹入風。凡此數說，言雅之變而爲風，皆辭皆明晰。若王政能推及於諸侯，是王朝之詩能雅矣。若王政不下逮，僅與諸侯相似，則雖王朝之詩，亦謂之風，故曰不能雅也。〔註28〕

根據錢穆的解釋，「詩亡」並不是說「詩」消亡不作了，而是說「不能雅也」。雅指風雅頌中的一類。鄭樵說：「風土之音曰風，朝廷之音曰雅，宗廟之音曰頌。」〔註29〕雅也就表達朝廷中央的聲音。另上博簡《孔子詩論》中把「大雅」、「小雅」寫成「大夏」、「小夏」。可見雅言也就是夏言，相當於後世的官話或者普通話。因此「不能雅」的意思就是說朝廷之詩已經不能代表當時的主流文化了。各個國家都開始有自己的「國風」了，昔日代表王權的雅言也不得不淪落爲諸侯的地位，甚至漸漸地連諸侯的地位也不如了。由此可知，孟子在對孔子之前的文化進行觀察、總結，得出「跡息詩亡」是非常有道理的。這也就預示著昔日代表王權的貴族文化開始漸漸向平民文化進行轉型，王官之學也漸漸被破分散爲百家之言。正如莊子所感慨「道術將爲天下裂」、「其數散於天下，而設於中國者，百家之學，時或稱而道之」。

在對「道術將爲天下裂」討論之前，我們先研究一下代表著周代貴族文化的王官之學。章學誠曰：「古無文字。結繩之治，易之書契，聖人明其用曰：『百官以治，萬民以察。』夫爲治爲察，所以宣幽隱而達形名，蓋不得已而爲之，其用足以若是焉斯已矣。理大物博，不可殫也，聖人爲之立官分守，而文字亦從而紀焉。有官斯有法，故法具於官；有法斯有書，故官守其書；有書斯有學，故師傳其學；有學斯有業，故弟子習其業。官守學業皆出於一，而天下以同文爲治，故私門無著述文字。」〔註30〕錢穆由此進一步說：

〔註28〕 錢穆：《中國學術思想史論叢》（一），見《錢賓四先生全集》第十八冊，臺北：聯經出版事業股份有限公司，1998 年，第 159 頁。
〔註29〕 轉引自程俊英：《詩經譯注》，第 2 頁。
〔註30〕 《校讎通義》。

「古者治教未分，官事合一，學術本諸王官，民間未有著述。此在周時猶然。」〔註31〕結合第一節我們對周代國野制的論述可知，周代能接受教育的只可能是當時「國人」中的貴族階級，也就是指王、公侯、卿大夫和士們的子孫。另外很多人根據《周禮·地官》中說：「以鄉三物教萬民而賓興之，……三曰六藝：禮、樂、射、御、書、數」，便認爲當時所有的人都有接受教育的權力。這顯然是不對的。此種的「萬民」經吳龍輝先生考證，應該是指「士鄉之民」〔註32〕也即是說，六藝是爲士鄉階級以上弟子的所開設的課程。至於像其他階層如「農工商」等人，他們連改變自己身份的機會幾乎都沒有，更別說接受教育了。如《左傳》襄公九年載：

> 當今吾不能與晉爭。晉君類能而使之，舉不失選，官不易方。

> 其卿讓於善，其大夫不失守，其士竟於教，其庶人力於農嗇，商工
> 阜隸不知遷業。

當然除了六藝等基本的課程教育以及當時像卜筮、解夢、曆數等的專門教育之外，對其中選拔出來的優秀者有更深層次的教育。如在《國語·楚語上》中，當時楚國太子傅士亹向申叔請教如何教育太子時，申叔說：「教之《春秋》，而爲之聳善而抑惡焉，以戒勸其心；教之《世》，而爲之昭明德而廢幽昏焉，以休懼其動；教之《詩》而爲之導廣顯德，以耀明其志；教之《禮》，使知上下之則；教之《樂》，以疏其穢，而鎮其浮；教之《令》，使訪物官；教之《語》，使明其德而知先王之務用明德於民也；教之《故志》，使知廢興者而戒懼焉；教之《訓典》，使知族類行比義焉。」可見當時的「俊士」要學的知識是非常豐富的。這樣一來以便讓他們能在國家外交賦詩、觀樂等場合發揮作用。當然每個國家在課程體系的設計上有可能不一樣。但不管怎樣，受教育的權力是被當時的貴族階層所壟斷的。

隨著平王東遷，雅言漸漸變爲國風。在這一轉變過程中，除了與當時政治、精神等因素的影響外，也與當時貴族文化的腐敗與衰落有著密切聯繫。在春秋中後期，貴族階層除了少數傑出的人外，他們大都沉迷在腐朽的享樂生活當中。對於立足於宗法，靠禮維持親疏遠近之間尊卑關係的周王朝貴族階層來說，不知禮，不知學卻變得司空見慣。如《左傳》宣公十六年：

〔註31〕 錢穆：《國學概論》，《錢賓四先生全集》第一冊，臺北：聯經出版事業股份有限公司，1998 年，第 33 頁。
〔註32〕 吳龍輝：《六藝的變遷及其與六經之關係》，中國哲學史，2005 年 02 期。

晉侯使士會平王室，定王享之。原襄公相禮。殺烝。武子私問
其故。王聞之，召武子曰：「季氏！而弗聞乎？王享有體薦，宴有折
俎。公當享，卿當宴。王室之禮也。武子歸而講求典禮，以修晉國
之法。

作為被羊舌職稱為的善人「士會」，竟然連王室招待公侯、卿大夫的基本禮儀
都不懂了。不止如此，作為當時的大國晉國似乎連這個禮儀法度都弄亂了。以
致士會回國「講求典禮」，修改「晉國之法」。又如《左傳》昭公十八年：

秋，葬曹平公。往者見周原伯魯焉，與之語，不說學。歸以語
閔子馬。閔子馬曰：「周其亂乎！夫必多有是說，而後及其大人。大
人患失而惑，又曰：『可以無學，無學不害。』不害而不學，則苟而
可，於是乎下陵上替，能無亂乎？夫學，殖也。不學，將落，原氏
其亡乎！」

閔子馬在安葬曹平公的葬禮上見到原伯魯，並發現他不喜歡學習。並認為當
時有很多不學無術之人。這些人不僅不感到羞恥反而還為自己找藉口說可以
不用學習，不學習也不會有什麼害處。而閔子馬對這一現象感到十分焦慮，
認為由此周代以來的貴族統治可能會發生動亂而垮臺。既然貴族階層沉迷於
腐敗當中，那麼各國的領導核心階層為了在混亂的時代而保持生存，不得不
將有能力的平民階層的賢人提拔上來。這也在一定程度上，促使昔日的王官
貴族之學向平民階層轉移。〔註33〕孔子由此說到：「天子失官，學在四夷。」
（《左傳》昭公十七年）司馬遷在《史記·曆書》中也有類似的總結：「幽、
厲之後，周室微，陪臣執政，史不記時，君不告朔，故疇人子弟分散，或在
諸侯，或在夷狄。」因此，隨著周天子王權的衰落，昔日的王官之學一方面
因不能適應社會歷史潮流而凋零，另一方面周邊國家憑著政治、經濟實力的
崛起，在文化上也開始強調自主的傳統與創新。於是官學日衰，天下道術為
時勢裂。

在這一文化變遷中，有許多重要的思想觀念對孔子王道思想的提出起到
了明顯的作用。除了在下一節著重論述的《六經》外，可以發現春秋時期各
國賢人、士大夫對仁義禮智信的論說、對德政的闡釋、對天命鬼神的態度等
等方面都成了孔子王道思想的來源。通過對《左傳》與《國語》的考察，可
以發現，春秋時期，作為孔子王道的核心思想中的「仁」與「禮」已經被反

〔註33〕這是後來被《漢書·藝文志》的作者稱為諸子百家處於王官論的主要原因。

覆討論。「仁」字不僅被廣爲使用，而且含義也非常地豐富。如在《左傳》中，「弗納於淫，仁也」（《莊公二十二年》）「背施無親，幸災不仁」（《僖公十四年》）「剛愎不仁」（《宣公十二年》）「不背本，仁也；不忘舊，信也；無私，忠也」（《成公九年》）「乘人之約，非仁也」（《定公四年》）等等，在《國語》中，也有大量對仁的論說，「仁所以保民也」，「畜義豐功謂之仁」，「仁，文之愛也」「愛人能仁」（以上見《國語·周語》）「殺身以成志，仁也」，「殺無道而立有道，仁也」，「智人不詐，仁人不黨」（以上見《國語·晉語》）等。這些對仁的解說與《論語》進行比較，可以看出，孔子仁的思想大體上是繼承了前人的觀點。關於「禮」的方面，西周本來就是一個以禮治國的王朝，孔子自己也曾說：「周監於二代，郁郁乎文哉！吾從周！」（《八佾》），隨著周平王的東遷，代表著西周等級制度的周禮也慢慢地遭受破壞和流失。儘管如此，由於魯國的特殊地理和歷史地位，代表周禮精髓的魯禮並沒有受到太多的影響。晉國的韓宣子曾到魯國考察後感歎說：「周禮盡在魯矣！」（《左傳·昭公二年》）這種特殊的文化、地理等環境對生活在魯國的孔子無聲無息中就產生了影響。另外，春秋時期，禮的作用也被反覆論述，如：「禮，經國家，定社稷，序民人，利後嗣者也。」（《左傳·隱公十一年》）「禮，所以守其國，行其政令，無失其民者也。」（《左傳·昭公五年》）「夫禮，天之經也，地之義也，民之行也，天地之經，而民實則之。」（《左傳·昭公二十五年》）章學誠在他的《文史通義·原道下》中說：「孔子之大，學周禮一言，可以蔽其全體。」此話對孔子的論述雖然不夠全面，但是「學周禮」一詞可以說很大程度上概括了孔子對周禮的繼承和發揚。可以看出，當時的人們對「仁」與「禮」已經非常重視。只是由於受到各種原因的影響，他們並沒有像孔子那樣對「仁」與「禮」進行全面而深入的闡釋與研究，也沒有像孔子那樣將這些思想系統地傳授給後人。

在天命鬼神與德政的方面，我們將在下一章的第二、三節進行重點闡述。這裡稍微論述一下。春秋時期，隨著理性精神的崛起，人們對天命、鬼神的作用愈發變得懷疑。如鄭國的子產、隨大夫季梁、虢史囂等人，都論述過許多懷疑鬼神甚至貶低鬼神的言論（見《左傳》及上一節的論述），這些觀點對孔子的「務民之義，敬鬼神而遠之」的思想起到了非常大的作用。在德政方面。如，「德，國家之基也。有基無壞，無亦是務乎。有德則樂，樂則能久。」（《左傳·襄公二十四年》）「不修政德，亡於不暇，又何能濟。」（《昭公四年》）

「以言德於民，民歆而德之，則歸心焉」（《國語‧周語》）「夫德義，生民之本也。……以德紀民，其章大矣，不可廢也」（《國語‧晉語》）「教之語，使明其德，而知先王之務用明德於民也」（《國語‧楚語》）等等，這些思想對孔子以德治國的王道思想的形成起了重要的作用。

除此之外，孔子王道思想的其他方面在前人的思想中也能找到其根源。如與禮十分密切的正名思想。章太炎先生曾對此有過論述，在《諸子略說》一文中，他說，孔子「正名」之言有所本乎？曰：有。《禮記‧祭法》云：「黃帝正名百物，以明民共財。」《國語》作「成命百物」，韋注：「命，名也。」鄭注《論語》，「正名，謂正書字也。古者曰名，今世曰字」。《禮記》曰：「百名以上則書之於策。」然則黃帝「正名」，即倉頡造字矣。《易》曰：「上古結繩而治，後世聖人易之以書契。」項籍云：「書足以記姓名。」造字之初，本以記姓名，造契約。故曰「明民共財」。《易》曰「理財正辭」，其意亦同。《管子‧心術篇》曰：「物固有形，形固有名。此言不得過實，實不得延名。姑形以形，以形務名，督言正名。」延，即「延長」之意，過也。形不能定形，故須以名定之。此謂名與實不可相爽。然則「正名」之說，由來已久，孔子特採古人之說爾。〔註34〕另外還有中庸思想、忠孝思想等等。甚至在《論語》中可以發現，記載孔子很多的言論觀點則直接來源於前人的思想，甚至有的直接復述前人已有的觀點。如孔子教導兒子的「不學禮，無以立」（《論語‧季氏》）的名言，則直接來源於孟僖子曾說過的「無禮無以立」（《左傳‧昭公七年》）；又如，「子曰：『出門如見大賓，使民如承大祭』」（《論語‧顏淵》）則直接復述晉國臼季說的「出門如賓，承事如祭，仁之則也」（《左傳‧僖公三十三年》）話語；又如，孔子非常有名的「克己復禮為仁」（《論語‧顏淵》）名言，則直接來自古代一種叫做《志》書中的「克己復禮，仁也」（《左傳‧昭公十二年》）；又如，孔子「君子和而不同，小人同而不和」的著名論點，在《左傳‧昭公二十年》所載齊國政治家晏嬰與齊景公的對話以及《國語‧鄭語》中都討論過這一思想。

通過以上論述可知，由於西周到春秋時期政治和宗教上的變動，文化上也隨之出現了分裂。王官之學在下移的過程中，產生了許多新穎的思想。這些思想，在很大程度上，為孔子構建王道信仰提供了必要的思想來源。

〔註34〕章太炎：《諸子學略說》〔M〕，桂林：廣西師範大學出版社，2010 年，第 85 頁。

第二章　孔子對王道信仰的建構

　　春秋是一個王權旁落，禮壞樂崩的時代。但這也使幾乎每個國家與政權為了自身的利益開始發奮圖強，積極變革。在這一變化的過程中，他們開始更加注重學習曾經只被王官所壟斷的詩、書、禮、樂等貴族文化，希望用自己所學的知識改變人生的命運。以孔子為首的儒家學派就是在這樣一個大時代背景下孕育而生。

　　儒作為一種職業在孔子之前早就存在。在《論語‧雍也》篇，孔子對他的學生子夏特別提道：「女為君子儒，毋為小人儒。」並且這種職業主要是相禮治喪〔註1〕。這一職業即使到了孔子時期依舊存在。如《論語‧子罕》篇中孔子說：「出則事公卿，入則事父兄，喪事不敢不勉，不為酒困，何有於我哉？」既然如此，那後人為什麼要將孔子當中儒家的創始人呢？這主要在於孔子所開創的儒家學派與以前的「相喪治禮」的儒有著本質的區別。他們在精神上主要是「祖述堯舜，憲章文武」（《中庸》），以道為信仰，做一個有君子人格的儒者；在為學上主要以六藝為基礎，通過自身的學習、努力改變自己的地位，期望打破「血而優則仕」的血統階級出身論。通過這些從而希望達到一個通過自身努力就能獲得相應待遇的穩定和諧的王道社會。

　　其實在這種周道崩潰，綱紀坍塌的動亂時代。不只以孔子為代表的儒家提出了自己的王道論，其他流派也有自己相應的政治理想。司馬談在《論六家要指》中說道：「夫陰陽、儒、墨、名、法、道德，此務為治者也。」《淮南子‧泛論訓》也有幾乎一樣的評論：「百川異源，而皆歸於海；百家殊業，

〔註1〕可詳細參看胡適、傅斯年、馮友蘭、錢穆等人關於儒的研究。

而皆物於治。」〔註2〕《漢書·藝文志》對這一現象進行了總結：「諸子十家，其可觀者九家而已。皆起於王道既微，諸侯力政，時君世主，好惡殊方，是以九家之術蜂出並作，各引一端，崇其所善，以此馳說，取合諸侯。」〔註3〕可知，諸子百家們在參與社會建言的過程中，都希望藉重諸侯的力量，建立一個和平安定的秩序社會。這種對從混亂的制度中尋求統一的焦慮，我們稱之為「制度的焦慮」。這是在亂世中最需要解決的一個問題。除此之外，還有「生命的焦慮」。這是人類的兩大焦慮〔註4〕。這兩大焦慮中，制度的焦慮是主要的，並且也是首先需要考慮的。因為沒有穩定的社會秩序，生命的安全、人生的自由、社會的發展等等也無從談起。孔子常說：「苟有用我者，期月而已可也，三年有成。」〔註5〕又說：「如有用我者，吾其為東周乎！」〔註6〕這是何等急於用世的心情啊！所以「孔子三月無君，則皇皇如也，出疆必載質」〔註7〕，那麼孔子的「東周」王道理念具體是指什麼呢？

第一節　王道與六經

第一、王道的提出

　　在具體討論孔子的王道思想之前，首先要梳理孔子與他之前傳統文化之

〔註2〕　《淮南子·氾論訓》。

〔註3〕　班固：《漢書》〔M〕，北京：中華書局，1962年，第1746頁。在此之前，《淮南子·要略》中已經談及此問題。薩孟武說：「先秦思想可以說都是政治思想」（見氏著：《中國政治思想史》第一章儒家的政治思想，三民書局，1969年。）

〔註4〕　所謂的制度焦慮，是指人類社會政治、道德、法律、經濟、習俗等制度出現總體性的失範崩潰，人類社會生活缺乏共同認可的行為規範導致社會動亂而引起的焦慮。關於這兩大焦慮的問題，姜廣輝老師在他的《中國經典文化的解釋學特點》中談到：「焦慮產生問題意識。制度的焦慮和生命的焦慮，是人類的兩大焦慮。人類是以群居形態生活於一定的環境中的，其環境的好壞直接關係人們的生活品質，而環境的好壞主要決定於其社會制度是否合理，如何制定一個適應共同體文化傳統的社會制度，實現長治久安，這是制度的焦慮。作為個體而言，人的生命是短暫的，這短暫的生命如何安身立命？如何把握永恆？若從宗教信仰方向考慮，人死之後靈魂會在哪裏？靈魂能否得到安寧？若從意義信仰方向考慮，生命不能白白流淌，生命如何化作意義？這些問題都是生命的焦慮。」（許江主編：《人文傳統》，中國美術學院出版社，2003年10月第1版，第32頁。）

〔註5〕　《論語·子路》。

〔註6〕　《論語·陽貨》。

〔註7〕　《孟子·滕文公》。

間的關係。這不僅關係到孔子王道理想的文化取向，而且也會影響到它具體落實的可能性。古人說「操千曲而後曉音，觀千劍而後識器」，「觀於海者難爲水」。只有對前人的思想、文化典籍等等一切瞭解透切後，才能衝破凌雲，登上泰山，一覽眾山之小。孔子也是如此。

　　孔子十五歲就開始志於學，追尋心目中的道。他說：「我非生而知之者，好古敏以求之者也。」(《論語‧述而》) 並且在與人交往中時時能發現他人的優點，並進行學習。所謂「三人行，必有吾師焉，擇其善者而從之，其不善者而改之」，「見賢思齊，見不賢而內自省也」。不僅如此，在社會實踐上，也時時注意學習和印證。如孔子「入太廟，每事問」。這種篤信好學，學而不厭，學思並行的精神在生活中時時提升他的觀察力與想像力。另外，孔子希望能在政治上實現自己的王道抱負。根據《史記》記載在孔子35歲那年，因魯國的內亂，孔子去了齊國。在齊國聞韶樂，三月不知肉味。並且在齊景公前闡述了自己的政治觀：

　　　　齊景公問政於孔子。孔子對曰：「君君，臣臣，父父，子子。」
　　公曰：「善哉！信如君不君，臣不臣，父不父，子不子，雖有粟，吾
　　得而食諸？」(《論語‧顏淵》)

當時齊景公已經認識到齊國政治的危機，大夫陳氏厚施於國，覬覦著齊國的君主之位。所以藉此機會向孔子問如何處理政治上的問題。但孔子的話不止針對於作臣子的陳氏家族，也針對景公而發。因爲齊景公是齊莊公的異母弟，他是亂臣賊子崔杼殺齊莊公而立，論身份、程序都不是合法繼承人。齊景公雖然表面上贊成他的建議，但內心不喜歡孔子，藉口沒有合適的位子給孔子和推說自己老了，不能用。孔子去齊，接淅而行，回到了魯國。

　　回魯國，經陽虎之亂後，孔子因緣出任魯國的中都宰，之後一年由中都宰升爲司空，由司空升爲大司寇 [註8]。在擔任司寇期間，爲了將自己的王道理想付諸實踐，其在政治表現上有三大主要的事件。其一爲相定公與齊公會於夾谷；其二爲主張「墮三都」；其三爲誅魯大夫亂政者少正卯。其中墮三都的主張由於孟氏的不配合，都「成」圍而不克。(《左傳》定公十二年) 雖是如此，但配臣的勢力畢竟受到了打擊，繼續「由大司寇行相事」在聞國政三個月的時間內就達到了「粥羔豚者弗飾賈，男女行者別於塗，塗不拾

─────────────

〔註8〕　《史記‧孔子世家》：「定公九年，陽虎奔於齊。其後，定公用孔子爲中都宰。
　　　　　一年，由中都宰爲司空，由司空爲大司寇。」

遺，四方之客至乎邑者不求有司，皆予之以歸」（《史記・孔子世家》）的美好局面。後由於齊國對孔子的忌憚而對魯國形成壓力，又經公伯僚的讒譖，作爲當時主政的季氏不免對孔子心生不滿，產生搖惑，而怠於政事。《論語・微子》載：

> 齊人歸女樂，季桓子受之，三日不朝。孔子行。

在《史記・孔子世家》司馬遷有更詳細的描寫。司馬遷說孔子出走一個起因是由於國君不送給本應給大夫孔子的祭肉。這當然是一個藉口罷了。孔子在魯國感到自己的王道設想已不能在魯國實現，於是選擇離開，開始了他的周遊列國旅程。但不管是在衛國、宋國、陳國還是蔡國等等，都沒法將自己的王道理想實現。這似乎與齊國的大夫陳文子一樣「有馬十乘，棄而違之。至於他邦，則曰：『猶吾大夫崔子也。』違之。之一邦，則又曰：『猶吾大夫崔子也。』違之」（《論語・公冶長》）因不符合自己心中的道而不得不放棄了。最後回到了魯國。

在孔子破萬卷書、行萬里路的人生旅途中，由於政治上的不得意，不得不將自己的王道理念喻諸於經典當中，開始整理六經。他說：「述而不作，信而好古，竊比於我老彭。」（《論語・述而》）在結合歷史的經驗與自己人生的經驗教訓上提出了他的王道理想。我們先看他對歷史經驗的總結。他曾說：

> 夏禮吾能言之，杞不足徵也；殷禮吾能言之，宋不足徵也。文獻不足故也，足則吾能徵之矣。（《論語・八佾》）

可見，孔子對以前的歷史經驗是非常重視。可以說爲了心中的王道理想而網羅天下、放失舊聞，原始察終、見盛觀衰。並對夏商周三代不同的特點作過深入的研究。如：

> 子曰：「殷因於夏禮，所損益，可知也；周因於殷禮，所損益，可知也。」（《論語・爲政》）
>
> 孔子曰：「我欲觀夏道，是故之杞，而不足徵也，吾得《夏時》焉。我欲觀殷道，是故之宋，而不足徵也，吾得《坤乾》焉。《坤乾》之義，《夏時》之等，吾以是觀之。」（《禮記・禮運》）
>
> 子曰：「周監於二代，郁郁乎文哉，吾從周。」（《論語・八佾》）

從上述 3 條材料可知，孔子周遊列國時「之杞」、「之宋」作過實地調查。在調查中不隨意信任口說，而特別重視相關的文字材料。尤其像《坤乾》、《夏時》這樣的材料，在哲學與政治上是極其重要並具有時代特徵的。所以孔子

說「周監於二代，郁郁乎文哉」決不是一句空話。《尚書・召誥》中周公自己在制禮作樂的過程中也曾說過：「我不可不鑒於有夏，亦不可不鑒於有殷。」因此對於自詡承擔天命的孔子，在闡述王道理想時也如周公重視夏商兩代的經驗一樣，對周文化稱譽甚高。如《論語・泰伯》載：

> 舜有臣五人而天下治。武王曰：「予有亂臣十人。」孔子曰：「才難，不其然乎？唐虞之際，於斯為盛。有婦人焉，九人而已。三分天下有其二，以服事殷。周之德，其可謂至德也已矣。」

這裡孔子以「至德」稱讚周代。並且自己要「吾從周」，以周文化繼承人的身份自居。但又不僅僅如此。在面對周代禮壞樂崩的時勢下，提出了自己的正見：

> 顏淵問為邦。子曰：「行夏之時，乘殷之輅，服周之冕，樂則韶舞。（《論語・衛靈公》）

可見孔子所謂「吾從周」，正為周能鑒於二代的優缺點有所損益，以成其郁郁乎其文。孔子理想中的王道不僅僅是繼周、監周，而且監於自堯舜以來的夏商諸代一併損益之。以成就「如有用我者，吾其為東周乎」中的「東周」。《論語・陽貨》載：

> 公山弗擾以費畔，召，子欲往。子路不說，曰：「末之也已，何必公山氏之之也。」子曰：「夫召我者而豈徒哉？如有用我者，吾其為東周乎！」

關於「為東周」的解釋主要流行的有兩種。一是以何晏、朱熹為代表，將為東周解釋為在東方復興周道。如何晏在《集解》中說：「興周道於東方，故曰東周。」朱熹的解釋差不多，《集注》中說：「為東周，言興周道於東方。」另一類以鄭玄為代表，將東周解釋為平王東遷以後的「成周」政權。鄭玄在《論語注》中說：「敬王去王城而遷於成周，自是以後，謂王城為西周，成周為東周。故昭二十二年，王子猛入於王城，《公羊傳》曰：『王城者何？西周也。』二十六年，天王入於成周，《公羊傳》曰：『成周者何？東周也。』孔子設言之時，在敬王居成周之後，且意取周公之教頑民，故知其為東周，據時成周也。此在敬王之前，王城與鎬京相對，故言王城謂之東周也。」但這兩種說法都不太妥當。如果按第一種解釋認為孔子要在東方復興文武之道，而當時，周天子事實上仍是天下共主，孔子生活的魯國又是實行周文化的典範，那麼顯然在理論上是講不通的；而如果將東周解釋為平王東遷以後的周

王室政權那孔子在這裡說的話就有語病了。孔子說：「來召我的，難道只是空召嗎？倘有真能用我的人，我能為「東周」服務嗎？」顯然與孔子欲往有矛盾。那「東周」究竟如何理解呢？近人吳龍輝先生對此有一個全面的解釋，他說：

> 「東周」一語相對於「西周」而言。所謂「西周」，在孔子及其以前的時代指的並不是後世史家作為朝代概念的西周，而即是周朝之意。因為周人崛起於西方，所以當時人將其稱為西人。《詩經‧大東》有云：「東人之子，職勞不來；西人之子，粲粲衣服。舟人之子，熊羆是裘；私人之子，百僚是試。」詩中的「舟人」乃「周人」的諧音。「東人」指的是以殷商遺民為主體的東方民族，「西人」指的即是周人。因此，孔子所說的東周並不是一個簡單的時空概念，而是一個文化概念。它指的是繼周文化之後而出現的一個新文化時代。因這種新文化與周（即「西周」）文化不同，它是對周文化所作的一種繼承與超越，所以孔子稱之為「東周」。這也即是孔子所追求的「道」。〔註9〕

吳龍輝先生這裡將「東周」解釋為「道」，可以說與馮友蘭先生對「東周」的解釋有類似之處。馮先生說：「可以認為是孔丘的思想的就是，他基本上擁護周禮而又自以為他有一個比周禮更高的「道」。這個「道」可能是以周禮為基礎而又加損益的。他一生的鬥爭，就是要推行他的「道」。他說：「如有用我者，吾其為東周乎！」（《論語‧陽貨》）這個東周，大概是實行他的「道」的周，跟原來的西周不是完全相同。」〔註10〕可知，東周不是一個簡單的時間、空間概念，而是一種文化概念。並且是對周文化的一種繼承與超越。因此孔子的東周王道理念是一套超越當時時代的新文化。也就是「齊一變至於魯，魯一變至於道」（《論語‧雍也》）中的「道」。

前面提到孔子因不能在現實的政治環境中實現自己的王道抱負，只好將理想寄託在經典當中。孔子自己也曾有過類似的感概。他說：「我欲載之空言，不如見之於行事之深切著明也。」（《史記‧太史公自序》中引用孔子的話）因此，在政治上失意後，孔子開始整理先賢們遺留下來的文化典籍，通

〔註 9〕 吳龍輝：《原始儒家考述》，北京：中國社會科學出版社，1996 年，第 36～37 頁。

〔註 10〕 馮友蘭：《中國哲學史新編》（上），北京：人民出版社，2007 年，第 79 頁。

過自己的闡釋將最有價值的文明傳播給自己的學生，繼而傳給大眾。這無形之中也進一步促使王官學向百家言的轉向，開啓了百家爭鳴的先聲。經過孔子整理的六部經典，就是後世爲人所知的《詩》、《書》、《禮》、《樂》、《易》、《春秋》。因此在具體論述王道理念之前，先研究孔子與六經以及六經與六藝之間的關係問題。

第二、從舊六藝到新六藝

六經與六藝是中國儒學史與中國教育史上的兩個重要名詞。六藝在六經之前早就存在，它是用來培養士鄉階級及其以上弟子的所開設的教學科目。根據《周禮・地官・大司徒》中的記載，六藝主要指「禮、樂、射、御、書、數」。隨著周代宗法血緣封建世襲制度的逐漸崩潰，昔日的世襲教育制度逐漸不適應社會的變遷。貴族階層淪爲野人和野人希望分享貴族士人權力的歷史趨勢變得越來越不可阻擋。孔子就是在這一教育變遷過程中的關鍵人物。他的「有教無類」思想爲社會平等地追求知識上的財富提供了理論基礎，並且對昔日的六藝課程進行了改革。他將昔日的舊六藝改造成以「詩、書、禮、樂、易、春秋」爲主要內容的新六藝。〔註11〕

在孔子之前，「詩、書、禮、樂、易、春秋」等六經的基本內容已經確定。《左傳》僖公二十七年，晉作三軍，謀元帥。趙衰曰：「郤縠可。臣亟聞其言矣，說《禮》、《樂》而敦《詩》、《書》。《詩》、《書》，義之府也；《禮》、《樂》，德之則也。德義，利之本也。《夏書》曰：『賦納以言，明試以功，車服以庸。』君其試之！」可知，此時的《詩》、《書》、《禮》、《樂》已經連接成爲一組的名稱。並且如居於「詩書禮樂」之首的《詩》，在魯襄公二十九年（公元前544年）吳國公子札在魯國觀於周樂時，就見到了和流傳到今天《詩經》差不多的本子。又《左傳》昭公二年載：「韓宣子來聘，觀書於太史氏，見《易象》與魯《春秋》。」我們知道，孔子生於魯襄公二十一年（公元前551年），其時上距僖公二十七年（公元前634年）有83年，下距昭公二年（公元前541年）爲10年。因此郤縠與韓宣子所見到的《詩》、《書》、《禮》、《樂》、《易》、《春秋》在孔子之前就存在底本了，孔子所做的工作是重新整理和一些修改，並在此基礎上做出重要闡釋。如《易傳》就是孔子對《易經》的具

〔註11〕可參看吳龍輝先生《六藝的變遷及其與六經之關係》及金景芳先生《孔子的這一份珍貴遺產——六經》一文。

體闡釋。

《史記‧孔子世家》說：「孔子以《詩》、《書》、《禮》、《樂》教，弟子蓋三千焉，身通六藝者七十有二人。」因此，孔子在以整理好的六本經典課本教授弟子時，必定會加入自己的解釋。如對《詩》的解釋，孔子說：「《詩》可以興，可以觀，可以群，可以怨，邇之事父，遠之事君，多識於鳥獸草木之名。」（《論語‧陽貨》）又如帛書《要》中記載孔子對《周易》的一個重要哲學解釋原則，他說：「《易》，我後其祝卜矣，我觀其德義耳也。」〔註12〕他的目的不僅僅只是讓學生背一些死書，而更重要的是培養學生的人格和政治智慧。這種解釋除了遺失的外，很大一部分至今保留在《論語》一書當中，另外一些則直接體現在流傳下來的五經當中以及記載孔子語錄的其他書籍中如《孟子》、《禮記》和近年出土的簡帛文獻等等。蒙文通先生說：「六經都是『舊法世傳之史』，六經之能脫離舊法世傳之史而上升為『聖經賢傳』，成為一個有獨特思想的學術體系的經學，則正是由於儒生們依附六經灌注了自己的思想，依附六經寄託了自己的整套理想制度。」〔註13〕孔子及其後來的儒生對六部經典的解釋除「傳」之外，還有「說」、「記」等等，但它們可以統稱為「傳」，而與「傳」相對應的則是「經」。關於經的定義，以前有人說聖人制作曰「經」，有人將經解釋為「常」，有人說是經是「編絲綴屬之稱」，在金景芳先生看來「都不是經的本義」〔註14〕。章學誠在《文史通義‧經解上》中說：「六經不言經，三傳不言傳，猶人各有我而不容我其我也。依經而有傳，對人而有我，是經傳人我之名，起於勢之不得已，而非其質本爾也。……因傳而有經之名，猶之因子而立父之號矣。」王逸注《離騷經》說，「經，徑也」。劉勰在《文心雕龍‧史傳》中說：「傳者轉也，轉受經旨，以授於後。」因此，金景芳先生認為「經的本義是徑。讀經則直接瞭解某個人的作品；傳的本義是轉，讀傳則間接瞭解某個人的作品。經傳的得名，如同父子一樣，都是互相依存，又互相對立的名稱。沒有傳時，經的名稱也沒有。」〔註15〕這一經傳相互對立出現的名稱為我們瞭解孔子的「新六藝」提供了幫助。所以，新六藝的內容應該包括《詩》、《書》、《禮》、《樂》、《易》、《春秋》等孔子整理

〔註12〕陳松長、廖名春：《〈要〉釋文》，參見《道家文化研究》第 3 輯，第 434 頁。

〔註13〕蒙文通：《經學抉原》，上海：上海世紀出版集團，2006 年 8 月，第 250 頁。

〔註14〕金景芳：《金景芳儒學論集》（下冊），成都：四川大學出版社，2010 年 5 月，第 529 頁。

〔註15〕同上。

與修改的六部經典以及孔子和後代儒生對經典做出的新的詮釋。從而可知唐代顏師古在注《漢書》中的《藝文志》、《儒林傳》、《韋賢傳》等篇中將「六藝」解釋成「六經」是不正確的。

第三、六經與王道

前面提到，孔子「爲東周」的王道思想是一套超越當時時代的新文化。值得注意的是，這種新文化的提出並不是偶然的，而是建立在他對傳統思想的繼承與理解之上的。經他整理的六經中，有很多是他的王道思想的直接來源：

首先，六經中對三代聖王、聖賢以及仁人德行的記載，他們後來成爲孔子王道理論中德性理想與人格典範的代稱。歷史作爲王道在時間中展開的載體，它包含著許多不同的面向。如聖王、典章制度、經典、種族意識等等。這些可以說都是王道在現實層面的證明。六經，特別是《尚書》和《詩經》中，記載了大量關於堯舜到文武王等聖人的言行事蹟。這些言行事蹟都透露著以德爲主的中道精神。如《堯典》中說：

> 帝堯曰放勳，欽明文思安安，允恭克讓，光被四表，格於上下。克明俊德，以親九族。九族既睦，平章百姓。百姓昭明，協和萬邦。

俊德即是美德。欽指敬，明指明察，恭指謹慎，讓指謙讓而不驕。可以說這些都是德的具體內容。明德的社會教化功能是能達到親睦九族、協和萬邦，以求得世界的普遍和諧。不僅堯自身能具有良好的美德，而且能在晚年讓位於有德行的「舜」。據《舜典》的記載，舜是一位「濬哲文明，溫恭允塞，玄德升聞」之人。濬哲指得是智慧，玄德舊注爲修德，也就是說舜是一聰明而有智慧，並且很有德行的人。堯經過考察，欲讓帝位於舜，而「舜讓於德，弗嗣」，舜謙讓是因爲他覺得應該還有比自己更有德行的人存在，所以開始不肯繼位。除堯舜之外，《尚書》當中還有對禹平水土偉績的敘述。爲了平水土以爲民謀福，《史記》中還記載他三過家門而不入的傳說。《詩經》當中也多次提到禹。如《小雅·信南山》：「信彼南山，惟禹甸之。」《商頌·長發》：「洪水芒芒，禹敷下土方。」另外，湯、文武王、周公等人也在《尚書》、《詩經》等六經典籍中反覆出現。如在《詩經》中對文王的稱頌。《周頌·維天之命》：「維天之命，於穆不已，於乎不顯，文王之德之純。」《大雅·皇矣》：「帝謂文王：予懷明德，不大聲以色，不長夏以革，不識不知，順帝之則。」這些

都是讚美文王有著美好的德行。不僅這些聖王賢者們自身有著美好的德行，而且他們在選拔和考察人才的時候也是以德作為一個重要得衡量標準。如在《尚書・皋陶謨》中提出了九個方面的德行去考察一個人：

> 皋陶曰：「都！亦行有九德，亦言其人有德，乃言曰，載采采。」
>
> 禹曰：「何？」皋陶曰：「寬而栗、柔而立、願而恭、亂而敬、擾而毅、直而溫、簡而廉、剛而塞、強而義、彰厥有常，吉哉！」

亂，這裡是用其反義，也就是治的意思。從寬、柔、願、亂、擾、直、簡、剛、強等九個方面考察一人，那麼在社會政治體系中就達到了賢者在位的願景。作為在上位的君主必須要有選賢舉能的才能，而這些都是以德為評價標準的。

《尚書》、《詩經》等六經對堯舜禹等聖賢的記載，對孔子王道思想的形成起到了相當大的作用。在《論語》的《泰伯》以及《堯曰》等篇章中，可以發現孔子對這些先王有著很多的讚美之辭，經常使用「巍巍乎」這樣的字眼，認為他們高不可攀。如：堯的美德是按天道行事（《泰伯》），舜的美德是無為而治（《衛靈公》），禹的美德除了無為而治外，並誇他治水有功於人民，而且勤勞節儉。這些對上古聖人的美好影響，可以說都與《尚書》有著莫大的關聯。另外《論語》中還有大量對商湯、文武王、周公、泰伯、伯夷、叔齊等先聖、先賢的讚美。孔子的這些印象同樣也與《尚書》和《詩經》等前人的典籍的記錄有著密切關聯。就儒家所理解的聖王及後來所說的道統而言，其譜系基本上不出堯、舜、禹、湯、文武、周公的範圍，而這些聖王譜系在《論語》中已經得到了初步的確認了。《中庸》中稱孔子「祖述堯舜，憲章文武」是非常的有道理的。在這些先王的美好品德以及事功當中有一點非常值得注意。雖然他們都具有美好的道德，但他們在具體的事蹟上有有所不同。堯的功績主要體現在天文曆法方面，舜的成就主要突出在人倫道德方面，而禹的事功主要表現在地理秩序方面。綜合來看，他們分別奠定了天、地、人的基本秩序，從而共同構築了一個宇宙秩序的整體。《論語・堯曰》說：「堯曰：『咨！爾舜！天之曆數在爾躬。允執其中。四海困窮，天祿永終。』舜亦以命禹。」從堯到禹到舜，無形當中給人傳達了一種儒家強調的聖王和秩序系列。另外，在說文解字中，許慎引用董仲舒對王道的「王」字解釋的時候，講到了天地人三個方面。董仲舒說：「古之造文者，三畫而連其中謂之王。三者，天、地、人也，而參通之者王也。」綜上可知，孔子思想中的「王

道」也就是堯舜禹等先王之道，另外孔子的為政以德、以德治國的思想，也就是這些先王們自身德性落實到社會政治層面的體現。這些都能在六經中找到根據。

其次，六經中的天命、民本思想，對孔子王道中的仁者愛人、修己以安百姓以及天生德於予思想的提出起到了作用。在本文的第一章第二節中，我們曾對孔子之前的天命鬼神觀進行過梳理。可以知道，由於受到生產力的發展和理性人文精神的崛起，孔子之前的天命決定論的神權統治思想受到了懷疑和批判，而以民為神之主的思想漸漸形成。這種天命思想的變動，在《尚書》、《詩經》、《周禮》等六經當中就有體現。如天作為世界的主宰，以及人類與人類世界中的權力來源，在《詩經》中反覆被論述：

　　天命玄鳥，降而生商，宅殷土芒芒。古帝命武湯，正域彼四方。（《詩·商頌》）

　　昊天有成命，二后受之。（《詩·周頌》）

　　有命自天，命此文王。（《詩·大雅》）

可知，當時的人認為商人是承天之命而降生到這個世界上的，天是商民族的本源。商周兩國的成立，也是天命所賦予的。文王的出現也是受有天命的。這種對天、帝的信仰，以及天的主宰性在《尚書》中也可以看到：「天敘有典，勅我五典五惇哉！天秩有禮，自我五禮有庸哉！同寅協恭和衷哉！天命有德，五服五章哉！天討有罪，五刑五用哉！」（《皋陶謨》）人間的等級秩序、人倫尊卑、有德有罪所受到的賞罰等等都由天而決定，體現著天的意志。商討伐夏桀是秉承天命，《多士》：「天……乃命爾先祖成湯革夏。」《湯誓》：「有夏多罪，天命殛之。」後來商的墮落與周代伐商也是天的意志，《微子》：「天毒降災荒殷邦，方興沉酗於酒。」《多士》：「有命曰割殷，告敕於帝。」可以說，天的主宰性在當時人的世界中無處不在。因此要求統治者敬天保民。除了對天的權威、信仰肯定的一面外，在《詩經》中也保留了許多罵天、疑天、咒天的一面。如《小雅·節南山》：「昊天不傭，降此鞠訩。昊天不惠，降此大戾。」這裡指責上天不公平、不仁慈，給人民帶來了許多禍亂以及兇殘暴戾；《小雅·雨無正》「浩浩昊天，不駿其德。降喪饑饉，斬伐四周；旻天疾威，弗慮弗圖。舍彼有罪，既伏其辜。若此無罪，淪胥以鋪。」這裡指責上天降下饑荒與死亡，包庇有罪之人，傷害無罪之人，簡直無法用語言來形容上天的不公了。甚至在《小雅·十月之交》篇中否認天能支配人事了，所謂

「匪（非）降自天」，在《尚書·君奭》中提出了「天不可信」的思想等等。這種對天的懷疑與咒罵無形當中就淡化了天的主宰性以及天具有「福善禍淫」的正義性。

隨著天命思想的變動，民本思想也漸漸得到了發展。夏、商時期，人們幾乎都認為人間、宇宙的一切都是由天決定的，天神的命令是神聖而不可懷疑的。但是隨著周代在與商代的鬥爭中，周代的統治者用德來解釋天命得轉移。在《尚書·召誥》篇說，殷商的滅亡是由於它。「惟不敬厥德，乃早墜厥命」。所謂「皇天無親，惟德是輔」。而德的作用和效果，則表現在民心的向背。《左傳·襄公三十一年》魯穆叔引《太誓》：「民之所欲，天必從之。」天的權威要通過民意來彰顯。又如，「天視自我民視，天自我民聽」（《孟子·萬章上》引太誓）天與民的視聽同。《尚書·多士》：「惟我下民秉為，惟天明畏」，下界人民的所作所為，代表了上天揚善懲惡的威嚴命令。可知，在一定程度上民意就是天意，民心即天心，這就將民與天幾乎等同了起來。因此，周初的統治者將「保民」當作了一項重要的治國原則。《尚書·周書》中「用保父民」、「用康保民」、「惟民其康又」、「惠康小民」、「裕民」、「民寧」、「恤民」就是民本思想一個重要體現。

六經中對天的主宰性，以及對天的懷疑等一系列的描述，可以說直接影響到孔子王道思想中天命觀。在《論語》中，對天的敬畏，以及對天命的無奈隨處可見。如孔子說的君子有三畏，其中第一要敬畏的就是天命。對天命的無奈方面，如顏淵過早的去世，孔子呼號到「天喪予，天喪予！」值得注意的一點是，在對待天命鬼神的主宰性方面，孔子雖然沒有直接的否定，但是他說「敬鬼神而遠之」，「子不語怪力亂神」。可以說是天命的主宰思想在孔子思想中是持懷疑態度的。另外孔子以義利辨天命，更是進一步瓦解了天的主宰性的一面，將人的主觀能動性放在了第一位。由此，孔子在王道的構建過程中也就要求統治者將人民的利益放在了首位。如「仁者，愛人」「節用而愛人，使民以時」「博施於民而濟眾」等等。《尚書》中的相關的民本思想在孔子的王道思想中也就獲得了極大肯定。

再次，六經中大量的「禮」治思想也是孔子王道思想的重要來源。在孔子之前，禮在中國的傳播就源遠流長了。禮作為調節人類欲望與爭鬥的一種手段〔註16〕，為宗族安全、社會穩定提供了必要的保障。在一定的程度上可

〔註16〕關於禮的起源問題，有多重不同的描述解釋。荀子對禮的起源給出了一種比

以說，禮的誕生成為了人類社會從野蠻進入文明的一個標誌。按照儒家的觀點來看，禮是社會的法規、做人的準繩，也是國家政治命脈的根本之一。《禮記·曲禮上》說：「道德仁義，非禮不成，教訓正俗，非禮不備。分爭辯訟，非禮不決。君臣上下父子兄弟，非禮不定。宦學事師，非禮不親。班朝治軍，蒞官行法，非禮威嚴不行。禱祠祭祀，供給鬼神，非禮不誠不莊。是以君子恭敬撙節退讓以明禮。」在六經中，我們可以處處發現禮的存在。如六經中的《儀禮》就是一部專門論述人在不同場合，如何進退、揖讓、升降、酬酢等方面的尊卑等差的種種禮儀。在其他五經當中也有對禮各種不同方式的議論，《禮記·經解》的注釋中孔穎達引用梁朝皇侃的一個觀點說：「六經其教雖異，總以禮為本。」〔註17〕在皇侃看來，《周易》、《尚書》、《詩經》、《禮經》、《樂經》、《春秋》六經都有一個共同的根本，這根本就是「禮」。陳戍國先生在此觀點上，通過《周易》與禮、《尚書》與禮、《詩經》與禮、《樂經》與禮、《春秋》與禮等五個方面的對比分析，進一步確認了六經中禮的重要性。〔註18〕因此，可以說，《論語》中孔子一系列論述禮的言語與六經存在著密不可分的聯繫。值得注意的是，六經中的禮作為維護周王朝「天有十日，人分十等」的重要手段，雖然在春秋中後期出現了禮壞樂崩的變動，但是孔子通過以仁釋禮的方式，使禮作為維護「君君、臣臣、父父、子子」等名分大義的形象獲得了重生。孔子通過對禮的論述，淡化了原始禮儀中的宗教等級的內容，注入了新的人文精神。雖然孔子理解的禮與六經中的禮有一定的差別，但是禮在作為維護社會穩定的工具方面，兩者則是一致的。因此，孔子王道思想中的禮也可以說來源於六經。

除了上面論述的三個主要方面外，六經中的其他方面的思想也對孔子構建王道信仰起了重要的作用。如六經中特別重視人與人的關係。《郭店楚墓竹簡·六德》篇說：「夫夫，婦婦，父父，子子，君君，臣臣，六者各行其職而獄犴無由作也。觀諸《詩》、《書》則亦在矣，觀諸禮樂則亦在矣，觀諸《易》、

較符合歷史實際的說法。《禮論》篇載，「禮起於何也？曰：人生而有欲，欲而不得，則不能無求；求而無度量分界，則不能不爭；爭則亂，亂則窮。先王惡其亂也，故制禮義以分之，以養人之欲、給人之求，使欲必不窮乎物，物必不屈於欲，兩者相持而長。是禮之所起也。」

〔註17〕《十三經注疏》，中華書局影印本，1980年，第1690頁。
〔註18〕陳戍國：《論六經總以禮為本》。見浙江大學古籍研究所編：《禮學與中國傳統文化　慶祝沈文倬先生九十華誕國際學術研討會論文集》，北京：中華書局，2006年，第136～145頁。

《春秋》則亦在矣。」可知六經對人與人關係的特別關係，在戰國時期就已經獲得了當時儒者們的贊同。而在此之前的孔子，受到六經中禮的啓發，在他的王道思想的構建中也將目光從神權信仰中轉向了人間。人活在世上，生命的意義在於從倫理的親親世界中得以彰顯。孔子論仁、論孝等等，無不從人與人的關係上出發。總而言之，經孔子整理的六經對他的王道思想的形成起著重要的作用。

第二節　爲政以德

德作爲中國文化歷史上一個至關重要的思想理念，它很早就出現了。在六經與王道一節中，對此有已有過基本的梳理。雖然孔子之前，眾多的思想文獻與歷史事實中都強調德的重要性，甚至明確的提出「以德治國」的口號，但是這與孔子強調的以德修身和爲政以德卻有著類似而又有著本質的區別。

在西周時期，德是「祈天永命」的手段。修德的目的在於能維持王權的穩定。《尚書・召誥》說：「王其德之用，祁天永命。」《詩・大雅・文王》：「無念爾祖，聿修厥德，永言配命，自求多福。」「永命」指王權的維持，屬於「福」的範圍。《左傳・僖公五年》引《周書》云：「皇天無親，惟德是輔。」統治者敬德在於求上天賜給自己統治的天命和永世安寧的福分。這種德福一致的功利性態度直到孔子之前一直佔據著社會的主流。所謂：「德義，利之本也。」（《左傳》僖公二十七年）德只是利的附庸而已，並不具有道德的本源性內涵。這在《左傳》中有非常多的論述。如《左傳》僖公七年管仲對齊桓公說：「招攜以禮，懷遠以德，德禮不易，無人不懷。」把德作爲凝聚民心、招徠民眾的工具。《左傳》襄公十一年魏絳與晉侯論樂時說：「夫樂以安德，義以處之，禮以行之，信以守之，仁以厲之，而後可以殿邦國，同福祿，來遠人，所謂樂也。」只要奉行仁、義、禮、樂、信等各種德一類的東西，就可以「同福祿」而「來遠人」，達到鞏固邦國的作用。反之，國家將會遭到滅亡，如《左傳》僖公十四年載慶鄭的言論說：「背施無親，幸災不仁，貪愛不祥，怒鄰不義。四德皆失，何以守國？」但是隨著宗法血緣封建世襲制度的逐漸崩潰，這種德福一致的功利論伴隨著天帝神權統治的破產也漸漸變得不可信。而孔子以仁釋德，以義辨利，將德的原則復歸爲人性內在價值本源，從新確立了德的新價值取向。在德與利的價值評價中，德具有本質性的地位，利必須用

德來規範。《論語・里仁》載：

> 子曰：「君子喻於義，小人喻於利。」

所謂「喻於義」，指在道德與利益兩種價值標準上，應該以道德作為衡量事物的行為與結果的唯一準則，也就是「君子義以為質」。(《論語・衛靈公》)而「喻於利」則與此相反。每事都依於利而行，只是取怨之道罷了。(子曰：「放於利而行，多怨。」《論語・里仁》)在此通過與前面的論述比較可知，昔日貴族階層的行為道德是以利為衡量標準，德只是利的附屬價值而已；孔子則對此進行了價值的重新認定，對功利道德觀進行了批判。另外從這句話也可知，孔子對君子與小人作了一個新的劃分。在第一章第一節的論述中，君子與小人主要是國人當中貴族與非貴族之間的等級身份的象徵。在這裡君子與小人則變成了道德人格品行之間的區分。對於貴族階級中的統治者，只有那些符合君子人格的人才能稱得上位真正的君子，才可以作為君子的代表。這種思想在荀子思想中進一步體現出來。《荀子・王制》中說：「雖王公士大夫之子孫，不能屬於禮義，則歸之庶人。雖庶人之子孫也，積文學，正身行，能屬於禮義，則歸之卿相士大夫。」

　　這種具備「德」的價值本源的新君子階層的優秀政治人才，應該是「謀道不謀食」、「憂道不憂貧」。他們將王道作為自己畢生的追求以及在政治實踐中隨時為之做好犧牲的準備。《論語・里仁》載：

> 子曰：「朝聞道，夕死可矣。」

只要真正體悟到道，即便是立即死去也沒有怨言。在人生的過程中，應該時時以道三省，就有道而正焉，從而見賢思齊，見不賢而內省。當道德與利益產生矛盾的時候，新君子們應該毫無疑問的拋棄利而選擇德。《論語・里仁》載：

> 子曰：「富與貴是人之所欲也，不以其道得之，不處也；貧與賤是人之所惡也，不以其道得之，不去也。君子去仁，惡乎成名？君子無終食之間違仁，造次必於是，顛沛必於是。」

不管是匆促急遽，還是顛沛流離的時候，君子都應該以德（這裡指仁）為原則，必要的時候要安貧樂道，不去貧賤，不處富貴。又如孔子說：「富而可求也，雖執鞭之士，吾亦為之。如不可求，從吾所好。」(《論語・述而》)甚至在君主的位置上也要講究謙讓，如稱頌泰伯「三以天下讓，民無得而稱焉」；稱頌文王「三分天下有其二，以服事殷」(《論語・泰伯》)等等。

　　因此，孔子在賢人治國的王道信仰的構建過程中，他首先考慮的並不是外在的法律、經濟、行政、組織、管理等體系的革新。如管仲、子產、商鞅等人思想中體現的立法、稅收、軍事、戶籍等制度改革。而是從革新實施改革的工具，也就是人的素質、德性入手。只要先確立了社會的秩序——道德法則，那麼社會就自然而然的進步，而在沒有秩序也就是無道德的社會中，真正的進步和實際的發展都是不可能實現的。於是，他不得不批評先前存在的那種功利性道德觀。一個人的尊嚴與價值並不在於外界對他的評價以及貧富貴賤的社會地位，而在於自身道德的精神修養。在這種對自我尊嚴維護與價值的肯定中，一個真正有德性的人是能夠從中感受到一種自由與快樂的。

《論語·述而》載：

　　　　子曰：「飯蔬食飲水，曲肱而枕之，樂亦在其中矣。不義而富且貴，於我如浮雲。」

對孔子來說，只要義之存在，即使是吃著粗糧、喝著生水等簡單貧窮的生活，也能從中感受到快樂。而如果是靠著不義，即便是能富貴榮華，也如天際浮雲一般，與自己無關，並不能獲得幸福。孔子的弟子顏回對此就有過切身的體會：「一簞食，一瓢飲，在陋巷。人不堪其憂，回也不改其樂。賢哉，回也！」（《論語·雍也》）

　　在將「德」作為功利手段的工具理性轉化價值理性後，德除了在對個別人身上體現出君子理想時，孔子認為，在由人組成的「家國」當中，也必須表現出相應的「德性」——這就是他「以德治國」的體現。

《論語·為政》載：

　　　　子曰：「為政以德，譬如北辰，居其所而眾星共之。」

　　　　子曰：「道之以政，齊之以刑，民免而無恥；道之以德，齊之以禮，有恥且格。」

　　孔子認為王道思想在政治上最重要的是「以德治國」，用德行導引和規範人民，這樣才能「有恥且格」。國家是由人組織而成的，因此在強調以德治國的時候，其實就是在要求統治者以德治民。君子之德風，小人之德草。孔子要求為政者以德治民的過程中首先從自身做起。如《論語·顏淵》說：「季康子問政於孔子。孔子對曰：『政者正也。子帥以正，孰敢不正。』」又《論語·子路》中說：「子曰：『其身正，不令而行；其身不正，雖令不從。』」又說：「子曰：『苟正其身矣，於從政乎何有？不能正其身，如正人何？』」在上一

章論述周代封建世襲制度時，提到貴族階層自身的腐敗與不學無術是導致它崩潰的主要原因之一。孔子因此在設想王道政治時，將執政者的素質考慮在內。《中庸》中引孔子與哀公的對話：

> 哀公問政。子曰：「文武之政，佈在方策。其人存，則其政舉；其人亡，則其政息。人道敏政，地道敏樹。夫政也者，蒲盧也。故爲政在人，取人以身，修身以道，修道以仁。」

孔子在「郁郁乎，吾從周」的思想指導下，認爲治國的道理不在遠方，盡善盡美的文武治國之道在流傳下來的木版竹簡上就有記載。治理好國家關鍵在於人自身的德行修養。「故曰，徒善不足以爲政，徒法不能以自行。」（《孟子·離婁上》）如果能以仁修道，以道修身，則上有賢君，下有賢臣，那麼復興文武之道又有什麼難的呢？所以，其人存，則其政舉；其人亡，則其政息。

雖然孔子不反對利用刑罰約束人民，但是他反對殘殺群眾。《論語·顏淵》載：

> 季康子問政於孔子曰：「如殺無道，以就有道，何如？」孔子對曰：「子爲政，焉用殺？子欲善，而民善矣。君子之德風，小人之德草。草上之風，必偃。」

季康子希望能用除惡的方式來成就善德。孔子反對這種行爲，一方面他擔心統治者以此爲藉口濫用刑罰迫害反對者；另一方面他認爲社會政治環境的好壞關鍵在於在位者的君子，如果在上的主政者心欲善，那麼在下的又怎麼會不向善呢。孔子說：「善人爲邦百年，亦可以勝殘去殺矣，誠哉是言也。」（《論語·子路》）在陪葬的態度上，孔子甚至連仿人形的人俑都反對，更別說當時還遺留存在的以人爲殉葬的陪葬制度了。他呼喊到「始作俑者，其無後乎」。這可以說是中國人權史上一個里程碑式的標誌。在以德治國的原則下，禮讓和正名成爲孔子實行德治的具體辦法。如：

> 子曰：「能以禮讓爲國乎，何有？不能以禮讓爲國，如禮何？」（《論語·里仁》）

> 子曰：「泰伯，其可謂至德也已矣！三以天下讓，民無得而稱焉。」（《論語·泰伯》）

> 子曰：「……上好禮，則民莫敢不敬；上好義，則民莫敢不服；上好信，則民莫敢不用情。夫如是，則四方之民繈負其子而至矣。」（《論語·子路》）

上面三條主要是論禮讓在治國中的效用，以此來強調用禮讓治國的必要性。另外與禮讓相配合的是孔子「舉賢」的思想。在統治階層內部將位置讓給真正有德性、有才能的人，這樣民眾才能服從，社會才能穩定。《論語‧為政》載：

> 哀公問曰：「何為則民服？」孔子對曰：「舉直錯諸枉，則民服。舉枉錯諸直，則民不服。」

「舉賢」與否除了影響人民對統治者的信心外，也會影響到一個國家的安危。孔子認為衛靈公雖然暴虐無道，但為什麼他的權位並沒有喪失呢？主要是因為他任用了一批不錯的賢人：「仲叔圉治賓客，祝鮀治宗廟，王孫賈治軍旅。夫如是，奚其喪？」（《論語‧憲問》）另外，在舉賢方面，孔子本人是身體力行的，如在招收學生過程中，他說「先進於禮樂，野人也；後進於禮樂，君子也。如用之，則吾從先進。」（《先進》）不管學生是野人出身，還是君子（貴族）出身，他惟先進是舉，而並不看重他的血緣關係。

在正名方面，《論語‧子路》載：

> 子路曰：「衛君待子而為政，子將奚先？」子曰：「必也正名乎！」子路曰：「有是哉，子之迂也！奚其正？」子曰：「野哉由也！君子於其所不知，蓋闕如也。名不正，則言不順；言不順，則事不成；事不成，則禮樂不興；禮樂不興，則刑罰不中；刑罰不中，則民無所措手足。故君子名之必可言也，言之必可行也。君子於其言，無所苟而已矣。」

孔子認為治理國家首先要做的就是「正名」，名不正，則說話做事就沒有分量與威嚴。名不正，則禮樂制度也無法切實可行。那究竟什麼叫「正名」呢？孔子在回答齊景公治理國家的政策上，曾說：「君君，臣臣，父父，子子。」（《論語‧顏淵》）可知，正名的具體內容就是「君君，臣臣，父父，子子」。每個人在自己的位置和角色上做好自己的本職工作，那麼社會就穩定和諧了。所謂在其位，謀其政。不同職位、名分的人應該享有不同的禮樂。如孔子對魯季氏的僭越行為提出過嚴重的抗議，他認為季氏以大夫而僭用天子之禮樂「是可忍，孰不可忍也」。齊國大夫陳恆弒殺國君簡公後，孔子鄭重其事地沐浴而朝，請求魯哀公討伐陳恆（《論語‧八佾》）。因此，孔子在治國無望的情況下，對魯春秋進行整理的時候，只好將他的「正名」思想貫徹到自己筆削的《春秋》當中。

　　《莊子‧天下》篇說：「《春秋》以道名分。」《史記‧太史公自序》中評論道：「夫《春秋》，上明三王之道，下辨人事之紀，別嫌疑，明是非，定猶豫，善善惡惡，賢賢賤不肖，存亡國，繼絕世，補敝起廢，王道之大者也。」可知，王道中最大的莫過於對禮與名分的強調。在禮壞樂崩的情況下，對穩定秩序的追求不只是孔子的訴求，這也是諸子百家們共同的心願〔註19〕。《孟子‧滕文公下》說：「世衰道微，邪說暴行有作，臣弒其君者有之，子弒其父者有之。孔子懼，作《春秋》。《春秋》，天子之事也。是故孔子曰：『知我者其惟《春秋》乎！罪我者其惟《春秋》乎！』」證明孔子在無位的情況下，用筆為後世的傳統政治總結了關鍵的一點，這就是「正名」。

　　除此之外，孔子在整理六經，以及六經教授學生的過程中，也非常注重其中德性義的闡發。如對《詩》的評論：「《詩》三百，一言一蔽之，曰：『思無邪。』」（《論語‧為政》）「《關雎》，樂而不淫，哀而不傷。」（《論語‧八佾》）另外近些年出土的上博簡《孔子詩論》中載也有孔子論《詩》的片段，如在第五章中：孔子曰：「吾以《葛覃》得祗初之詩，民性固然，見其美，必欲反其本，夫葛之見歌也，則以綌絺之故也，后稷之見貴也，則以文、武之德也。」〔註20〕「思無邪」程子曰：「思無邪者，誠也。」誠也就是真實无妄，是德性的一種重要標誌。「樂而不淫，哀而不傷」指不管是快樂還是悲哀，這些情感在表露時都不過分，這是德性中的中庸態度。最後，孔子對《葛覃》崇敬本初的解釋引出后稷之所以被後人尊重，是因為周文、武王的美好德性的原因。這些都表明孔子在闡釋詩的時候，注重德性是他的一個重要解經原則；對《書》的引用與評論，如「或謂孔子曰：「子奚不為政？」子曰：「書云：『孝乎惟孝、友于兄弟，施於有政。』是亦為政，奚其為為政？」（《論語‧為政》）孔子借用《書》中的言論認為只要一個人做到孝，又能友愛兄弟，那麼就會對政治造成影響，這就是為政。孝是仁之本，仁是德性的一個重要內涵。可見，孔子對《書》的引用與闡釋在對為政理念闡述時也是從一個人的德性開始；對《禮》、《樂》的闡釋在《論語》中枚不勝舉，如孔子說：「人而不仁，如禮何？人而不仁，如樂何？」（《論語‧八佾》）「吾自衛反魯，然後樂正，《雅》、《頌》

〔註19〕　《漢書‧藝文志》的作者曾總結說：「諸子十家，其可觀者九家而已。皆起於王道既微，諸侯力政，時君世主，好惡殊方，是以九家之術蜂出並作，各引一端，崇其所善，以此馳說，取合諸侯。」

〔註20〕　姜廣輝主編：《中國經學思想史》〔M〕，北京：中國社會科學出版社，2003年，第505頁。

各得其所。」(《論語・子罕》)「子謂《韶》,「『盡美矣,又盡善也。』謂《武》,『盡美矣,未盡善也。』」在孔子看來,禮樂不只是形式上的表現,而應該發自內心中眞實的情感。禮樂必須以仁爲本,若缺乏仁,那麼禮樂就不成其爲禮樂。另外在對《韶》、《武》等音樂的評價,也是以德爲標準的;對《周易》的闡發上,孔子甚至可能直接參與了《十翼》的創作。在 70 年代出土的馬王堆帛書《要》篇就載有孔子自己對《易》的一個解釋,他說:「《易》,我後其祝卜矣,我觀其德義耳也。」〔註21〕最後,《春秋》一書更是在孔子「善善惡惡」的道德標準下筆削而成的。可知,孔子在對《詩》、《書》、《禮》、《樂》、《易》、《春秋》等經典的闡釋上,最重要的一點就是對德的重視。以德修身,以德治國可謂是孔子王道構建的核心與出發點。《大學》申其說曰:「自天子以至於庶人,壹是皆以修身爲本。」

孔子整理六經,招收弟子,在教學過程中用新六藝代替原有的六藝課程。一方面爲傳承最具價值的優秀傳統文化;另一方面則以王道治國的理想培養政治人才。在教育弟子的過程中,孔子「有教無類」一視同仁。這不僅表現在不同地域、財富以及血統、出身上,而且在追求幸福、快樂與社會地位、精神境界提升上都一視同仁。孔子認爲每個人都應該有接受教育的權力以及追求幸福自由的權力。因此在培養具有王道理念的政治人才時,孔子對舊有的道德觀念用「仁」、「義」進行了改造,將作爲社會地位、政治身份象徵的「君子」轉化爲道德修養、多才多藝的「新君子」。中國的政治也由此奠定了由「血而優則仕」向「學而優則仕」的入仕機會公平理念。

第三節　對「命定論」的否定與賢能政治的形成

在第一章的第二節中,我們曾論述到隨著宗法血緣封建世襲制度的逐漸解體及人文理性精神的發展,春秋中後期的士大夫們對以天爲代表的至上神產生的嚴重的懷疑。子產的「天道遠,人道邇」與老子的「以道蒞天下,其鬼不神」等思想爲人民從鬼神信仰及鬼神壓迫的境遇中解脫出來提供了理論參考和動力。這些思想也宣告了顓頊以來的「絕地天通」即用一個至上神來統治世界的神權統治模式的破產。對於讀過萬卷書,行過萬里路的孔子來說,他也越發意識到繼續用神權來統一當時的社會已不再可能。因此,他在構建

〔註21〕陳松長、廖名春:《〈要〉釋文》,參見《道家文化研究》第 3 輯,第 434 頁。

自己的王道政治時更注重在人本身，以及人與人之間的相處關係上，而不是鬼神論中。在孔子看來為了在人間秩序中落實「為政以德」理念，必須將國家的行政權力的來源從神權信仰上轉移到父權崇拜上。下面先論述孔子對鬼神的態度：

> 樊遲問知。子曰：「務民之義，敬鬼神而遠之，可謂知矣。」（《論語・雍也》）
>
> 子不語怪、力、亂、神。（《論語・述而》）
>
> 季路問事鬼神。子曰：「未能事人，焉能事鬼。」「敢問死」。曰：「未知生，焉知死。」（《論語・先進》）

孔子繼承了前輩思想家們對於鬼神的描述，認為人比鬼神更為重要。《左傳》桓公六年中載「夫民，神之主也」。對於鬼神，孔子主張敬而遠之。而對於人生的理想與目標應該「不怨天，不尤人」，盡自己最大的努力去行動。即便到最後不能成功，也應該抱有「知其不可而為之」的奮鬥精神。這樣一來，神權的信仰已經在孔子的思想中已處於次要地位了。甚至與怪異、強力、悖亂之事等同起來。儘管如此，但孔子並沒有完全否定鬼神的存在：

> 子曰：「非其鬼而祭之，諂也。見義不為，無勇也。」（《論語・為政》）
>
> 祭如在，祭神如神在。子曰：「吾不與祭，如不祭。」（《論語・八佾》）
>
> 子疾病，子路請禱。子曰：「有諸？」子路對曰：「有之。誄曰：『禱爾於上下神祇。』」子曰：「丘之禱久矣。」（《論語・述而》）

孔子平時有三件最為謹慎的事，一是祭祀前的齋戒，二是戰爭，三是疾病。這些都關乎著人民最基本的生命安危與精神需求。《論語・堯曰》篇中也提到「所重民食、喪、祭」，可知孔子雖然批判顓頊以來的「絕地天通」的神權統治，但對於個人的信仰問題，孔子是不加干涉的。因此在個人祭祀的時候，要時刻保持誠敬的心態：「祭如在，祭神如神在」。關於祭祀的對象應該以祖先為主，反對「非其鬼而祭之」。孔子這種對待鬼神既不肯定又不否定的態度。在當時就遭到很多人的不理解。劉向編的《說苑》中記載一則孔子與子貢關於死後有無靈魂的對話：「子貢問孔子：死人有知？無知也？孔子曰：吾欲言死者有知也，恐孝子順孫妨生以送死也。欲言無知，恐不孝子孫棄而不葬也。賜，欲知死人有知將無知也，死徐自知之，猶未晚也。」在這裡，孔子雖然

迴避了死後有無靈魂的問題，但是他說出了爲什麼迴避的道理。

孔子對鬼神這種存而不論的態度，爲我們理解他的天命思想提供了幫助。在宗教的思維觀念中，他們認爲宇宙世界中存在著一個以「天」或者「上帝」爲名的最高主宰者。這個主宰者不僅能對決定著自然界規律的運行，對它發號施令；也決定著個人的命運以及社會的治亂。這一系列的顯現表現爲「天命」或「命」。「天命」與人的關係則被稱之爲「天人關係」。因孔子並沒有完全否定鬼神，故對於鬼神的「天命」存有敬畏之心。孔子說君子有三畏：「畏天命，畏大人，畏聖人之言。」（《論語・季氏》）「上帝」是宇宙的最高主宰者，「大人」是社會秩序的統治與維護者，「聖人」是個人所信奉的權威。「聖人之言」則是聖人所說的話，「天命」則是上帝的命令。作爲效法「天」的人來說，對天命敬畏的時候，在人間則對社會秩序與個人信仰的代表者與言語應該如對天命一樣常懷敬畏之心。（唯天爲大，唯堯則之。）不僅如此，孔子認爲人更應該知天命。所謂「不知命，無以爲君子也。」（《論語・堯曰》）這種知天命的思想，一方面成爲人在窮困中的精神支柱；另一方面則成爲人在順達時兼濟天下的使命感。

> 子曰：「天生德於予，桓魋其如予何？」（《論語・述而》）

> 子畏於匡。曰：「文王既沒，文不在茲乎？天之將喪斯文也，後死者不得與於斯文也；天之未喪斯文也，匡人其如予何？」（《論語・子罕》）

> 儀封人請見。曰：「君子之至於斯也，吾未嘗不得見也。」從者見之。出曰：「二三子，何患於喪乎？天下之無道也久矣，天將以夫子爲木鐸。」（《論語・八佾》）

前兩條，根據《史記・孔子世家》中的記載都是孔子在生死存亡關頭的自我表白。所謂人之將死其言也善。孔子認爲自己是道義的承擔者與文化的託命人。雖然他不認爲天能幫助自己解脫困難，但是他能從天當中尋找到信念的精神力量，使自己在困境中保持活下去的勇氣。他相信只要文武之道在，那麼它必定有傳承下去的一天。最後一條則是通過借別人的口吻，說天將讓孔子佈道於天下。他本人也有這種責任心與使命感。另外值得注意的是，這種責任感與使命感不是上帝所給予人的，而是他主動對道義的承擔與選擇。人能弘道，非道弘人的信念，在很大程度上進一步促使人從宗教鬼神決定論的迷信中解放出來。

孔子對天命這種敬畏之心並不意味著他認可天命對人生命運的主宰。周代統治在打敗商王朝後，宣傳自己是天命所歸。這種天命在周王朝看來是他們自后稷至文王的歷代祖先的美德積累而獲得的。相反其他階層的人，你們之所以被統治，是因爲你們祖先的美德積累不夠。因此，在這種天命觀的宣傳與統治下，天有十日，人有十等的階級命運就是自然而然的。每個人應該從一出身就該接受自己被奴役的地位，安於現狀，不要做非分之夢。對於知其不可而爲之的孔子來說，他是強烈反對這種不平等階級統治論的。他認爲人生的命運應該把握在自己手中，憑著自己的能力與良心而有機會獲得相應的地位，然後謹慎敬畏地承擔起一切外在的偶然。《論語・雍也》載：

> 伯牛有疾，子問之，自牖執其手，曰：「亡之，命矣夫！斯人也
> 而有斯疾也！斯人也而有斯疾也！」

伯牛即是孔子的弟子冉耕，是孔門十哲中德行的代表之一。他得了非常重的病，快要死了。如果按照之前的那種天命觀，一個人有好的德性應該必定有好的福報，而不應該得這麼嚴重的病。但在這裡就不適合了。孔子認爲德性的好壞並不一定會一定有好的命運。另外顏淵的早逝也是如此。孔子認爲這才是命的本義。命是一種無奈與偶然，它乃繫於人的自由抉擇而非神意的外在規定。《孟子・萬章上》中記載孔子的言行中對此有討論：

> （孔子）於衛主顏讎由。彌子之妻與子路之妻，兄弟也。彌子
> 謂子路曰：『孔子主我，衛卿可得也。』子路以告。孔子曰：『有命。』
> 孔子進以禮，退以義，得之不得曰『有命』。

孔子認爲位的得失與否，自有命的偶然性，並不是人力可以達到的。關鍵在於自身行爲的好壞。如果進以禮，退以義，不管得不得到福與位，那麼就是正確的對待了命運，這就叫「有命」。這也是孟子說「盡其道而死者，正命也」中的正命。孔子的這一個觀點後來被孔子後學進行了充分的論證與說明。郭店楚簡中的《窮達以時》說：「有天有人，天人有分。察天人之分，而知所行矣。有其人，無其世，雖賢弗行矣。苟有其世，何難之有哉？」認爲人的窮達與否除了賢與不賢外，關鍵在於是否有好的機遇。即使有其人，如果沒有合適的際遇，也不會飛黃騰達，爲人所用。有的人「初滔醎，後名揚，非其德加」；「子胥前多功，後戮死，非其智衰也」這都是命的偶然性造成的。所謂「遇不遇，天也」。因此一個人需要的是堅持自我，德行一致。正如竹簡中所說的「窮達以時，德行一也。譽毀在旁，聽之，弋母之白不釐。窮達以時，

幽明不再，故君子敦於反己。」又《論語‧憲問》載：

> 公伯僚愬子路於季孫。子服景伯以告，曰：「夫子固有惑志於公
> 伯僚，吾力猶能肆諸市朝。」子曰：「道之將行也與？命也。道之將
> 廢也與？命也。公伯僚其如命何！」

孔子認爲王道能否通過子路實現不是任何人能阻止得了的，這與命的偶然性
有關。公伯僚對此也無可奈何。

由此可知，孔子對鬼神的批判以及由此引發對「天命」或「命」的重新
闡釋基本上否定了昔日的天命決定論。孔子所說的「命」在本質上成爲人在
自我革新、追求既定目標而無法實現或遇到不幸情況下的一種自我嘲解與安
慰。在命的面前人人平等，誰也無法預測。反過來，命對人也沒有任何的主
宰性。孔子認爲只要每個人入則孝，出則弟，進以禮，退以義，以仁修身，
以德齊家治國，那麼就是正確把握了命運。這種命運觀可以說對昔日貴族社
會以命來規定人生階級、出身、貧富、生死的天命觀一個重要打擊。這也是
孔子在構建王道信仰中的一個重要方面。他使得人們從神權統治的魔咒下擺
脫出來，爲賢能政治的形成打下了牢固的基礎。

鬼神思想在孔子的思想中以退居到次要的位置以後，社會統治者將權力
的來源定格在天命上也就沒有了合法性。商紂王說「我生不有命在天」的神
權統治在中國社會只能成爲歷史塵跡罷了。既然如此，那新政權如何重新組
織，國家如何組建呢？一個新政府的政權不是天所賦予的，那麼人人都可以
向政權挑戰，社會又怎麼能穩定與和諧呢？由此，以孔子爲首的儒家經過反
覆的思考，在有著深刻祖先崇拜的文化傳統中，將權力的基礎重新建立在父
權之上。王（君）權是父權的擴大。只要家庭和諧了，對於家之大者——國
也就穩定了。《大學》中的修身、齊家、治國、平天下就是對此最好的一個概
括。《論語‧爲政》載：

> 或謂孔子曰：「子奚不爲政？」子曰：「書云：『孝乎惟孝，友于
> 兄弟，施於有政。』是亦爲政，奚其爲爲政？」

有人問孔子爲什麼不出仕當官？孔子借用《尚書》中的言論認爲只要一個人
做到孝，又能友愛兄弟，那麼就會對政治造成影響，這就是爲政。劉寶楠在
《論語正義》中對此章解說時談到「夫子定五經以張治本，而首重孝友。孝
友者，齊家之要，政之所莫先焉者也」。可知家族是國家治理的最小的單位，
也是實施政治措施的第一步，家庭內部治理好了，那麼國家就有了治理好的

可能了。《論語・學而》載：

> 有子曰：「其爲人也孝悌，而好犯上者，鮮矣；不好犯上，而好
> 作亂者，未之有也。君子務本，本立而道生。孝悌也者，其爲仁之
> 本與！」

《論語》的開篇第二章就引用孔子弟子有若的話將孝悌在政治上最重要的本質闡發了出來：一個孝悌的人冒犯上級是很少見的，不冒犯上級而去革命作亂的是從來不會發生的。作爲有修養的君子，必須要立住根本，從作爲仁的根本孝悌入手。可知，以孔子爲首的儒家，提倡孝的主要目的也就是以責任感與榮譽感爲本，守住名分，不能犯上作亂。即是如此，那麼孝的本質又是什麼呢？

《爾雅・釋訓》：「善父母爲孝。」《說文》：「孝，善事父母者。從老省，從子。子承老也。」按照漢字的本意，孝是指善於贍養父母的一種行爲。根據現代人類學家的一些研究可知，在古代原始社會中，人類爲了自我的生存，並不存在贍養父母的行爲，有的甚至將有病或者年老的父母吃掉或者活埋。達爾文在《人類的由來》一書中在對許多原始部落進行考察後提道：「北美印第安人從前是要把一些疲癃殘疾的同伴遺棄在草原之上而死活不管的⋯⋯斐濟人是要把年老或有病的父母活埋掉的。」〔註22〕在中國古代也一直存在著這種棄親不養，死而不葬，貴壯健，賤老弱的風俗。如：

> 昔者越之東，有沬之國者，⋯⋯其大父死，負其大母而棄之，
> 曰：「鬼妻不可與居處。」（《墨子・節葬下》）

> 蓋上世嘗有不葬其親者，其親死，則舉而委之於壑。（《孟子・
> 滕文公上》）

> 壯者食肥美，老者飲食其餘，貴壯健，賤老弱。（《漢書・匈奴
> 傳》）

因此，孝的提出，主要是針對的是一些不贍養父母、老弱者的行爲，於是，它也成爲劃分文明與野蠻的一個重要標誌。孝的內容則在孔子之前主要是贍養父母，並不明顯存在以「敬」和「順」爲主的「三年無改父之道」的孝。如《尙書・酒誥》載：「妹土，嗣爾股肱，純其藝黍稷，奔走事厥考厥長。肇

〔註22〕 達爾文著、潘光旦、胡壽文譯：《人類的由來》，商務印書館，1983 年版，第115 頁。本節論孝的一些觀點來源於張踐的《先秦孝道觀的發展》，見姜廣輝主編的《中國經學思想史》第一卷。以及吳龍輝先生的《〈論語〉是儒家集團的共同綱領》，見《湖南大學學報》，2010 年第 1 期。

牽車牛，遠服賈用，孝養厥父母。厥父母慶，自洗腆，致用酒。」這是周公對商遺民戒酒訓令中的一段話，要求他們在務農與經商時自食其力，不辭辛苦，努力經營，這樣才能有足夠贍養父母的財物。可知，孝主要是贍養的意思。另外，古人認爲人死成爲鬼神之後，也會吃食物。於是，在父母去世之後，贍養父母的心則轉化成一系列的祭祀行爲。《詩經・小雅・楚茨》中說「芯芬孝祀，神嗜飲食」，《左傳・宣公四年》記「鬼猶求食」，因此，鬼神具有同人一樣有飲食本性。周代青銅器上有許多關於「孝」字的銘文，如：「用享以孝於我皇祖文考，用祈匄眉壽。」(《王孫逸者鍾》)「顯孝於神」。(《克鼎》)「用享孝於兄弟、婚媾、諸老，用祈匄眉壽。」(《殳季良父壺》) 這些「孝」字，基本上是祭祀祖先即用食物贍養故去祖先的意思。《論語》中所收錄孔子稱讚大禹的話「菲飲食而致孝乎鬼神」，用的即是「贍養故去祖先」的意思。即便是到了孟子時，「孝」作爲贍養父母的內涵依舊佔據著比較重要的地位。《孟子・離婁下》載：

> 孟子曰：「世俗所謂不孝者五：惰其四支，不顧父母之養，一不孝也；博弈好飲酒，不顧父母之養，二不孝也；好貨財，私妻子，不顧父母之養，三不孝也；從耳目之欲，以爲父母戮，四不孝也；好勇鬥狠，以危父母，五不孝也。

孟子在這裡引述了當時人們認爲五種不孝的情況，它們都是以不養活父母爲內容的。由此可見，孝作爲「贍養」的內涵並沒有包括「敬」的意思。但是，這種只以養活父母爲主的舊孝道，在孔子看來是非常不滿意的。《論語・爲政》載：

> 子曰：「今之孝者，是謂能養。至於犬馬，皆能有養。不敬，何以別乎？」

在孔子眼中，如果將「孝」純粹地指贍養父母，那麼它與贍養犬馬又有什麼區別呢？因此，孔子認爲只有把父親當作神一般對待——「生，事之以禮；死，葬之以禮，祭之以禮」——才是合格的孝。孝的內涵應該包含著對待鬼神時才有的尊敬。這種尊敬是要求人們發自肺腑、念茲在茲，而不是「巧言令色」地做表面文章。故子夏在向孔子詢問什麼是眞正的孝時，孔子說：「色難。」孟懿子問孝時，孔子說：「無違。」孔子這種以「敬」爲主的新孝道可以說是對舊有的並且當時依舊流行的以贍養父母爲內容的舊孝道觀的革命。《論語・里仁》載：

　　　　子曰：「事父母幾諫，見志不從，又敬不違，勞而不怨。」

包咸《論語章句》注曰：「幾者，微也。當微諫，納善言於父母也。見父母志有不從己諫之色，則又當恭敬，不敢違父母而遂己之諫也。」朱熹《四書集注》中說：「微諫，所謂父母有過，下氣怡色，柔聲以諫也。」也就是說，孔子認爲子女在發現父母過錯向他們提出來的時候應該低聲下氣，即使自己有理，但看見父母不聽自己勸導的時，也應該放棄自己的主張而順從父母的意見。又如：

　　　　子曰：「父在，觀其志；父沒，觀其行；三年無改父之道，可謂
　　　　孝矣。」（《論語・學而》）

　　　　子曰：「三年無改父之道，可謂孝矣。」（《論語・里仁》）

《論語》中反覆記載孔子「三年無改父之道，可謂孝矣」的言論，可謂用意深遠。後《禮記・坊記》當中也有引用。汪中在《釋三九》一文中考證得出，三乃「言語之虛數也」，「三年者言其久也」。〔註23〕可知，不管父親在與不在，都要時時刻刻觀察他的言行，體悟他的思想，事之以禮，祭之以禮。以父親的意志爲意志，否則就是不孝。《中庸》裏面也提到「夫孝者，善繼人之志，善述人之事者也。……敬其所尊，愛其所親。事死如事生，事亡如事存，孝之至也。」當然，這種孝的觀念並不是純粹的刻意爲之，而是有相當的心理情感基礎的。李景林先生在《孝與仁》一文中對此有詳細的論述，他說：

　　　　在孔子那個時代，血緣關係在社會生活裏面佔據非常重要的位
　　　　置，所以孔子特別強調孝悌。《孝經》首章開宗明義，亦引孔子的話
　　　　說：「夫孝，德之本也，教之所由生也。」孝是德的根本，是教化的
　　　　開端。仁是全德之名，是德的總稱。這裡講「孝」爲「德之本」與
　　　　《論語》講仁以孝悌爲本，意思是相通的。我們的生命是父母給予
　　　　的。孝悌這種情感，對人來說是一切情感裏邊切近，又最眞摯的情
　　　　感。「子生三年，然後免於父母之懷」，這一點，是永遠無法割捨的。
　　　　對人來講，孝悌的情感是人最爲自然眞摯的情感，因而是人的德性
　　　　成就的眞實基礎。〔註24〕

〔註23〕　（清）汪中、田漢雲點校：《新編汪中集》〔M〕，揚州：廣陵書社，2005 年，
　　　　　第 347～349 頁。

〔註24〕　李景林：〈論孝與仁〉，《江南大學學報・人文社會科學版》〔J〕，2014 年 5 月，

孔子將這種父母對兒女的愛轉化爲兒女對父母敬與順的基礎，使之成爲孝的情感來源。這樣便於大眾的理解與接受。孝也就是成爲了爲仁的根本，以及德行修養的一個重要標誌。另外，《論語》中除了記載孔子關於兒女對父親孝的言行外，也收錄了孔子一些如何對待子女的言行。如他對女兒、侄女的婚姻上：

> 子謂公冶長，「可妻也，雖在縲絏之中，非其罪也。」以其子妻之。（《論語・公冶長》）

> 子謂南容，「邦有道，不廢；邦無道，免於刑戮。」以其兄之子妻之。（《論語・公冶長》）

在婚姻大事上，孔子憑著自己識人的標準與原則，就將自己的女兒以及侄女許配給他人。對於他女兒與侄女本身來看，卻沒有了婚姻上的自我選擇與追求。這與孔子之前，包括孔子母親在內，中國的很多兒女有著自由選擇伴侶的權力這一社會現象產生了背離。《詩經》中有許多的篇章就是歌頌愛情與自由婚姻的詩篇。如《召南・野有死麕》中描述了一位男子和一位女子自由戀愛的故事。男孩小心翼翼地用白茅包好撲捉到的香獐，懷著忐忑的心情送給了他心愛的女生，並讚美她就像這白茅一樣美麗純潔。後來兩人在一起了，他們親熱時女孩感到害羞，督促男孩不要太粗魯，以免招來人旁觀。（原文：野有死麕，白茅包之。有女懷春，吉士誘之。林有樸樕，野有死鹿。白茅純束，有女如玉。舒而脫脫兮！無感我帨兮！無使尨也吠！）說明那時候的男子可以直接向自己心愛的女子求愛，女子也可以自由直接接受男子的愛情。另外男女也可以自然的約會，如《邶風・靜女》，《鄘風・桑中》等愛情詩描述的。這些子女曾經有的權力，在孔子提倡父母有權力爲兒女選擇婚姻伴侶後漸漸消失。到戰國時期，「父母之命，媒妁之言」幾乎發展成爲婚姻當中的一項重要禮制。用孟子的話來說，如果不是這樣，就會「一國皆賤之」〔註25〕。

孔子在家庭中對孝的推崇，體現到對社會國家層面就是對「忠」的肯定。在上一節中，我們就論述了「禮讓和正名是孔子實行德治的具體辦法，孔子

第5頁。

〔註25〕《孟子・滕文公下》中記載孟子的話說：「丈夫生而願爲之有室，女子生而願爲之有家。父母之心，人皆有之。不待父母之命、媒妁之言，鑽穴隙相窺，踰牆相從，則父母國人皆賤之。」可知當時自由戀愛的傳統風俗基本上已經被「父母之命、媒妁之言」所取代了。

修《春秋》的核心指導思想就是善善惡惡」，這種對家庭與王權忠誠神聖的榮譽感，使每個人對自己所在的位置上要盡其力，謀其心，以守住自己的名分與責任。如果作為權力的掌握者不能修養身心，履行自己的責任和守住自己的名分，那麼其他人就有反抗的可能，並且取而代之。李澄源在《論宗法政治（即家長制之政治）》一文中說：

> 這種家長制，非賢人政治不可，如其家長不賢，必致於敗家，所以儒家政治思想所講的人君，完全是不貪權位的，而為人民做事的，立君是為人民，非是為人君的，賢君是視棄天下如敝屣，以天下與人易的，相似與柏拉圖之哲學王。人民對於人君是尊之如帝，敬之如神明，愛之如父母。所謂王道，不僅是要養，並且要教，人君不僅是人民的君長，而且是人民的師長，以官師合一、政教合一為理想。如此的人君，人民之尊敬愛戴自然也應當。輔助人君治理人民的人臣，也不是為富貴來做官，而是以先知先覺的地位，不忍人民的陷溺於水火而出來致君澤民的。儒家這種政治思想，也可謂家長制政治思想之極盛。但人君未必能盡好，不好的人君必不能擔負家長的義務，故孟子遂高唱民本政治，民意即天意的政治，主張禪讓以達到賢人政治的理想，革命以對付暴君。〔註26〕

由此可知，孔子在理論上完成了從神權統治向父權信仰的過度，他將政權的合法性建立在父權之上，為後來的「以孝治天下」埋下了伏筆。父親作為一個倫理共同體的代表，其倫理共同體內部的成員必須要對之尊敬與服從。當然這種尊敬與服從除了血緣上的親親之愛外，另一方面父親由於自身在年齡與心理素質上天然的要比子女大和穩定，在農業社會中，對「天道」經驗的把握自然也比子女豐富。因此，他們也願意甚至有時不得不在一個家庭中承擔起家庭繁榮的重任，以身作則，上行下效。值得注意的是，孔子認為的這種父權家長制除了血緣親疏遠近方面自然而然的尊卑身份限定外，作為家長本人必須要像本章第二節論述的，要以德潤身，以身作則，加強自我的能力與道德修養。家長這種以仁修身、以身作則和倫理共同體中其他成員對「孝」義務的履行，為家庭中的和諧穩定奠定了基礎。君主作為一國的倫理共同體的代表，因此必須也要以仁修身、以德潤身。在治理國家選撥人才

〔註26〕李澄源：《李澄源儒學論集》〔M〕，成都市：四川大學出版社，2010 年，第437 頁。

的過程中君主要做到要尊賢選能。而作為倫理共同體中的其他成員則必須要對上盡忠（這是孝的另一種體現）。民眾對官員稱之為父母官，而官員也應該修身立德而成為民眾的父母。「何以為民父母」的討論一直貫穿著整個儒家的發展脈絡中，《詩經》、《大學》、《孟子》中曾反覆討論。近些年出土的上博簡《民之父母》也是討論這一問題。這樣一來，不管是家庭中，還是社會政治上，通過「孝」的過度，形成了一套和諧穩定而有序的道德政治體系。這套道德政治體系中無不貫穿著孔子「仁義」至上的精神，孔子說：「仁者，人也，親親為大。義者，宜也，尊賢為大。」（《中庸》）「親親、尊賢」成為王者對國家治理、人才選拔的道，而「孝」則成為下級對上級的尊重與服從的理。這樣在孔子看來也就達到了「一家仁，一國興仁；一家讓，一國興讓」的賢能政治的王道社會。

第四節　王道與天下──中國華夏文化的轉型與確立

　　通過前三節的論述可知，孔子王道思想的核心是以仁修身，以德治國。在此核心思想的指導下，孔子認為統治者在選撥人才的制度上應打破血統論從而舉賢任能，實行精英治國；在具體政策實行的過程中應該注重民生，富民而教，減輕民眾負擔；在宗教信仰上，主張「敬鬼神而遠之」、強調「未能事人，焉能事鬼」的人本主義。從而建立一套名分（禮）與孝道（仁）為主的和諧穩定的賢能政治社會。孔子生活在「天下無道」的春秋時代，《說苑·建本篇》說：「公扈子曰：春秋，國之鑒也。春秋之中，弒君三十六，亡國五十二。」因此，他的這套治國平天下的王道思想不僅是對西周後期以來「禮壞樂崩」的憂患產物，也是他「知其不可而為之」家國天下的社會責任感與歷史使命感的重要體現。

　　正因為孔子的王道思想是對西周以來封邦建國制度反思的產物，所以它關注的不是純粹制度方面的建設，更重要的是個人以及群體道德法則的建立。因此，這是一種從道德推衍出政治，以道德為本的政治觀。這種政治觀與現在以民族主義為基礎發展而來的國家觀念有著本質的區別。它涉及的不是單純的語言、種族、血統、領土、政權的興亡，而是以禮樂文化為核心的天下的興亡。顧炎武在《日知錄》中說：

> 有亡國，有亡天下。亡國與亡天下奚辨？曰：易姓改號，謂之亡國。仁義充塞，而至於率獸食人，人將相食，謂之亡天下。……

知保天下然後知保國。保國者，其君其臣，肉食者謀之；保天下，

匹夫之賤與有責焉耳矣。（《日知錄》卷十七「正始」）

在顧炎武看來，一家一姓的滅亡，只能說是一個國家的滅亡。天下的興亡不在於一家一姓所代表的政權興亡，而在於社會道德倫理秩序的有無。如果社會生活中沒有了基本的仁義禮讓道德，那麼代表中國的華夏文化也就不存在了。《論語・八佾》載：

> 子曰：「夷狄之有君，不如諸夏之亡也。」

程子注曰：「夷狄且有君長，不如諸夏之僭亂，反無上下之分也。」（朱熹《四書集注》）意思是說，當時「夷狄」雖然「有君」，卻並不行周禮，君臣上下的名分有等於無；而「諸夏」那怕無君，僭亂，但君臣上下、尊卑貴賤的等級秩序理念照樣存在。因此，孔子的王道思想是站在「天下」的角度來思考問題的。「天下」不是單純地理學意義上的「天底下所有的土地」，而是一種世界一家的文化理念。這種文化理念或信仰以民心的背向為基礎。所謂得民心者，得天下。這種以「天下」角度思考問題的方式如在孔子對管仲的評價上就有明顯的體現：

> 子曰：「管仲之器小哉！」或曰：「管仲儉乎？」曰：「管氏有三歸，官事不攝，焉得儉？」「然則管仲知禮乎？」曰：「邦君樹塞門，管氏亦樹塞門。邦君為兩君之好，有反坫，管氏亦有反坫。管氏而知禮，孰不知禮？」（《論語・八佾》）

> 子路曰：「桓公殺公子糾，召忽死之，管仲不死。」曰：「未仁乎？」子曰：「桓公九合諸侯，不以兵車，管仲之力也。如其仁！如其仁！」（《論語・憲問》）

> 子貢曰：「管仲非仁者與？桓公殺公子糾，不能死，又相之。」子曰：「管仲相桓公，霸諸侯，一匡天下，民到於今受其賜。微管仲，吾其被髮左衽矣。豈若匹夫匹婦之為諒也，自經於溝瀆而莫之知也。」（《論語・憲問》）

第一條中，孔子認為管仲「器」小，不能知聖賢大學之道。並且認為管仲個人行為不節儉，在很多場合都僭越了禮制。因此孔子對他做出了嚴厲的批評。而在第二第三條中，孔子卻又對管仲給予了極高的批評，稱讚管仲是一位仁人君子。並且說到如果沒有管仲的話，中國文化可能早就滅亡了，而自己也早就「被髮左衽」了。這兩種極端的評價可以說讓古今以來很多學者感

到困惑。如果以「天下觀」的角度去考慮，那麼就很好理解了。孔子在批評管仲的時候是站在個人修養、君臣名分的角度；而在讚揚管仲的時候是處於「天下」的角度。這兩種不同的角度針對的不同問題，於是也就造成了對管仲不同的評價。孔子以「天下」為重，比較而言，對於其個人的道德修養、君臣名分就退入到次要地位了。因此管仲雖然「器小」、「不儉」、「不知禮」但是，孔子仍認為管仲是一位可以稱得上「仁」的人了。顧炎武在《日知錄》中對此兩者的區別做了一個重要梳理，他說：「君臣之分，所關者在一身；夷夏之防，所繫者在天下。故夫子之於管仲，略其不死子糾之罪，而取其一匡九合之功，蓋權衡於大小之間，而以天下為心也。夫以君臣之分，猶不敵夷夏之防，而《春秋》之志可知矣。」君臣小義相對於夷夏大義來說，就顯得不那麼重要了。

　　由此可知，孔子的王道思想與他的天下觀是一體兩面，不可缺分的。王道是統治者實施政策的指導理念，而天下民心的背向則是政策實施好壞的風向標。換句話說，王道是靠天下民心的歸往來檢驗的。後來，儒家學者在解釋「王」字時，往往採取「音訓」的方式，進而以「天下歸往」來解釋「王道」。如《春秋繁露·滅國》篇：「王者，民之所往。故能使萬民往之而得天下之群者，無敵於天下。」又如《白虎通論·皇帝王之號》說：「王者，往也，天下所歸往。」這種以德治國，以天下民心向背構建的王道信仰是一種文化認同而不是純粹種族和地理上的統一。即使是同一片地理區域上同一種族的人，如果他們對王道為核心的禮樂文化不認同，而採取夷狄之禮俗，那麼在孔子看來他們仍舊是夷狄。反之，如果他遵循仁義禮樂，即使最初是夷狄，孔子也會認為他是華夏民族中的一員。孔子說：「與其進也，不與其退也，唯何甚！人潔己以進，與其潔也，不保其往也。」（《論語·述而》）韓愈《原道》中說「孔子作《春秋》也，諸侯用夷禮則夷之，進於中國則中國之。」諸夏用夷禮則夷之，如《春秋》僖二十七年記載，杞桓公來朝，用夷禮，即使杞為禹的後代，孔子在《春秋》中只稱他為「子」而不是「公」。夷狄用諸夏禮則諸夏之，如楚最初自稱「蠻夷」，但它與中原諸侯會盟，採用中原文化的禮儀之後，中原諸侯也並沒有繼續用「蠻夷」稱呼楚國。這些例子在《春秋》一書中俯拾皆是。可知，孔子在修《春秋》過程中，仁義道德是夷夏之辯最根本的標準：凡是符合仁義道德的，《春秋》中國之，凡是不符合仁義道德的，《春秋》則夷狄之。

　　值得注意的是，孔子這種以道德分辨夏夷構建新的文化及民族的認同有一個自我超越的過程。根據史書記載，孔子雖然出生於魯國，但他是殷商民族的後代。《禮記‧檀弓》篇記載孔子臨死前對子貢說：「夏后氏殯於東階之上，則猶在阼也。殷人殯於兩楹之間，則與賓主夾之也。周人殯於西階之上，則猶賓之也。而丘也，殷人也。予疇昔之夜。夢坐奠於兩楹之間。」孔子一直沒有忘記自己是殷商民族的後代，並且在死後希望弟子們在停柩處理後事時用殷人的禮儀。雖是如此，孔子在文化的取向上並未受民族主義思想的影響封閉自我而一再宣揚殷商文化。反倒是將理想與文化的認同轉向更為先進的周代。所謂「郁郁乎，吾從周」。另外在《論語‧泰伯》篇中，孔子對周文化也給予了極高的評價，「周之德，其可謂至德也已矣」。孔子這種包藏宇宙、囊括海內，惟先進文化是從的決心，讓他擺脫了純粹血緣上的偏見及種族上的狹隘，為王道信仰中以德分辨夷夏奠定了基礎。這個以道德辯夷夏的看法在不久就引起了共鳴。《戰國策》載：

　　　　溫人之周，周不納。問曰：「客耶？」對曰：「主人也。」問其巷而不知也，吏因囚之。君使人問之曰：「子非周人，而自謂非客，何也？」對曰：「臣少而誦《詩》，詩曰：『普天之下，莫非王土；率士之濱，莫非王臣。』今周君天下，則我天子之臣，而又為客哉？故曰主人。」君乃使吏出之。

　　這個故事後來也被載入到《韓非子‧說林上》中，可見其影響之大。這裡講述了一個溫人到周國去，但是周人不接納他，因為他不是周地之人。而溫人認為自己是周國的主人，理應進入周地。但是在周吏的詢問下又不能說出自己所住的地址。因而被囚禁起來。後來國君問他為什麼要自稱是周地的主人？他說自己從小讀《六經》中的《詩》，接受仁義禮樂的薰陶，因而就可以成為周文化的代表，所以可以自稱為主人。後來，他就被國君釋放了。可知不管什麼血統、民族、地理位置的人只要他繼承了以道德為核心的華夏文化，他就可以稱之為夏人。反之則是夷人。《論語》中記載孔子想要到文化蠻夷之地居住，有人問他，那裡難道不是太簡陋了嗎？孔子回答說：「君子居之，何陋之有。」（《子罕》）

　　以上，通過論述孔子王道與天下的關係，以及由此引申出關於夷夏之辯的討論，使我們認識到了孔子對中國華夏文化塑造的重要性。在春秋前，「攘夷」尚具有種族之辯的性質，但至孔子述作《春秋》，整理六經，並對此進行

闡釋之後，開始將種族意義上的夷夏之辯上升爲道德意義上的夷夏之辯，以道德爲核心的王道則成了孔子判明夷夏的根本標誌。雖然孔子在《春秋》以及對弟子闡釋六經過程中仍然沿用「諸夏」與「夷狄」的舊有名稱，但「諸夏」與「夷狄」被注入了新的含義。「諸夏」成爲了華夏文明道德的代名詞，而『夷狄』則成了野蠻無德的代名詞。

第三章　孟子王道思想論

　　儒家是從以前的「儒」發展過來的，但它能成為當時影響巨大的學派，主要靠孔子對儒的改造以及七十賢人、三千弟子對孔子的追隨而形成的產物。沒有孔子，必然沒有儒家；但只有孔子，沒有追隨他的弟子也不可能成其為儒家。儒家作為一個以王道為核心的學術政治團體，它不可能像其他宗教信仰一樣，因嚴密的組織、森嚴的戒律團結在一起，而只能依靠弟子們對孔子的敬重以及莊嚴的師生關係相維持。隨著孔子的去世，儒家這一團體卻不可避免地面臨著瓦解的命運〔註 1〕。事實也的確如此。《韓非子·顯學》中就明確提到了孔子死後「儒分為八」的歷史局面。他說：「世之顯學，儒、墨也。儒之所至，孔丘也。墨之所至，墨翟也。自孔子之死也，有子張之儒，有子思之儒，有顏氏之儒，有孟氏之儒，有漆雕氏之儒，有仲良氏之儒，有孫氏之儒，有樂正氏之儒。自墨子之死也，有相里氏之墨，有相夫氏之墨，有鄧陵氏之墨。故孔、墨之後，儒分為八，墨離為三，取捨相反不同，而皆自謂真孔、墨，孔、墨不可復生，將誰使定後世之學乎？」我們會問難道沒有人接過孔子的衣缽像墨家的鉅子一般，從而使儒家緊密聯繫在一起嗎？這個問題在當時也經過激烈的討論。如有人認為子貢賢於孔子，但子貢自認遠不如。他說：「夫子之牆數仞」而「賜之牆也及肩」而已，況且「仲尼，日月也」「猶天之不可階而升也」，因此謙虛而認為自己不能承擔大任；另外，在

〔註 1〕　其實孔子在世時，儒學思想就發生了分裂。最著名的即是作為授業於孔子的墨子。墨子作為孔子的學生，他不但沒有沿著孔子的路走下去，反而最後卻走向了孔子思想的背離面。《淮南子·要略》篇中記載：「墨子學儒者之業，受孔子之術，以為其禮煩擾而不說，厚葬靡財而貧民，（久）服傷生而害事，故背周道而用夏政。」

《孟子・滕公文上》中提到子夏、子張、子游認為有若像聖人，共同推舉他作為孔子的接班人並以事孔子之禮事有若。他們希望通過這種方式團結師門中的眾弟子，從而保持儒家團結而不被分裂，但這遭到了曾子等人的強烈反對。因此，儒家只好走向分裂。眾弟子們的思想同異在《論語》當中就有所體現。如子夏與子張在對待交友方面相互批評。《子張》篇中說：「子夏之門人問交於子張。子張曰：「子夏云何？」對曰：「子夏曰：『可者與之，其不可者拒之。』」子張曰：「異乎吾所聞：君子尊賢而容眾，嘉善而矜不能。我之大賢與，於人何所不容？我之不賢與，人將拒我，如之何其拒人也？」這種因孔門弟子之間的相互競爭與利益衝突，在孔子死後都打著自己是真孔子的傳人而變得更加突出。現流傳下來的文獻以及近些年出土的簡帛當中都可以看出孔門弟子間的思想差異。那麼這種差異是如何造成的呢？這些差異又使得儒家王道有哪些新發展的方向呢？這就是本章需要討論的問題。

在討論孔門弟子間對王道理解的不同差異時，我們先簡單研究一下孔門弟子間產生差異的原因究竟是什麼？

第一、孔子「因材施教」、「舉一反三」的方法。一般認為，孔子在招收學生時是「有教無類」、「一視同仁」的，並不會因為學生貧富貴賤的出身而有所拒絕。但這並不意味著孔子在教授學生的時候會千遍一律，他會考慮到每個人不同的特點而給出不同的指點。如在《先進》篇中，公西華就曾對孔子面對同一問題卻給出不同答案甚至相反的答案而提出過疑問：

> 子路問：「聞斯行諸？」子曰：「有父兄在，如之何其聞斯行之？」冉有問：「聞斯行諸？」子曰：「聞斯行之。」公西華曰：「由也問聞斯行諸，子曰『有父兄在』；求也問聞斯行諸，子曰『聞斯行之』。赤也惑，敢問。」子曰：「求也退，故進之；由也兼人，故退之。」

子路與冉求同問孔子對「聞斯行諸」理解與體悟時，孔子卻給出了兩種剛好相反的答案。公西華感到困惑不已。孔子的解釋說到，因為他們本人的性格恰好在這點上相反，因此必須對他們做出不同的指點，以便回到中庸的路線上來。這就是所謂的因材施教。又如，《論語・子張》中記載子游與子夏、子夏與子張在本末、交友等問題的理解上互不相同，而指責對方「異乎吾所聞」。這也是孔子因材施教的體現。另外在《論語》中，孔子對仁、義、禮、孝、政等不同的解說也是依照這一原則而來。在這裡我們不過多闡述。

所謂「舉一反三」，則與孔子的啓發式教學是相關的。在《述而》篇中：

子曰：「不憤不啓，不悱不發，舉一隅不以三隅反，則不復也。」

鄭玄在解釋這句話說：「孔子與人言，必待氣人心憤憤，口悱悱，乃後啓發爲說之，如此則則識思之深也。說則舉一隅以語之，其人不思其類，則不複重教之。」是非常有道理的。在學生充分進行獨立思考的基礎上，再進行啓發、開導從而達到觸類旁通，舉一反三的目的。這一原則的運用在《論語》中就有所體現。如《八佾》篇中：

子夏問曰：「『巧笑倩兮，美目盼兮，素以爲絢兮。』何謂也？」

子曰：「繪事後素。」曰：「禮後乎？」子曰：「起予者商也！始可與言詩已矣。」

在這裡孔子一步一步誘導子夏，猶如蘇格拉底的助產術一樣，並不急著給出《詩》當中隱含的意義，而是使學生自己思考而最終獲得答案。這與孔子一貫主張思考是緊密相聯繫的。他說過：「學而不思則罔，思而不學則殆。」這樣一來也更容易使學生明白孔子對「道」的體貼是經過深思熟慮的。只有這樣我們才能明白那種「朝聞道夕死可矣」的心情。

總結可知，正因爲孔子在教學過程中採用「因材施教」和「舉一反三」等方法，無形當中就使學生對事物的認識產生了某種偏離。孔子希望他們追求道德高尚的君子人格及其王道的理想時，也不自覺地爲他們日後思想分歧埋下了種子。

第二、「性相近，習相遠」的人性事實。《陽貨》篇載：

子曰：「性相近也，習相遠也。」

戴震在《孟子字義疏證》中對此解釋說：「中庸曰：『天命之謂性。』以生而限於天，故曰天命。大戴禮記曰：『分於道謂之命，形於一謂之性。』分於道者，分於陰陽五行也。一言乎分，則其限之於始，有偏全、厚薄、清濁、昏明之不齊，各隨所分而形於一，各成其性也。然性雖不同，大致以類爲之區別，故論語曰『性相近也』，此就人與人相近言之也。孟子曰：『凡同類者舉相似也，何獨至於人而疑之！聖人與我同類者』，言同類之相似，則異類之不相似明矣；故詰告子『生之謂性』曰：『然則犬之性猶牛之性，牛之性猶人之性與』，明乎其必不可混同言之也。」〔註 2〕他在這裡以「類」談論孔子的

〔註 2〕戴震：《孟子字義疏證》〔M〕，北京：中華書局，2011 年 3 月，第 25 頁。

「性相近」是非常有高明的，不僅避免了許多不必要的爭論，也在一定程度上調和了後世關於性善惡與孔子的矛盾。荀子論禮論性也是從類的角度去談論。他說：「草木疇生，禽獸群焉，物各從其類也。」「禮者，法之大分，類之綱紀也。」（《勸學》）「多言而類，聖人也。」（《非十二子》）「志安公，行安修，知通統類：如是則可謂大儒矣。」（《儒效》）「禮有三本：天地者，生之本也；先祖者，類之本也；君師者，治之本也。」（《禮論》）等等。荀子在這裡用「類」去分別人、物。每個生物族類都有自己的生活軌則，而人類的秩序在荀子看來是「禮」。因此「知通通類」、「多言而類」是大儒、聖人的一個標誌。這些與戴震以「類」解釋孔子的「性相近」都是吻合的。於是孟子與荀子在這點上也就找到了共通性。

近年來出土的郭店簡與上博簡中的《性自命出》也有類似觀點。它裏面說：「四海之內，其性一也。其用心各異，教使然也。」因此，既然人性都是相近而在「類」上相統一的，那爲什麼會各自走向不同的道路呢？這關鍵就取決於每個人生活的環境了（包括受業弟子的背景、才性與志向的異同）。這種環境的影響是多方面的，但總體來說可以用「習」或者「教」來概括。在儒家看來「習」與「教」人體道過程中的兩個方面，是合二爲一的。「習」側重一個人的主觀能動性方面，而「教」則較多側重於被動接受方面。當然這兩方面都是不可缺少的，也不能互相取代。孔子說：「學而時習之」、「溫故而知新，可以爲師矣！」對王道的體悟需要靠自己每時每刻的努力學習，並且能從舊有的知識中獲得新的感悟，這樣就可以作老師了。這是側重「習」的方面。另外在「教」的方面，荀子說：「干、越、夷、貉之子，生而同聲，長而異俗，教使之然也。」干、越、夷、貉四國國家的小孩，他們的生下來時發音是相同的，但長大後去形成各自不同的風俗習慣，這是教化造成的。由此可見，每個人在這兩方面因素的影響下，他們即使是在孔子的同一教授下也可能出現各自對王道的體悟有所不同，更不用說孔子的學生來自不同國家，有著不同的風俗習慣與階級出身了。因此，孔門弟子對孔子王道思想的理解，似乎像前世定下的魔咒一樣，它的不同側重與分裂早已經注定。

第三、「不可書見，口授弟子」的著書原則。《漢書·藝文志》載：

> 周室既微，載籍殘缺，仲尼思存前聖之業，乃稱曰：「夏禮吾能言之，杞不足徵也；殷禮吾能言之，宋不足徵也。文獻不足故也，足則吾能徵之矣。」以魯周公之國，禮文備物，史官有法，故與左

> 丘明觀其史記，據行事，仍人道，因興以立功，就敗以成罰，假日
> 月以定曆數，借朝聘以正禮樂。有所褒諱貶損，不可書見，口授弟
> 子，弟子退而異言。

在這裡，《漢書・藝文志》的作者提到孔子因對當時的政治有所「褒諱貶損」，所以無法將自己的王道理想直接付諸於行動或寫爲書籍，只好將微言大義口傳給自己的弟子。這樣反而造成了王道的異言。其實不只是孔子，當時的人著書不都是自己親手所寫。這點在余嘉錫先生的《古書通例》當中有專門的研究。嚴可均《鐵橋漫稿》卷五《鬻子序》謂「古書不必手著」，又卷八《書（管子）後》說：「先秦諸子，皆門弟子或賓客或子孫撰定，不必手著。」孫詒讓《墨子閒詁》後附《墨子傳略》也曾說：「《墨子》今書存五十三篇，蓋多門弟子所述，不必其自著也。」因此孔門弟子在記錄孔子言行的同時，（如孔子講話時，子張書諸紳。）也就有了自己發揮空間的可能性。除了準確記錄孔子關於王道的言行外，這裡有兩種其他可能性。第一是將自己的言語附議爲孔子的言語；第二是將原本屬於孔子的言語卻當成自己的言語。如：

> 1、穆公問子思曰：「子之書所記夫子之言，或者以謂子之辭。」
> 子思曰：「臣所記臣祖之言，或親聞之者；有聞之於人者，雖非正其
> 辭，然猶不失其意焉。其君之所疑者何？」（《孔叢子・公儀》）
>
> 2、志於道，狎於德，比於仁，游於藝。……毋意，毋固，毋我，
> 毋必。（《語叢三》）
>
> 3、民可使道之，而不可使知之。民可道也，而不可強也。（《尊
> 德義》）

從 1 可知，子思回答魯穆公問他的話是否出於孔子時，他並沒有直接回答，而是說即便不是從孔子那裡聽來，也與孔子的意思差別不太，沒有必要去深究。這正好與我們前面提到的第一種可能性相關。這也與後來荀子批評子思託名孔子，造作語錄，「案飾其辭而祇敬之曰：此眞先君子之言也」作了印證。從 2、3 條可知：竹簡儒書中的話，有很多並沒有標明是孔子的話。但依據現流傳下來的文獻可知，這些語錄應該是孔子所說。竹簡的出土不但證實了傳世文獻中孔子語錄爲眞，也進一步印證了顧炎武通過《孟子》中孔子的語錄與《論語》中孔子語錄的對比曾說的經典名言：「然則夫子之言其不傳於後者多矣。」這就是我們提到的第二種可能性。由此可知，「不可書見，口授

弟子」與「古書不必手著」的著書原則無形當中就使得孔門弟子傳播王道思想時產生了變異。

　　總之，除了上面我們提到的三個大原因使得孔門弟子在傳播孔子王道思想產生差異外，還有許多其他的主客觀原因：如國家政治政策的導向，社會歷史發展的大趨勢，儒學傳播與地域文化的融合，孔門弟子之間以及孔門弟子與其他流派的競爭等等。另外值得注意的是，孔子因處於社會大變革、以及官學向私學轉變的時代，故他的思想所涉及的面非常廣泛、可謂包羅萬象。也正因為如此，所以他的思想在很多方面都是點到為止。這也無形當中為後人發展他的思想提供了多種發展的可能性。

第一節　王道思想在孔孟之間的發展

第一、孔門弟子及其後學流派與相關文獻

　　孔子死後，孔門弟子發生分裂，具體原因，前面我們已經論述。在孔子生前，孔門弟子內部雖然存在著不少分歧與矛盾，但是由於在孔子淵博的學識以及巨大的人格魅力的感召下，孔門學派相對來說依舊是一個比較團結的利益集體。顧頡剛在《春秋時代的孔子和漢代的孔子》中說：「孔子是一個有才幹的人，有宗旨的人，有熱誠的人，所以眾望所歸大家希望他成為一個聖人，好施行他的教化來救濟天下。在孔子成名以前已有出現過許多民眾的中心人物，如宋國的子罕、鄭國的子產、晉國的叔向、齊國的晏嬰、衛國的遽伯玉都是。但是他們一生做官，沒有餘力來教誨子弟。惟有孔子，因為他一生不曾得大志，他收的弟子很多，他的思想有人替他宣傳，所以他的人格格外偉大。自孔子歿後，他的弟子再收弟子，形成一種極大的勢力，號為儒家。」〔註3〕因本節著重考察的是孔子王道思想在孔子弟子，特別是孔子門人之間的傳承與發展。故在此之前，有必要考察清楚孔子與弟子間的關係，以及孔門弟子間的流派傳承與對當時社會的影響。

　　根據《史記》的記載，孔子有弟子三千，其中精通六藝的有七十二人，稱為「七十賢人」。這三千弟子當中，並不是每個人都有機會親自受教於孔子本人的。呂思勉先生在《講學者不親授》一文中根據史料總結了當時的老師

〔註3〕顧頡剛：《顧頡剛全集》（古史論文集・卷四）〔M〕，北京：中華書局，2011年，第9頁。

與學生之間的三種關係。第一種是登堂入室，親炙師教者，也就是所謂的「入
室」的弟子。第二種是「編牒」、「著錄」、「在籍」的弟子，也就是不一定能
見到老師，通過「入室」弟子輾轉傳授而受教的一類人。他們可稱為受業門
人。《晉書・隱逸傳》：楊軻，「養徒數百。……雖受業門徒，非入室弟子，莫
得親言。欲所論授，須旁無雜人，授入室弟子，令遞相宣授」〔註4〕。可知，
因此只有入室弟子才有可能得到老師親自點撥。第三種是一些「仰慕虛名、
借資聲氣」的追隨者，除了能在「大都會講」的情況下，目睹大師的風采外，
對學問的提高沒有多大幫助。〔註5〕孔子的三千弟子中有很多就是屬於第二第
三類。因此，此章論述早期儒學的傳承與發展，主要以孔門後學（即孔子的
弟子，以及弟子的弟子等）為中心，時間在孟子之前。根據《史記・仲尼弟
子列傳》的記載，孔子弟子的學生可以考見其年齡、姓名和受業情況的只有
35 人，其餘的「無年及不見書傳者」有 42 人。在這 35 人中間最出名的是孔
門的「四科十哲」即，德行：顏淵、閔子騫、冉伯牛、仲弓。言語：宰我、
子貢。政事：冉有、季路。文學：子游、子夏。除此之外，還有曾參，司馬
遷說他作《孝經》；子張，後世有「子張之儒」；有若，孟子謂孔子歿後，子
夏、子張、子游以為有若似聖人，欲以所事孔子事之；漆雕開，後世有「漆
雕氏之儒」，《漢書藝文志》中錄有《漆雕子》；澹臺滅明，史馬遷說他當時跟
從他的「弟子三百人，設取予去就，名施乎諸侯」等等。除孔子親自授業的
弟子外，還有孔子的後代，曾子的弟子孔伋（子思），後世有「子思之儒」，
司馬遷認為他作《中庸》，《漢書藝文志》中錄有《子思子》。這些弟子，在孔
子死後，大都創立了各自的流派。《史記・儒林傳》記載說：「孔子卒後，七
十子之徒，散遊諸侯，大者為師傅卿相，小者友教士大夫，或隱而不見。故
子路居衛，子張居陳，澹檯子羽居楚，子夏居西河，子貢終於齊。」其中對
戰國中晚期影響較大的有六個重要派別：子夏學派、子遊學派、曾子學派、
子張學派、子弓學派、子思學派。這些派別到荀子時都有很強的影響力，以
至於荀子為了維護自己心目中的道不得不專門寫文章批評他們。如他對子思
學派以及後來的孟子學派，斥之為儒家的罪人；對子張、子夏、子游的後學
批評為賤儒；唯獨對子弓稱讚非常之高。到戰國晚期時，韓非子對當時作為

〔註 4〕　（唐）房玄齡撰：《晉書》〔M〕，中華書局，第八冊，第 2449 頁。
〔註 5〕　呂思勉：《呂思勉讀史札記》（中冊）〔M〕，上海：上海古籍出版社，2005 年，
　　　　　第 736～738 頁。

顯學而存在的儒家學派進行了一個總結，有儒分爲八的說法。這八家分別爲子張之儒，子思之儒，顏氏之儒，孟氏之儒，漆雕氏之儒，仲良氏之儒，孫氏之儒，樂正氏之儒。當然這只是韓非子的一家之言。儒家學派的傳承非常複雜，這只是當時最有實力的幾個宗派而已，並不能完全體現當時的儒家流傳狀況。

　　春秋晚期，禮壞樂崩，社會陷入連年的戰亂當中，各個諸侯爲了取得霸權統治，在滅亡一個國家之後，就毀掉他們的歷史典籍。孟子曾說「諸侯惡其害己，皆去其籍。」顧炎武經過考察指出，從周貞定王二年（公元前 467 年）到周顯王三十五年（公元前 334 年），一共一百三十三年的時間內「史文闕軼，考古者爲之茫昧。」（《日知錄》卷十三《周末風俗》）顧氏所說的這段時期正是孔子之後七十子及其後學的時代。因爲缺乏具體研究的文獻材料，而大小戴《禮記》中的材料年限又難以確定，所以前輩學者對於孔門後學的儒學發展，很難進入深入研究。以《禮記》爲例，受疑古思潮的影響，馮友蘭在他的《中國哲學史》一書中，基本上將《禮記》中的材料作爲「秦漢之際的儒家」資料來採用。後來，他在《中國哲學史史料學初稿》中，雖然認爲《禮記》大部分爲戰國儒家的思想資料，但在其《中國哲學史新編》中仍然以秦漢之際的材料運用。勞思光在他的《新編中國哲學史》中也主張《禮記》不能代表先秦思想，只能作爲漢代思想來論述。但是隨著近些年郭店楚簡、上博簡等一系列戰國簡帛文獻的出土與發現〔註6〕，一方面證實了《禮記》大部分篇章爲七十子及其後學所記錄〔註7〕；另一方面也爲我們研究孔門後學的王道思想提供了直接的原始材料。在這些簡帛文獻中，除了一些與現代流傳下來的儒家書籍相印證外，大部分是在傳統文獻記載中未錄未傳或有錄未傳的佚籍。如郭店簡中的《魯穆公問子思》、《五行》、《窮達以時》、《唐虞之

〔註6〕 郭店一號墓的下葬時間，考古學界定爲公元前350～300。郭店出土的戰國楚簡的成書年代應該早於墓葬時間。上博簡的書寫年代和郭店簡的書寫年代大體相近，或者靠後一些。可參看，湖北省荊門市博物館：荊門郭店一號楚墓，《文物》，1997年第7期。荊門市博物館編：《郭店楚墓竹簡》，北京：文物出版社，1998年。李學勤《先秦儒家著作的重大發現》、《孔孟之間與老莊之間》以及馬承源先生《戰國楚竹書的發現保護和整理》和朱淵清先生對馬先生的訪談《馬承源先生談上博簡》等相關論文。

〔註7〕 孔穎達說：「孔子沒後，七十二子之徒共撰所聞以爲此記，或錄舊禮之義，或錄變禮所由，或兼記體履，或雜序得失，故編而錄之以爲記也。《中庸》是子思僅所作，《緇衣》公孫尼子所撰，鄭康成雲《月令》呂不韋所修，盧植雲《王制》爲漢文博士所錄。其餘眾篇皆如此例，但未能盡知所記之人也。」

道》、《忠信之道》、《性自命出》、《成之聞之》、《六德》、《尊德義》、《語叢》（一、
二、三、四）；上博簡中的《孔子詩論》、《子羔》、《魯邦大旱》、《民之父母》、
《從政》、《容成氏》、《仲弓》、《競建內之》、《季康子問於孔子》、《君子爲禮》、
《弟子問》、《三德》、《相邦之道》等等。

　　以這些出土的文獻爲基點，結合戰國諸子著作可知：孔子死後，孔門弟
子及其後學基本上以通過闡釋孔子言行作爲自己思想的立足點與出發點。而
《詩》、《書》、《禮》、《樂》、《易》、《春秋》等經典典籍則成爲論述孔子及表
達自我思想的引用材料。孔子構建的王道思想不管是在王道理想層面還是王
道的實踐層面都有了一些新的發展。下面我們研究孔門弟子在孔子之後儒家
學者在王道思想有哪些方面的新發展。

第二、王道的禪讓思潮與大同說

　　隨著郭店楚簡《唐虞之道》以及上博簡《子羔》、《容成氏》等出土文獻
的面世。孔子後學對禪讓制的推崇基本得到了證實。禪讓制是七十子及其後
學對孔子選賢任能的王道思想的進一步推進。在儒家德治理論的系統中，最
高統治權的承接過度是世襲，還是禪讓？這不僅是一個非常重要的問題，也
是儒家學者們必須要闡明的問題。因爲它關乎著儒家王道理論的政治合法
性。既然它理論上要求每個官員通過選賢任能而產生，那麼最高的統治者也
應該是德才兼備。所謂「君子之德風也，小人之德草也，草上之風必偃」。

　　《唐虞之道》開宗明義地指出：

　　　　唐虞之道，禪而不傳。堯舜之王，利天下而弗利也。禪而不傳，
　　聖之盛也。利天下而弗利也，仁之至也。故昔賢仁聖者如此。身窮
　　不貪，沒而弗利，窮仁矣。必正其身，然後正世，聖道備矣。故唐
　　虞之（道，禪）也。〔註8〕

唐虞是國號的代稱，這裡指堯舜二人。「禪」與「傳」相對，指最高統治權力
在繼承問題上的兩種方法。「傳」指以血緣世襲制爲宗，「禪」則是指以尚德
授賢爲原則的一種繼承方式，它是對血緣世襲制繼承法的突破。簡文作者認
爲堯將天子之位傳給和他並無血緣關係的舜是王道精神的最高體現：「聖之盛
也」、「仁之至也」。這種天下爲公，不自私其利的精神也是儒家王道思想踐行

〔註8〕 李零：《郭店楚簡校讀記》（增訂本）〔M〕，北京中國人民大學出版社，2007
　　年，第123頁。

者必須要具備的。王道之所以成為王道，乃由於堯舜德性生命涵養、充實、發揚的結果：「身窮不貪，沒而弗利，窮仁矣。必正其身，然後正世，聖道備矣。」即是如此，如果最高統治者不能推舉、禪讓，而任憑世襲，那麼會怎樣呢？

> 《虞詩》曰：「大明不出，萬物皆暗。聖者不在上，天下必壞。」治之至，養不肖。亂之至，滅賢。（《唐虞之道》）

> 禪也者，上德授賢之謂也。上德則天下有君而世明，授賢則民舉效而化乎道。不禪而能化民者，自生民未之有也，如此也。（《唐虞之道》）

可知，以德治國的王道理論系統中，如果不是「聖者」在上，那麼就如《虞詩》中說的，天下必壞。社會安定，政治清明，即使有不肖者，也會得到奉養；反之，就算是賢德的人也會遭到慘痛的滅絕。「上德」即崇尚德行，才能使「天下有君而世明」；「授賢」尊賢，則民眾上行下效而自我教化從而合符德政之道。甚至進一步堅決地說，不禪讓君位，而想教化百姓是自古以來從未有能達到的。對於堯舜的禪讓傳位問題，上博簡《子羔》篇中子羔和孔子交談的時候，向孔子提出了一個著名的問題：「何故以得為帝？」孔子說：「昔者而弗世也，善與善相受也，故能治天下，平萬邦，使無有、小大、肥瘠，使皆得其社稷百姓而奉守之。堯見舜之德賢，故讓之。」〔註9〕孔子認為古代的帝位傳授不是世襲的，而是有賢德的人傳位給賢德的人。換句話說，只要一個人通過德行修養，那麼他就有可能成為帝王。另外上博簡《容成氏》中對何以選為天子的問題也給出了幾乎相同的回答：「履地戴天，篤義與信，會在天地之間，而包在四海之內，畢能其事，而立為天子。」〔註10〕這裡除了論述個人能立身天地之間，做事符合義與信等自我道德修養的內聖要求外，對在四海之內的國家大事等外王方面也給出了規定。這兩方面都達到要求了，那麼就能成為「天子」。說明這在那時候儒者的心目中是共同認可的。除此之外，《容成氏》還對「善與善相受」的禪讓上古歷史作了總結。他認為：「……〔尊〕盧氏、赫胥氏、高辛氏、倉頡氏、軒轅氏、神農氏、混沌氏、伏羲氏之有天下也，皆不授其子而授賢。」〔註11〕古代部落、國家的領袖們

〔註9〕 季旭升主編，陳美蘭、蘇建洲、陳嘉凌合撰：《上海博物館藏戰國楚竹書（二）》讀本〔M〕，臺北：萬卷樓，2003年7月，第25～26頁。

〔註10〕 同上，第121頁。

〔註11〕 同上，第103～104頁。

取得天下和選拔繼承者時，都是「不授其子而授賢」的結果。這種對禪讓制的推崇乃是儒家以德治國理念的最高體現，也是它權力本身正義性的合法體現。那孔子後學的禪讓思想，是孔子王道思想的自然發展而來的呢？還是如後來有人說的起源於墨家呢？

近代疑古派代表人物顧頡剛先生在《禪讓傳說起於墨家考》一文中開宗明義指出：

> 堯舜禹的禪讓，在從前是人人都認為至真至實的古代史的；自從康長素先生提出了孔子託古改制的一個問題以後，這些歷史上的大偶像的尊嚴就漸漸有些搖動起來了。然而人們即使能懷疑到禪讓說的虛偽，還總以為這是孔子所造，是儒家思想的結晶品。哪裏知道這件故事不到戰國時候是決不會出現的，並且這件故事的創造也決非儒家所能為的。現在作這一篇文字，就是要把這件向來認為古代或儒家名下的遺產重劃歸它的正主——墨家——名下去。我們一定要揭去了堯舜禹的偽史實，才可以表顯出墨家的真精神！〔註12〕

隨後，顧頡剛先生通長篇大論得出，堯舜禪讓說是墨家為了宣傳他們的主義而造出來的。墨子為了「倡導徹底的尚賢說。他以為某個人在社會上的地位完全應與這人的能力成正比例；最賢的人做天子，其次做三公諸侯，又其次做鄉長里長，沒有一些兒冤屈。天子的位不是世襲的，是前任的天子從平民中選擇一個最賢的人出來，讓位給他。有什麼證據呢？那就是堯舜的禪讓。——這因那時人沒有時代的自覺，他們不肯說『現在的社會這樣，所以我們要這樣』，只肯說『古時的社會本來是這樣的，所以我們要恢復古代的原樣』。墨子順應戰國的時勢而創立的禪讓說必須上託之於古代冥漠中的堯舜，正是戰國諸子假造古史以哄動時人的恒例。他們為了實現這個學說，就在自己徒黨中立了『鉅子』制，鉅子是黨中最賢的人，也是掌握黨權最高的人，鉅子的位是由前任選擇賢者而傳讓的。」〔註13〕他的一個主要論證方式是通過分析孟子以及荀子對待禪讓制的態度來衡量當時所有儒者們的觀點。特別是通過對荀子禪讓觀點的分析進行論證。因為荀子是明確否定過禪讓制度的。荀子說：「世俗之為說者曰，『堯舜擅讓』。是不然！天子者，勢位至尊，

〔註12〕　《顧頡剛顧頡剛全集》（古史論文集・卷一）〔M〕，北京：中華書局，2010年，第423頁。
〔註13〕　同上，第494頁。

無敵於天下，夫有誰與讓矣！道德純備，智惠甚明，南面而聽天下，生民之屬莫不震動從服以化順之。天下無隱士，無遺善，同焉者是也，異焉者非也，夫惡有擅天下矣！」（《荀子・正論》）所以，顧先生得出結論說，堯舜禪讓只能起源於墨子，「禪讓說若是孔子所造所傳，難道荀子認孔子為淺者與陋者嗎？」〔註14〕並且他還認為「孔子的學派傳下去叫做儒家，……他們以為天子之位是應當傳給兒子的，所以對於禪讓說表示反對」〔註15〕。我個人認為，顧先生對禪讓思想與墨子的關係分析得比較到位，但是我不同意堯舜禪讓說是墨子偽造出來的，並且禪讓傳說起源於墨子〔註16〕。只能說墨子對禪讓思想有推波助瀾的作用。作為「孔子學生」的墨子〔註17〕在孔子尚賢思想的啟發下，提出了以兼愛為本的尚賢、尚同思想。並在功利主義的態度上，提出從人民大眾中「選擇天下之賢可者，立以為天子……又選擇天下之賢可者，置立之以為三公……畫分萬國，立諸侯國君……又選擇其國之賢可者，置立之以為正長」（《尚同上》）。這可以說是孔子王道思想中尚賢理論的演進，而不能說是起源。並且孔子為首的原始儒家在理論上不但從來沒有說過天子之位應當傳給兒子，而且是主張「譏世卿」、反對血緣世襲制的。另外《唐虞之道》等文獻的出土，否定了顧頡剛論證的方法，以及獲得的結論。因為它是在「親親」與「尊賢」的基礎上全面肯定堯舜禪讓的。《唐虞之道》載：

> 堯舜之行，愛親尊賢。愛親故孝，尊賢故禪。孝之施，愛天下之民。禪之傳，世亡隱德。孝，仁之冕也。禪，義之至也。六帝興於古，皆由此也。愛親忘賢，仁而未義也。尊賢遺親，義而未仁也。古者虞舜篤事瞽叟，乃戴其孝：忠事帝堯，乃戴其臣。愛親尊賢，虞舜其人也。

〔註14〕 同上，第473頁。

〔註15〕 同上，第494頁。

〔註16〕 丁四新先生也有類似的觀點。他認為，禪讓說與禪讓傳說是兩回事，前者指有關禪讓的學說，而後者只是一種歷史傳說；作者還以《唐虞之道》為依據，認為禪讓說起源於儒家，而禪讓傳說的起源要比禪讓學說早得多：它既不起源於儒家，也不起源於墨家，而應是「源於先民們不斷重複的歷史記憶」。丁四新：《郭店楚墓竹簡思想研究》〔M〕，北京：東方出版社，2000年，第377頁。

〔註17〕 《淮南子・要略》：「墨子學儒者之業，受孔子之術，以為其禮煩擾而不悅，厚葬靡財而貧民，（久）服傷生而害事。」

> 古者堯之與舜也：聞舜孝，知其能養天下之老也；聞舜弟，知
> 其能事天下之長也；聞舜慈乎弟（象囗囗，知其能）爲民主也。故
> 其爲瞽盲子也，甚孝；及其爲堯臣也，甚忠；堯禪天下而授之，南
> 面而王天下，而甚君。故堯之禪乎舜也，如此也。

簡文作者以「親親」、「尊賢」解釋仁義，並且在堯考察舜的時候，非常注重其個人行爲的孝與忠。這與《中庸》中孔子回答「哀公問政」時說的一段話幾乎是一樣的。孔子說：「仁者，人也，親親爲大。義者，宜也，尊賢爲大。」「孝，仁之冕也。」是對《論語》中「孝悌爲仁之本」的再闡釋。「尊賢」、孝與忠，表現的是內與外、血緣倫理與社會倫理的關係。「仁」爲內在的德，「利天下而弗利」，則爲仁德之於社會的落實。這兩個方面的統一，其根據即先秦儒家的絜矩之道或以修身爲本的德治原則。這與孔子的思想，以及思孟學派中的《中庸》、《孟子》的思想是一致的。所以李景林先生認爲，《唐虞之道》是思孟一派的儒學文獻是有根據的。〔註18〕

　　在上一章論述到孔子面對土崩瓦解、禮壞樂崩的社會形勢，構建了一套王道信仰的體系。這套體系對依靠血緣關係進行權力、土地、人民的分封和賞賜的「文王孫子，本支百世」的封建世襲制度進行了嚴厲的批判。國家的政治權力的正義性應該建立在德才之上，官員的選拔應該舉賢任能。不過，在《論語》中孔子並沒有直接談論到堯舜禹等政權接班人的禪讓制度。儘管如此，不能就判斷孔子後學發揮的堯舜禹禪讓制度就與孔子沒有一絲關係。如顧頡剛主張「禪讓傳說起於墨家」的那樣。因爲孔子在整理《尚書》、修訂《春秋》的時候，就已經將自己的一些觀點滲入其中。如《尚書》開篇的《堯典》，前半部是敘述帝堯選定觀天授時的官。這說明農業是社會經濟的本體。沒有穩定的經濟收入，社會政權就不可能穩定的存在下去。接下來是帝堯和大臣們的對話。他的中心話題是選定政權接班人。這可以說是中國古代所有王朝中的頭等大事。在《春秋》，孔子從記載魯隱公攝政即位作爲《春秋》的開始，也隱含著政治權力接班的問題。在《堯典》中堯通過對舜的德行（特別是「孝」）考察，結果通過禪讓的原則，將帝位傳給舜。政權從而得到了平穩的過度。而在《春秋》中，孔子同樣將象徵著權力交接的隱公作爲全書的第一篇與《堯典》做出對比，因爲隱公攝政不還，不能讓賢，結果後來慘遭

〔註18〕李景林：〈關於郭店簡《唐虞之道》的學派歸屬問題〉〔J〕，社會科學戰線，
　　　　2000年3期。

殺害。另外，《論語》中孔子對弟子的評價也涉及到了這個問題，他對當過季氏宰的仲弓評價說：「雍也可使南面。」（《雍也》）可知，孔子雖然因為政治社會的種種原因沒有直接闡論禪讓制度，但是他的王道思想已經默認了禪讓制的合理性以及必要性。《唐虞之道》等文獻的出土，可以說證實了孔門七十弟子及其後學中對王道思想的推進及其貢獻。

　　除了禪讓制之外，孔門後學對王道的推進體現在對小康、大同社會的嚮往。《禮記·禮運》載：

　　　　昔者，仲尼與於蜡賓事畢，出遊於觀之上，喟然而歎。仲尼之歎，蓋歎魯也。言偃在側，曰：「君子何歎？」孔子曰：「大道之行也，與三代之英，丘未之逮也，而有志焉。大道之行也，天下為公，選賢與能，講信修睦，故人不獨親其親，不獨子其子，使老有所終，壯有所用，幼有所長，鰥寡孤獨廢疾者皆有所養；男有分，女有歸，貨惡其棄於地也不必藏於己，力惡其不出於身也不必為己，是故謀閉而不興，盜竊亂賊而不作，故外戶而不閉，是謂大同。今大道既隱，天下為家：各親其親，各子其子；貨力為己；大人世及以為禮，城郭溝池以為固；禮義以為紀——以正君臣，以篤父子，以睦兄弟，以和夫婦；以設制度，以立田里；以賢勇知，以功為己。故謀用是作，而兵由此起。禹、湯、文、武、成王、周公，由此其選也。此六君子者，未有不謹於禮者也。以著其義，以考其信，著有過，刑仁講讓，示民有常。如有不由此者，在埶者去，眾以為殃。是謂『小康』。」

關於此篇文章的作者歷來都有爭論，我同意陳澔、孫希旦等先生的主張，認為是子游門人所記錄。也就是孔子七十弟子後學所作。〔註19〕在這裡作者通過孔子與子游的對話，描述了一個「天下為公，選賢與能，講信修睦」的王道大同社會。在這個美好的黃金時代，人人平等，互相友愛，沒有階級壓

─────────────────────

〔註19〕孫希旦在《禮記集釋》中引用陳澔的話說：「疑子游門人所記。」第581頁。李學勤先生也同意這種主張，他在《孔孟之間與老莊之間》一文中提到：「禪讓之說本於《尚書·堯典》，起源應該很早，但在儒家學說中形成高潮，可能即始於子游或其弟子撰作的《禮運》。」金景芳先生在郭沫若、范文瀾的研究上認為大同、小康思想是孔子對先前歷史的整體看法，它不單純是一種理想社會，而是上古社會就真實存在的。見金景芳：《研究中國古史必須承繼孔子這一份珍貴的遺產》，《金景芳儒學論集》〔M〕，第542～555頁。

迫，老弱幼貧、鰥寡孤獨皆能安居樂業，每個人都能找到自己的位置，獲得美好的愛情與婚姻，出不閉戶，路不拾遺。這個在孔子看來並不是空想的烏托邦，而是真實存在過的社會。孔子曰：「大道之行也，與三代之英，丘未之逮也，而有志焉。」孫希旦在鄭玄注以及孔穎達的疏之上解釋說：「大道之行，謂五帝時也。英，才德之秀出者。三代之英，即下言禹、湯、文、武、成王、周公是也。逮，及也。孔子言帝王之盛，已不及見，而有志乎此。蓋登高眺望，有感於魯之衰，而思得位行道，以反唐、虞、三代之治也。」〔註20〕是非常有道理的。「而有志焉」中的「志」同《左傳》（昭公二十一年）說「軍志有之」，《成公四年》說「史佚之志有之」的「志」的用法是一致的，都是文字記載的意思。小康社會既然存在於夏商周三代中，那麼大同社會在古代也是存在的。只不過是由於大道既隱造成了小康社會的局面。到孔子時已經天下無道、戰火不斷了，那麼連小康社會也見不著了。因此，他只能在前人留下來的典籍的記載中去回味了。《論語》中的兩段話可以印證此篇孔子的態度：

　　子曰：「述而不作，信而好古，竊比於我老彭。」（《述而》）

　　子曰：「我非生而知之者，好古，敏以求之者也。」（《述而》）

他說，我是個信古，好古的人，只將古代舊有的王道社會傳播出來，不創新說。他說，我不是個生而知之的人，只是非常勤奮，我的知識，都是從古代遺留下來的學問中學來的。

孔子的王道思想最高的境界發展到子遊學派是希望恢復古代舊有的大同世界。當然他不是為復古而復古，就如歐洲的「文藝復興」一樣，所謂復古，其實是有很強烈的現實目的。他借古代批判現實，借古代寄託理想，目的是改造社會，挽救世道人心。

結合對禪讓制與大同思想的分析可知，禪讓可以說是實現大同思想的一個必要條件。沒有主權上的禪讓也就不會有「天下為公」的大同世界。「天下為公」主要對禪讓而言的，指不獨自佔據天下的統治權，同時還蘊含著天下一家，人人為公的社會理想。如果不能實行禪讓，那麼就會淪落為天下為家，把國君世襲作為禮，以及用禮義作為端正君臣、父子、夫婦、兄弟等關係的綱紀的小康社會，甚至更壞。因此，孔子構建的王道信仰，到七十子及其後

〔註20〕　孫希旦撰，王星賢、沈嘯寰點校：《禮記集釋》〔M〕，北京：中華書局，1989年，第581～582頁。

學時，它的理想層面更加得到充實。禪讓與大同是孔子王道思想中自然而然延伸出來的，有它的合理性與必然性。

第三、王道與孝

　　孔門弟子中除了子思學派和子遊學派對王道思想的禪讓和大同理想有所推進外，以曾子為首的曾子學派則對孔子王道思想中的孝進行了深入的討論。前面論述道，孔子在以「天命鬼神」為核心的神權統治的社會奔潰後，開始將社會政權的來源建立父權基礎上。因此，孔子將夏商周以來的「孝」進行了改革與重新的詮釋：孝不僅是「養」更應該是「敬」與「順」。這之後，曾子及其學派不僅在行動上踐行了孔子孝的學說，更在理論上將孝的原則一以貫之，從家庭推廣到社會的每個階級上去。

　　在研究曾子及其學派的思想之前，首先應該對他留下來的著述進行一番考證與研究。《曾子》一書最早見於《漢書・藝文志》，班固自注為「名參，孔子弟子」。《曾子》一書共有十八篇。可知曾子或曾子學派的著作在班固的時代尚有流傳。其後的《隋書・經籍志》中提到「《曾子》二卷，目一卷，魯國曾參撰」。新舊《唐書》以及《宋史》中的藝文志也都提到「《曾子》二卷」，但沒有了「目一卷」。而隨著時間的流逝，《曾子》一書似乎已經遺失了。《元史》、《明史》、《清史稿》中的《藝文志》已經不再收錄《曾子》一書。今天在《大戴禮記》中與曾子有關的十篇著作，宋代學者晁公武、王應麟等人認為就是《曾子》十八篇中遺留下來的十篇。晁公武云「漢藝文志《曾子》十八篇；隋志《曾子》二卷，目一卷；唐志《曾子》二卷；今世傳《曾子》二卷，十篇本也，有題曰『傳紹述本』，豈樊宗師歟？視隋亡目一篇，考其書已見於《大戴禮》」。晁認為當時的《曾子》一書與《大戴禮》中和曾子相關的十篇是一樣的。王應麟在《漢藝文志考證》中更明確了這一點：

> 　　《曾子》十八篇，隋、唐《志》二卷，參與弟子公明儀、樂正子春、單居離、曾元、曾華之徒，論述立身孝行之要，天地萬物之理。今十篇，自《修身》至《天圓》皆見於《大戴禮》，於篇第為四十九至五十八，蓋後人摭出為二卷。

　　《修身》篇就是現在的《曾子立事》篇，從內容上來講是與修身有關，因此在當時可能就被稱為《修身》。王應麟認為《曾子》一書是從《大戴禮》中摭出編撰而成的。它的內容包括現《大戴禮》中從《曾子立事》(《修身》)至《天

圓》十篇。根據余嘉錫先生《古書通例》的總結，從古代特別是先秦時期的著書原則來看，《曾子》一書可以看作是曾子一派的著作，它是曾門弟子彙集編撰老師的言論而成的一部著作。雖然期間有人懷疑《曾子》十篇與曾子學派的關聯，但是隨著上博簡《內禮》等竹簡的出土，《曾子》十篇形成寫定於戰國時期更獲得了大家的認可。學者們通過《內禮》與《曾子立孝》、《曾子事父母》等篇章的相關性分析，和《論語》中曾子的言論與《曾子》十篇對比研究以及先秦文獻如《孟子》、《荀子》以及《呂氏春秋》徵引《曾子》一書的情況介紹，使得現流傳的《曾子》十篇作爲曾子及其弟子思想研究資料的可靠性獲得了保障。〔註21〕

　　在《論語》中，曾參被稱爲曾子，可見他在《論語》編撰者眼中地位是相當高的。另外也說明曾子及其學派在當時的影響力非常之大。《論語》中有關曾子的記載一共有十五處。其中有一章是理解曾子思想的關鍵，《里仁》篇載：

　　　　子曰：「參乎，吾道一以貫之。」曾子曰：「唯。」子出，門人
　　　問曰：「何謂也？」曾子曰：「夫子之道，忠恕而已矣！」

這是孔子對曾子講述自己體悟道的核心與關鍵。而曾子對老師之道的領悟在於「忠恕」，這種理解不僅在一定的程度上可以總括孔子的仁學思想，更重要的其實是曾子自我對道體貼的結果，代表的是曾子自己的想法。因爲孔子不只對曾子講述過自己的一貫之道，對其他弟子也講過。如在《衛靈公》篇中記載孔子與子貢的談話就有涉及，子曰：「賜也，女以予爲多學而識之者與？」對曰：「然。非與？」曰：「非也。予一以貫之。」但是，子貢就沒有認爲孔子的一貫之道指的是「忠恕」。因此，用「忠恕」思想去詮釋孔子的「一貫之道」更多地是曾子的一家之言。曾子希望用「忠恕」這種「守約」的方法將孔子的整個思想特別是他的王道思想貫穿起來。

　　《大戴禮記・曾子本孝》載：

　　　　曾子曰：「忠者，其孝之本與！」

　　《大戴禮記・曾子立孝》載：

　　　　曾子曰：「君子立孝，其忠之用，禮之貴。故爲人子而不能孝其

〔註21〕關於上博簡《內禮》與曾子思想的關係，可參看梁濤：《上博簡〈內禮〉與〈大戴禮記・曾子〉》一文；王博《中國儒學史・先秦卷》中的第三章中的第二節「曾子及其學派」；以及羅新慧的《曾子研究》一書中的第三章《曾子著述考》等相關研究。

父者，不敢言人父不能畜其子者；為人弟而不能承其兄者，不敢言
人兄不能順其弟者；為人臣不能事其君者，不敢言人君不能使其臣
者也。」

上面兩條材料中，曾子對忠恕與孝的關係進行了闡釋。所謂：盡己之謂忠，
推己之謂恕。「忠」，強調的是對己的真誠無妄，它以誠敬為本。「孝」的本義
在於「敬」之情，而非僅在「養」之效。〔註22〕由此可知，曾子將「忠」作
為「孝之本」，也就是強調「孝」在個體內心中的真實情感。曾子曰：「民之
本教曰孝。」〔註23〕而「君子立孝」的目的，在於將內心中這種真實的情感
推廣到社會倫理當中。孝是由每個人內心中忠愛之情而自然而然流露出來的
行為，而不是源於外在的約束與情感的壓迫。以情應物，用「孝」道將王道
中的「仁義禮智」等德性以及將這些德政施於社會關係中的德政貫通起來。《曾
子大孝》中有一段話非常有代表性：

夫仁者，仁此者也；義者，宜此者也；忠者，中此者也；信者，
信此者也；禮者，禮此者也；強者，強此者也。樂自順此生，刑自
反此作。夫孝者，天下之大經也。夫孝置之而塞於天地，衡之而衡
於四海，施諸後世，而無朝夕，推而放諸東海而準，推而放諸西海
而準，推而放諸南海而準，推而放諸北海而準。

仁義忠信禮行等道德與行為在曾子看來都是圍繞著「孝」而展開。孔子對孝
的談論大多集中在家庭親情倫理方面。而曾子卻將「孝」從家庭倫理方面推
而放諸到四海之內的任何關係當中。不知不覺，孝成為了人進德修業等各個
方面的尺度與標杆。譬如說，由個人在孝方面的表現，就可以推知其在社會
關係中「忠」的體現，「事父可以事君，事兄可以事長，使子猶使臣也，使弟
猶使承嗣也；能取朋友者，亦能取所予從政者矣。」（《曾子立事》），「是故未
有君而忠臣可知者，孝子之謂也；未有長而順下可知者，弟弟之謂也；未有
治而能仕可知者，先修之謂也。故曰孝子善事君，弟弟善事長。君子一孝一
弟，可謂知終矣。」（《曾子立孝》）反過來，如果一個人在社會關係中處理不
好，那麼也就會知道他是一個不孝的人：「故居處不莊，非孝也；事君不忠，
非孝也；蒞官不敬，非孝也；朋友不信，非孝也；戰陳無勇，非孝也。」（《曾

〔註22〕 《論語‧為政》：「子曰：今之孝者，是謂能養。至於犬馬，皆能有養，不敬，
何以別乎？」
〔註23〕 《大戴禮記‧曾子大孝》。

子大孝》）這種放諸四海而皆準的「天下之大經」的孝，不僅爲《孝經・三才章》中提出「夫孝，天之經也，地之義也，民之行也」的口號埋下了伏筆，也爲漢以來「以孝治國」奠定了理論基礎。

儒家王道信仰自孔子創立以來，一直以個人和社會並重。孔子說，「己欲立而立人，己欲達而達人」，「己所不欲，勿施於人」。個人方面表現爲修己、己立的過程，而社會方面則表現爲達人、治人的過程。修己是個人道德情操的培養，是治人的基礎；治人則是外在功業的建立，是修己的最終目標。這種「修己以敬」、「修己以安人」、「修己以安百姓」的內聖外王的過程在《大學》中被總結爲「三綱領，八條目」。這三綱八目，歸本於「修身」：「自天子以至於庶人，一是皆以修身爲本。」與曾子用忠恕思想概括總結孔子的仁學思想是一致的。孔子這種進德修業內外並重的雙重努力，被曾子用「孝」去貫徹忠恕一貫之道後，漸漸轉向了內心的成德、成聖的德性修養上去了。這之後，孟子說：「學問之道無他，求其放心而矣。」（《告子上》）學問之道，就是返歸內心中固有的良知道德本心，以成性至聖。荀子也有幾乎與此相同的觀點：「學也者，固學止之也，惡乎止之？曰，止諸至足。曷謂至足？曰：聖也。」後來，程頤在《顏子所好何學論》中對此進行了概括，那就是「學以至聖人之道」。學問之道在於成德、成聖，這慢慢成爲了後來儒家的思想主流和共識。

雖然孔子強調修身、注重其個人的德性，但他並沒有如曾子那樣只一味地強調內省修身、追求完美的人格；也未曾如子思學派在《中庸》裏說，「大德必得其位，必得其祿，必得其名，必得其壽」以及「故大德者必受命」的德位一致性。相反，孔子甚至提到了一個有德的人不見得有很好的命運，而有好命運的人也可能並沒有好的德性。如《雍也》篇載：

> 伯牛有疾，子問之，自牖執其手，曰：「亡之，命矣夫！斯人也
> 而有斯疾也！斯人也而有斯疾也！」

冉伯牛即是孔門十哲德行科弟子冉耕。作爲一個被孔子及其孔門弟子共同稱讚的好人，卻無可奈何地得了惡疾，瀕臨死亡的邊緣。如果按照「大德者必得其位、其祿、其名、其壽」的觀點，那肯定就不會生如此大病。另外顏淵也是如此，有這麼大的德行，但卻先於孔子早卒，這合理嗎？因此只能反過來理解，正因爲曾子看到了孔子這種德行與現實的雙重性，他才用「孝」將兩者統一起來。以孝爲始，以孝爲終，時時刻刻，一言一行都以孝爲準

則：「一舉足而不敢忘父母，一出言而不敢忘父母。一舉足而不敢忘父母，是故道而不徑，舟而不游，不敢以先父母之遺體行殆；一出言而不敢忘父母，是故惡言不出於口，忿言不反於身。不辱其身，不羞其親，可謂孝矣。」（《曾子大孝》）甚至對待花草樹木，鳥獸蟲魚也應該抱有孝慈之心：「伐一木，殺一獸，不以其時，非孝也。」（《曾子大孝》）只要做到了「孝」那麼其他關係自然而然就會處理好，只要做到了「孝」，那麼富貴、名聲自然而然會隨聲而至：

> 是故君子以仁為尊。天下之為富，何為富？則仁為富也；天下之為貴，何為貴？則仁為貴也。昔者，舜匹夫也，土地之厚，則得而有之，人徒之眾，則得而使之，舜唯以仁得之也。是故君子將說富貴，必勉於仁也。昔者，伯夷、叔齊，仁者也，死於溝澮之間，其仁成名於天下。夫二子者，居河濟之間，非有土地之厚、貨粟之富也，言為文章、行為表綴於天下。是故君子思仁義，晝則忘食，夜則忘寐，日旦就業，夕而自省，以歿其身，亦可謂守業矣。（《曾子制言中》）

有子曾說過：「孝悌也者，其為仁之本與！」（《論語・學而》），孝是仁的根本。曾子也有與此相近的言論，他說：「民之本教曰孝。」（《曾子大孝》）在這裡曾子強調了另個方面，第一，舜出身為匹夫，但他最後能富有天下的土地和人民，是因為他具有仁德。因此一個人有意富貴的話，必須要勉勵於仁；第二，即使如伯夷、叔齊那樣修有仁義，而沒有取得土地與人民這樣實際性的財富，但是他們在名的方面卻獲得了天下人的敬仰。可知，君子應該以仁為尊，以仁為富。只要君子守好仁義這個業，那麼一定會成名於天下的。守好仁義，那也就是要做到「孝」。這樣一來，曾子就將德行與現實的雙重性通過「孝」而貫通起來了。

綜上可知，曾子及其學派發展了王道思想中「孝」的一面。他將「孝」作為實現一切善行的力量的根本與源泉。在他看來孝不是外在的束縛與規範，而是發自內心的真摯而誠懇的愛。因此，孝子不論在何時何地都應該為父母設身處地的考慮，「不登高，不履危，痹亦弗憑，不苟笑，不苟訾」，「險途隘巷，不求為先，以愛其身，以不敢忘其親也」。（《曾子本孝》）甚至不能有自己的喜怒哀樂，「孝子無私樂，父母所憂憂之，父母所樂樂之。孝子唯巧變，故父母安之。」（《曾子事父母》）父母在世的時候如此，不在的時候也應

該如此，所謂「父死三年，不敢改父之道，又能事父之朋友，又能率朋友以助敬也」(《曾子本孝》)。他提出「吾日三省吾身」，這意味著人必須時時刻刻反省內心來檢查自己的舉止是否符合「孝」。〔註24〕這樣就使得王道理想在向社會現實落實的過程中，對父權以及由父權引申出的王權崇拜不知不覺就深入人心。正如《繫辭傳》開篇說：「天尊地卑，乾坤定矣。卑高以陳，貴賤位矣。」天尊地卑是天道的體現，那麼人世間的貴賤等級也應該如天道一樣高低有別，故稱之為「貴賤位矣」。於是孔子「《春秋》以道名分」的「君君，臣臣，父父，子子」的小康社會就自然而然地建立了起來。小康社會建立起來了，那麼王道的大同理想也就不遠了。

第四、孔門弟子對王道的代表（孔子）的維護與聖化

　　孔門後學除了傳播和發展孔子的王道思想外，最重要的是竭力維護孔子的形象。他們認為孔子所構建的王道信仰是真理的體現，對孔子的贊同與追隨也就是對王道信仰、大同世界的贊同與追尋。孔子論述的仁與知也就是現在所說的良心和理性〔註25〕，它們是王道信仰的基礎與保證。這種與宗教不同的人文信仰，能給在世事滄桑、沉浮變遷以及恐懼神秘的芸芸眾生帶來一種安全感和永恆感。因此，他們為了自己內心心靈的平靜與祥和，從而將感情寄託在對孔子的推崇與讚美上。而孔子的人生經歷、學識以及人格魅力恰好也給他們提供了一個很好的榜樣。如韓嬰說：

　　　　孔子抱聖人之心，彷徨乎道德之城，逍遙乎無形之鄉。倚天理，觀人情，明終始，知得失，故興仁義，厭勢利，以持養之。於是周室微，王道絕，諸侯力政，強劫弱，眾暴寡，百姓靡安，莫之紀綱，禮儀廢壞，人倫不理，於是孔子自東自西，自南自北，匍匐救之。(《韓詩外傳‧卷五》)

〔註24〕　這種對「孝」的推崇，發展到孟子時更為顯著。孟子不僅將孔子的堯舜之道狹隘的定義為「堯舜之道，孝悌而已矣」，而且將舜描寫成為一個巨大的孝子。如：舜在遭到父母兄弟的種種迫害後，非但沒有反抗和抱怨，而且仍然終身敬慕父母，竭力侍奉雙親和哥哥。希望用自己的行動感化他們。(《離婁上》)

〔註25〕　子曰：「知者樂水，仁者樂山；知者動，仁者靜；知者樂，仁者壽。」(《論語‧雍也》)仁者就是仁厚的人，寬容而不易衝動，性情好靜，就像山一樣穩重不遷。知者也就是聰明人，其反應敏捷而又思想活躍，性情好動如水一樣不停流動。因此，仁、智可分別解釋為良心和理性。

孔子曲折的人生經歷，在困境中對道的堅守以及與命運抗爭的精神，讓他的
弟子們冥冥之中似乎看到了一絲曙光。孔子在世的時候，就獲得了弟子們發
自內心的讚美與崇敬。顏淵說：「仰之彌高，鑽之彌堅；瞻之在前，忽焉在
後。」不僅如此，孔子的弟子子貢甚至將孔子推到了聖人的高度。《論語·子
罕》載：

> 大宰問於子貢曰：「夫子聖者與？何其多能也？」子貢曰：「固
> 天縱之將聖，又多能也。」子聞之，曰：「大宰知我乎！吾少也賤，
> 故多能鄙事。君子多乎哉？不多也。」

太宰問子貢說，孔子難道是聖人嗎？要不然爲什麼有那麼多的本事？子貢回
答說，我老師當然是聖人，天生的聖人，他的本事非常的多。但是，當孔子
聽說這件事之後，當即對此進行了否認，認爲自己沒有那麼多的本事，也不
是聖人。

孔子雖然是「聖人之後」〔註 26〕，但是他從來不會自稱爲聖人「若聖與
仁，則吾豈敢」，並且還否定別人稱自己爲聖人。他認爲聖人應該是「博施於
民而能濟眾」（《雍也》）或者「修己以安百姓」（《憲問》）像堯舜那樣的人，
而自己只是一個「知其不可而爲之」的人罷了。雖是如此，但孔子的弟子們
卻不這樣認可。孔子死後，儒學隨即發生了分裂。爲了團結孔門弟子以及避
免因弟子間的內訌而使儒家出現與在其他流派的競爭中地散的失位，乃至消
滅的情況發生，他們開始收集、編撰一部能代表孔子思想以及儒家思想的語
錄。後來脫穎而出的便是《論語》〔註 27〕。除此之外，他們爲了自己心目中
的王道以及內在的情感需求〔註 28〕，也有意識的維護與聖化王道的最佳代言
人——孔子。

〔註 26〕 柳若對子思說，「子聖人之後也」（《禮記·檀弓上》）《左傳·昭公七年》，孟
　　　　 僖子說孔子是「聖人之後」，王引之在《經義述聞春秋左傳下》中，認爲「聖
　　　　 人」是指「弗父何」。聖人也就是卿大夫中的賢者。

〔註 27〕 孔子死後，記載孔子言行的書籍有很多，不止是《論語》一種而已。但《論
　　　　 語》是其中最具代表性的一種。可參看，郭沂：〈《論語》源流再考察孔子研
　　　　 究〉〔J〕，1990 年，第 04 期；吳龍輝：《論語》的歷史真相〕〔J〕，湖南大學
　　　　 學報，2007 年，第 5 期等相關研究。

〔註 28〕 這種情感需求，可以通過子貢的一段話表達出來。「孔子蚤作，負手曳杖消搖
　　　　 於門，歌曰：『泰山其頹乎！梁木其壞乎！哲人其萎乎！』既歌而入，當户而
　　　　 坐。子貢聞之曰：『泰山其頹，則吾將安仰？梁木其壞，哲人其萎，則吾將安
　　　　 放？夫子殆將病也。』遂趨而入。」（《禮記·檀弓上》）

雖然孔子死後，被魯哀公動情地稱爲「尼父」〔註 29〕，但是他還是受到了非常多的質疑。如對他的學歷問題。《子張》載：

> 衛公孫朝問於子貢曰：「仲尼焉學？」子貢曰：「文武之道，未墜於地，在人。賢者識其大者，不賢者識其小者，莫不有文武之道焉。夫子焉不學？而亦何常師之有？」

衛公孫懷疑孔子無師法，故意向子貢問他的學問是從哪裏來的？子貢說，孔子學無常師，不管什麼人，只要有善言善行值得肯定，都去學習。可謂是集大成也。儘管如此，但還是有人不買帳。《墨子·公孟》載：

> 公孟子謂子墨子曰：「昔者聖王之列也，上聖立爲天子，其次立爲卿大夫。今孔子博於《詩》、《書》，察於禮樂，詳於萬物，若使孔子當聖王，則豈不以孔子爲天子哉？」子墨子曰：「夫知者，必尊天事鬼，愛人節用，合焉爲知矣。今子曰『孔子博於《詩》、《書》，察於禮樂，詳於萬物』，而曰可以爲天子。是數人之齒，而以爲富。」

在這裡，墨子認爲即使孔子博通《詩》、《書》，明察禮樂的制度，備知天下萬物，也不能說是知者，更不用說他能當天子了。這只能說他博聞強識，能說會道罷了，沒有什麼創新性。

除此之外，孔子還受到許多流言和誹謗。《子張》載：

> 叔孫武叔語大夫於朝，曰：「子貢賢於仲尼。」子服景伯以告子貢。子貢曰：「譬之宮牆，賜之牆也及肩，窺見室家之好。牆卑室淺。夫子之牆數仞，不得其門而入，不見宗廟之美，百官之富。得其門者或寡矣。夫子之云，不亦宜乎！」

> 叔孫武叔毀仲尼。子貢曰：「無以爲也，仲尼不可毀也。他人之賢者，丘陵也，猶可踰也；仲尼，日月也，無得而踰焉。人雖欲自絕，其何傷於日月乎？多見其不知量也！」

> 陳子禽謂子貢曰：「子爲恭也，仲尼豈賢於子乎？」子貢曰：「君子一言以爲知，一言以爲不知，言不可不慎也。夫子之不可及也，猶天之不可階而升也。夫子之得邦家者，所謂立之斯立，道之斯行，綏之斯來，動之斯和。其生也榮，其死也哀，如之何其可及也。」

〔註 29〕　《左傳·魯哀公十六年》：夏四月己丑，孔丘卒。公誄之曰：「旻天不弔，不憖遺一老。俾屏余一人以在位，煢煢余在疚。嗚呼哀哉！尼父。無自律。」

叔孫武叔作為魯國的三桓之一，地位很高。為了達到詆毀孔子的目的，他先在魯國的上流社會散佈流言說孔子不如子貢賢，希望子貢能認可。這種說法甚至傳到了子貢的學生陳子禽耳裏。他也跑來跟老師說，你也太謙虛了，孔子怎麼會比你強呢？子貢沒有被虛榮心欺騙，為了捍衛孔子，他說孔子如日月在天，遙不可及，而自己只是一個小丘陵而已，根本沒法和老師相比。即使自己有點成就，那也是顯露在外，被人瞧見了。而老師的成就高不可攀，根本無法窺見「宗廟之美，百官之富」。孔子不可能被趕上，就像天不可能通過梯子爬山去一樣。子貢的言論可以說代表了孔門弟子共同的心聲。要不然，他的話也不可能被選編到《論語》當中。

孔門弟子除了從對他人的流言與誹謗進行反駁外，他們進一步從正面論述孔子是自有人類以來，從來就沒有過的聖人。將孔子生前並不認可的「聖人」稱號強加給他。《孟子·公孫丑》中記載一段孔子與子貢的對話。子貢問孔子，老師您達到「聖」了嗎？孔子說：「聖則吾不能，我學不厭而教不倦也。」子貢說，「學不厭」就是「智」，「教不倦」則是「仁」，您既然已經做到了「智」和「仁」，當然就是「聖」了。子貢這裡將「聖」定義為既「仁」且「智」，明顯和孔子之前說「博施於民而能濟眾」（《雍也》）或者「修己以安百姓」（《憲問》）的定義是有差別的。不僅如此，宰我、子貢、有若他們還對孔子給予了極高的讚譽：

> 宰我曰：「以予觀於夫子，賢於堯舜遠矣。」子貢曰：「見其禮而知其政，聞其樂而知其德。由百世之後，等百世之王，莫之能違也。自生民以來，未有夫子也。」有若曰：「豈惟民哉？麒麟之於走獸，鳳凰之於飛鳥，太山之於丘垤，河海之於行潦，類也。聖人之於民，亦類也。出於其類，拔乎其萃，自生民以來，未有盛於孔子也。」（《孟子·公孫丑上》）

孟子說，宰我、子貢、有若，「智足以知聖人。污，不至阿其所好」，即認為他們對孔子的價值非常地瞭解，絕不是「阿私所好而空譽之」，因此，肯定他們的話是非常可信的。孔子不僅出類拔萃、並且也遠遠超過了孔子一直贊成、甚至自愧不如的堯舜。至此，孔子在他們眼裏已經不再是一個有說有笑，經歷坎坷落魄，無法將自己理想付諸現實的人了；而是一個「如天地之無不持載，無不覆幬，闢如四時之錯行，如日月之代明」（《中庸》）的聖人了。他就是「大同世界」的代言人，王道信仰的先行者。

　　除此之外，對孔子的聖化還表現在孔廟祭祀制度的形成。根據《左傳》記載，孔子死後，影響非常之大，以至於魯哀公親自爲他撰寫誄詞。孔子的去世，不只是孔氏家族內部的事情，更是孔門弟子間的大事。孔子去世，弟子們雲湧而至，備極哀傷。《史記・孔子世家》載：「孔子葬魯城北泗上，弟子皆服喪三年。三年心喪畢，相決而去，則哭，各復盡哀，或復留。唯子貢廬於冢上凡六年，然後去。」一般認爲，守孝只是針對一個家族內部成員而有的。孔子也曾說過：「子生三年，然後免於父母之懷。夫三年之喪，天下之通喪也。」（《陽貨》）而孔門弟子雖與孔子無血緣關係，但對孔子都以對父親的心情爲之守孝三年。子貢更是傷心之極，而爲孔子守孝六年。這些由「弟子及其魯人往從冢而家者百有餘室」的房屋和街道就形成了流傳到現在的「孔里」。在這裡，魯國的諸侯以及後來王朝每年都定時到孔子墓前祭拜，而儒生們也經常在此講習禮儀。後來，孔子所居住過的堂屋以及弟子們所居住的臥室，就被改造成了廟宇。它被用來收藏孔子生前穿過的衣服，戴過的帽子，以及使用過的琴、車子、書籍等等。〔註30〕由此，以孔子爲中心的家廟，逐漸變成了儒門間的私廟。隨著儒家學派影響力的增加，對它的祭祀也漸漸成爲官方所依重的形式和力量。據司馬遷的記載，「高皇帝過魯，以太牢祠焉。諸侯卿相至，常先謁然後從政」，慢慢地，「私廟」轉化爲「官廟」。在這一系列的過程中，它與孔門弟子的努力是分不開地。孔里的形成與孔廟祭祀制度的設立，使得儒門學者在孔子過世後有了一個共同的心靈歸宿之地。對孔廟的維護與堅守，無形當中也就是對王道的構建者——孔子——的維護與堅守。所謂「天不變，道亦不變」，以「王道」爲中心的人文信仰，成爲了後世儒家心目中永遠的豐碑和指南針。

第二節　王道實現的可能性

　　自孔子提出「以仁修身，以德治國」的理念後，孔門弟子及其後學進一步闡發了以堯舜禪讓爲基礎的大同小康的理想生活。至此，以孔子爲核心的早期儒家在面對宗法血緣封建世襲制度的崩潰，以及上帝、天爲中心的神權信仰的坍塌等一系列變革中，完整地構建了一套以「仁義禮智」爲核心的人文信仰體系。到孟子生活的戰國中期，中國的社會形態不論是政治、經濟、

〔註30〕　見《史記・孔子世家》。

文化、社會習俗等方面都與春秋時期發生了明顯的變化。顧亭林在《日知錄・周末風俗》對此論述道：

> 如春秋時猶尊禮重信，而七國則絕不言禮與信矣；春秋時猶宗周王，而七國則絕不言王矣；春秋時猶嚴祭祀、重聘享，而七國則無其事矣；春秋時猶論宗姓氏族，而七國則無一言及之矣；春秋時猶宴會賦詩，而七國則不聞矣；春秋時猶有赴告策書，而七國則無有矣。邦無定交，士無定主，此皆變於一百三十三年之間，史之闕文，而後人可以意推者也，不待始皇之併天下，而文、武之道盡矣。

可知，在春秋時期，周天子在名義上還是當時天下的「共主」。諸侯之間的戰爭，以及當時的霸主，基本上都以「尊王」爲名，從而「挾天子以令諸侯」。而到了戰國時期，各大國的國君，都已經自己稱王。在《孟子》一書中就有體現，如齊宣王、梁惠王、宋偃王等。孟子在向當時君王游說的過程中也不再提周天子了。他認爲無論哪一國的國君，只要能實行「仁政」，那麼都可以取代周天子，而成爲全中國的「共主」，從而建立起一套穩定的社會制度，達到「王天下」。爲了把人民從「爭地以戰，殺人盈野；爭城以戰，殺人盈城」（《離婁上》）的困苦危急的「倒懸」狀態中解脫出來，他說：

> 堯舜之道，不以仁政，不能平治天下。今有仁心仁聞而民不被其澤，不可法於後世者，不行先王之道也。故曰，徒善不足以爲政，徒法不能以自行。詩云：「不愆不忘，率由舊章。」遵先王之法而過者，未之有也。

孟子認爲一個國家只有實行仁政才能平治天下，才能使人民脫離苦海。另外，這段話涉及到孟子政治思想的兩個核心概念：一個是「先王之道」，一個是「仁政」。這兩者是一體兩面的。如果有堯舜等先王之道，但又不實行仁政，那麼也不能治理好天下。反之，有仁心仁聞的政治，但卻沒有實行先王之道，那麼民眾也不會受到恩澤，同樣，他的政治制度也不能成爲後代的模範。值得注意的是，這兩個方面孔子及其弟子都已有論述：在先王之道方面，如孔子弟子有若就明言：「禮之用，和爲貴。先王之道，斯爲美。」另外，《論語》中保存著孔子大量對先王的讚美之詞。如堯、舜、禹、文、武、周公等人，孔子對他們的道德和政治行爲都有議論和評價；在「仁政」方面，孔子的「以仁修身、以德治國」思想就是很好的範例。孟子的特別之處就是用《尚書・

洪範》篇中舊有的「王道」概念將「先王之道」與「仁政」結合起來，並爲之重新進行立論和闡釋。這樣一來，王道既成爲了後世儒者的一種文化信仰（先王之道）又爲儒者們實現小康乃至大同世界提供了一套具體的政策方針（仁政）。下面先論述實現王道的可能性。

通過前面的論述可知，在《禮記·禮運》篇中，子游門人通過孔子與子游的對話，描述了一個「人人平等、天下爲公」的王道大同社會。但對如何實現這個美好的黃金社會，從現有的材料來看，孟子之前並沒有太多的記載。它給人的印象似乎只是單純願景罷了。到了群雄稱王的戰國時代，孟子爲了說服王侯們實現「王道」，不得不對它的可能性問題進行探討和深發。

孟子在游說梁惠王的對話中說：

> 不違農時，穀不可勝食也；數罟不入洿池，魚鱉不可勝食也；斧斤以時入山林，材木不可勝用也。穀與魚鱉不可勝食，材木不可勝用，是使民養生喪死無憾也。養生喪死無憾，王道之始也。
>
> 五畝之宅，樹之以桑，五十者可以衣帛矣；雞豚狗彘之畜，無失其時，七十者可以食肉矣；百畝之田，勿奪其時，數口之家可以無饑矣；謹庠序之教，申之以孝悌之養，頒白者不負戴於道路矣。七十者衣帛食肉，黎民不饑不寒，然而不王者，未之有也。（《梁惠王上》）

在這裡孟子認爲，王道社會的實現是非常容易的。穀和魚鱉關乎到人的生存，而木材除了平時的用處外，更關乎到人死後的棺槨製作。生存的繼續與死後的安寧可以說是每個人都一生的追求與期盼。因此，孟子強調侯王只要做到使百姓生養死葬沒有什麼不滿和遺憾，那麼這就是王道的開端。之後，孟子又進行了一些補充，除了按時耕種、畜養雞豚狗彘等讓百姓能穿衣吃肉外，更重要的是加強地方學校的建設，使孝順父母敬愛兄長等孝悌之心在人們心中鞏固起來。這樣，天下人民就會自動歸附，而稱王天下。

王道的實現，在孟子看來並不是當時的王侯們沒有能力，而是不去做而已。他與齊宣王對話中說：「王之不王，不爲也，非不能也。……王之不王，非挾太山以超北海之類也；王之不王，是折枝之類也。」（《梁惠王上》）王道並非不能實現，而是不去爲罷了，孟子進一步用比喻的說法談論到王道的實現與否並非如一個人把泰山夾在胳臂下跳過北海，而是屬於替老年人折取樹枝一樣容易。不僅如此，孟子認爲當時連年戰亂的背景下更容易實現王道：

> 王者之不作，未有疏於此時者也；民之憔悴於虐政，未有甚於
> 此時者也。饑者易爲食，渴者易爲飲。孔子曰：「德之流行，速於置
> 郵而傳命。」當今之時，萬乘之國行仁政，民之悅之，猶解倒懸也。
> 故事半古之人，功必倍之，惟此時爲然。(《公孫丑上》)

在孟子「五百年必有王者興」的歷史觀念下，他認爲當時的社會已經很久沒
有出現賢明的君王了；老百姓被暴虐的政治所折磨，過去的歷史上也從來沒
有這樣厲害過。如果有任何一個萬乘的大國能實行仁政，那麼老百姓就像解
除倒懸的痛苦一樣對他感恩戴德。王道的實行也會有事半功倍的效果。當然
這些並非只是孟子像其他縱橫家一樣爲了推銷「王道」的口頭說教，而是有
著深層次的理論支持。王道大同社會實現的可能性，就在於孟子對良心的發
現和「性善論」的提出。《告子上》載：

> 雖存乎人者，豈無仁義之心哉？其所以放其良心者，亦猶斧斤
> 之於木也，旦旦而伐之，可以爲美乎？

朱熹《四書集注》注：良心者，本然之善心，即所謂仁義之心也。可知，良
心就是指孟子理論體系中的仁義之心。所謂良心的發現，也就是指孟子認識
到心之爲善的本質，並以此爲基礎建立起道德的生命和世界。這種仁義之心
本非是孟子爲了自己的理論而純粹設想出來的，它是人人內心中所固有的。
孟子爲了更好地論證這一觀點，他又將以仁義爲主要內容的良心稱之爲「本
心」。《告子上》載：

> 非獨賢者有是心也，人皆有之，賢者能勿喪耳。一簞食，一豆
> 羹，得之則生，弗得則死。嘑爾而與之，行道之人弗受；蹴爾而與
> 之，乞人不屑也。萬鍾則不辨禮義而受之。萬鍾於我何加焉？爲宮
> 室之美、妻妾之奉、所識窮乏者得我與？鄉爲身死而不受，今爲宮
> 室之美爲之；鄉爲身死而不受，今爲妻妾之奉爲之；鄉爲身死而不
> 受，今爲所識窮乏者得我而爲之，是亦不可以已乎？此之謂失其本
> 心。

這個本心並非僅爲聖賢所擁有，而是存在於每個人的內心當中。所謂「聖
人，與我同類也」。最大的區別是，賢者能夠保有此心，而一般的常人卻經常
遺忘或者被外界的原因遮蔽所喪失。如孟子說：「仁，人心也。義，人路也。
捨其路而弗由，放其心而不知求，哀哉！」因此在孟子看來，「學問之道無
他，求其放心而已矣」。本心在每個人當中雖然有時會被遮蔽或遺忘，但並不

代表他們原本就沒有。孟子將「良心」稱之爲「本心」的目的，就是想要明確地說明仁義是每個人所固有的。這種固有體現在他說的「人皆有不忍人之心」：

> 人皆有不忍人之心，先王有不忍人之心，斯有不忍人之政矣。以不忍人之心，行不忍人之政，治天下可運之掌上。所以謂人皆有不忍人之心者，今人乍見孺子將入於井，皆有怵惕惻隱之心。非所以内交於孺子之父母也，非所以要譽於鄉黨朋友也，非惡其聲而然也。由是觀之，無惻隱之心，非人也；無羞惡之心，非人也；無辭讓之心，非人也；無是非之心，非人也。惻隱之心，仁之端也；羞惡之心，義之端也；辭讓之心，禮之端也；是非之心，智之端也。人之有是四端也，猶其有四體也。（《公孫丑上》）

惻隱之心是不忍人之心的另一種說法，也是良心在社會現實生活中的顯現。不管任何人，突然看見小孩子要掉入井裏時，驚懼的刹那都會顯現出一種同情的心情。這種惻隱之心的顯現是無任何條件而純粹內在的，也就是所謂的本心。孟子以這種純粹內在的不忍人之心爲基礎，將它表現在社會生活的主要四個方面分別概括爲惻隱、羞惡、辭讓、是非。這四者之心也就是仁義禮智四端。換而言之，仁義禮智並不是外在的，它是每個人內心與之俱來所固有的：「惻隱之心，人皆有之；羞惡之心，人皆有之；恭敬之心，人皆有之；是非之心，人皆有之。惻隱之心，仁也；羞惡之心，義也；恭敬之心，禮也；是非之心，智也。仁義禮智，非由外鑠我也，我固有之也。」（《告子上》）人內心中有這四端，就像身體有四體一樣。孟子通過人在社會生活中的內心情感當下顯現中指點出良心的所在。這種方式與那種嚴密的邏輯推理論證的方式是完全不同的。人的內心活動表現爲情，而情是每個人內心可以直接予以實證體悟的東西。孟子以這種情感體驗式的方法使每個人意識到自己內心中的不忍人之心。有此不忍人之心，那麼王道的大同世界就有實現的可能了。因此，孟子說：「先王有不忍人之心，斯有不忍人之政矣。以不忍人之心，行不忍人之政，治天下可運之掌上。」又如孟子通過齊宣王不忍牛將要被殺時的觳觫之情，將宣王內心中固有的不忍之心闡發出來。於是鼓勵宣王說「是心足以王矣」。有了不忍之心作爲基礎，那麼王道的實現就是將此心「擴充」、「推恩」出去：「老吾老，以及人之老；幼吾幼，以及人之幼。天下可運於掌。詩云：『刑於寡妻，至於兄弟，以御於家邦。』言舉斯心加諸彼而已。故推恩

足以保四海，不推恩無以保妻子。」(《梁惠王上》) 除此之外，孟子也把良心稱之為良知良能：

> 人之所不學而能者，其良能也；所不慮而知者，其良知也。孩提之童，無不知愛其親者；及其長也，無不知敬其兄也。親親，仁也；敬長，義也。無他，達之天下也。

良能與良知，在孟子看來是不學而能不學而知的。它們是上天所賦予的，和後天的教養沒有關係。這就像未學未慮的孩童一樣，親親敬長是他的本能。「親親，仁也」，仁是人與人之間的一種親情，即《中庸》所謂「仁者，人也，親親為大」；「敬長，義也」，義就是敬其兄長，也即是所謂的「義之實，從兄是也」(《離婁上》)。可知，孟子認為每個人都能親、敬長，那麼每個人心中都有仁義。仁義是根於心的。又如：子女不忍見父母暴屍溝壑當中，而為禽獸蠅蚋所食，額頭上自動冒出悔恨的汗珠。這汗珠是「非為人泚，中心達於面目」，乃是發自內心的真切、自然的情感。從而說明人人都有不忍之心。

由此可知，孟子對人人固有的良心的闡釋與發現有一個共同點，即通過選取生活中的一個特定場景，讓人們去體驗與感知，從而啟發人們的情感而達到對良心的認可。這種特別的論證方式與孟子的師承關係是相當密切的。與曾子相關的《大學》和與子思相關的《中庸》、簡帛《五行》等都是以情來論心的。他們所理解的「心」就是以「情」為實質內容的。如：《大學》中論「正心」時說：「身有所忿懥，則不得其正；有所恐懼，則不得其正；有所好樂，則不得其正；有所憂患，則不得其正。」《中庸》中雖然沒有直接說「心」，但它對誠的分析與推崇，對孟子的心的論證提供了幫助。《中庸》：「唯天下之至誠，為能盡其性，能盡其性，則能盡人之姓；能盡人之性，則能盡物之性；能盡物之性，則可以贊天地之化育；可以贊天地之化育，則可以與天地參矣。」這裡認為「誠」是盡人之性和盡物之性的前提與基礎。不僅如此，誠還是貫通「人道」與「天道」之間重要的橋樑。《中庸》說：「誠者，天之道也；思誠者，人之道也。誠者不勉而中，不思而得，從容中道，聖人也。誠之者，擇善而固執之者也。」可以說，在一定程度上，誠將性與天道，天與人，天與物，以及聖人與凡人，融合在了一起。這些思想，幾乎都被孟子吸收與繼承。在《離婁上》中幾乎就有大段論誠的話就是來自於《中庸》。「誠」在朱子四書集注中解釋為「真實无妄」，也就是真實地面對自己的情感、不欺

騙。這就要求人們在面對實際情況，如孺子將入於井產生的惻隱之心時，要真實面對。不要懷疑人們內心中固有的四端之心。除此之外，《中庸》還講誠明互體，又以「中和」來說天下的大本達道，中和的內容就是「情」的表現。在《五行》篇中，對以情論心就更加明確了。《五行》篇中主「心貴」說，而其「貴心」的核心在於「心悅仁義」。這些都是從「情」上說「心」的。另外，孟子對才、志、夜氣、浩然之氣等與心的關係，都是在情上而言心。因為才、志、夜氣、浩然之氣等等都是心與外界事物接觸時「情」的表現。這種不同於邏輯推理而通過生命直覺、情感體認的方式使得「良心」在人的內心情感生活的體驗中而為人所親切體證。因此仁義禮智內在於心，人人都有不忍之心就得到了證明。

通過對良心、本心、良知和良能等概念的梳理，《滕文公上》中所說「孟子道性善、言必稱堯舜」的性善論就要呼之欲出了。孟子在與告子的辯論過程中說：「人性之善也，猶水之就下也。人無有不善，水無有不下。」（《告子上》）這裡需要注意的是孟子並不認為人性應當是善的，而是認為人性實在是善的。《盡心上》載：

> 君子所性，雖大行不加焉，雖窮居不損焉，分定故也。君子所
> 性，仁義禮智根於心。其生色也睟然，見於面，盎於背，施於四體，
> 四體不言而喻。

這裡孟子所謂的「君子所性」中的「君子」並不是特指君子一類人，而是包涵所有人在內的。孟子認為的性善是基於「仁義禮智」根於心的角度。換句話說，孟子是以心言性，以心善言性善。這種善性與外在的榮華、窮困等外在環境是沒有聯繫的，他是分定的，也就是「此天之所與我者」。（《告子上》）前面已經論述了孟子對良心的發現，對仁義禮智根於心的論證，那麼性善在孟子這裡就自然而然就成立了。故孟子說：「盡其心者，知其性也。知其性，則知天矣。」（《告子上》）

綜上可知，孟子通過以情論心、以心論性的方式，論證了人性為善的本質。但這種善只是一種盡性成聖的起點，並不意味著世間中的人就事事為善、時時為善了。正如《周易‧繫辭》中說：「一陰一陽之謂道，繼之者善也，成之者性也。」人一出生，他的性中就繼有了善，是先天就具有的，並不是如告子所說「仁義外在」的白板論，但是這種性也是一種動態的、歷時性的。「成之者性」即著眼於過程性、活動性以顯現性的本真內涵。因此，孟子要求個

人在其生命的歷程中「尚志」、「存養」、「擴充」，從而彰顯其固有的善端，最後達到成仁成聖的理想狀態。可知孟子「人皆可以爲堯舜」(《告子下》)在他的理論體系中並不是口說無憑的。錢穆先生對孟子的性善論評論道：「孟子性善論，爲人類最高之平等義，亦人類最高之自由義也。人人同有此向善之姓，此爲平等義。人人能達到此善之標的，此爲自由義。」〔註31〕孔子之後，由曾子、《大學》、《中庸》、《五行》到孟子，孔子構建的王道信仰的心性層面，表現出了一個由外到內、由性到情、心的內向轉折。心性之學看似是向內發展，實質上是爲向外的王道大同社會的實現提供了價值基礎與教養的本源。在孟子看來只要個人內在的安身立命的問題得到了解決，那麼合理的政治、倫理等制度的根基也就能打牢固。性善論的出現可以說從根本上解決了王道大同社會實現的可能性問題。

第三節　王道與歷史

　　前面提到，孟子的王道思想主要包括兩個方面：一個是先王之道，一個是仁政。對於孟子的仁政思想我們將在下一節討論，在這一節中著重探討孟子的先王之道。

　　孟子的先王之道與他的歷史觀有著密切的聯繫。孔子非常注重對歷史經驗教訓的總結，對於「學孔子」的孟子來說也是如此。他在洞察歷史過程中，總結出兩條主要的歷史原則：一個是「五百年必有王者興」(《公孫丑下》)，另一個是「天下之生久矣，一治一亂」(《滕文公下》)。這兩條原則表達上不同，但是他們的內涵是一致的。在一治一亂的歷史長河中，「王者興」表現出的就是歷史的「治」。《滕文公下》載：

> 當堯之時，水逆行，氾濫於中國。蛇龍居之，民無所定。下者爲巢，上者爲營窟。書曰：『洚水警余。』洚水者，洪水也。使禹治之，禹掘地而注之海，驅蛇龍而放之菹。水由地中行，江、淮、河、漢是也。險阻既遠，鳥獸之害人者消，然後人得平土而居之。堯舜既沒，聖人之道衰。暴君代作，壞宮室以爲污池，民無所安息；棄田以爲園囿，使民不得衣食。邪說暴行又作，園囿、污池、沛澤多

〔註31〕 錢穆：《四書釋義》，《錢賓四先生全集》第二冊，臺北：聯經出版事業股份有限公司，1998年，第252頁。

而禽獸至。及紂之身，天下又大亂。周公相武王，誅紂伐奄，三年
討其君，驅飛廉於海隅而戮之。滅國者五十，驅虎、豹、犀、象而
遠之。天下大悅。

孟子根據當時的歷史記載認為，在原初人民的時代，先民的生存條件非常的
艱苦，洪水氾濫，人民居無定所，甚至禽獸也常常危害著他們。隨著堯舜禹
等聖王者的出現，情況慢慢有了好轉。在他們的配合和努力下，混亂不堪的
生活終於得到了解決，人民過上了穩定的生活。但是隨著聖王的遠去，天下
又開始變得大亂了。之後等到周公和武王的出現，桀紂等暴君被消滅，天下
又出現了祥和的局面。對於生活在「爭地以戰，殺人盈野；爭城以戰，殺人
盈城」等混亂社會中的孟子來說，「一治一亂」的歷史並不是他所期待的。他
通過對歷史的總結，更多的是對「五百年必有王者興」中的王者出現的期待。
因此，孟子在歷史的脈絡中，他思考和尋找的是未來的路，而不是留戀著過
去。《盡心下》載：

> 孟子曰：「由堯舜至於湯，五百有餘歲，若禹、皋陶，則見而知
> 之；若湯，則聞而知之。由湯至於文王，五百有餘歲，若伊尹、萊
> 朱則見而知之；若文王，則聞而知之。由文王至於孔子，五百有餘
> 歲，若太公望、散宜生，則見而知之；若孔子，則聞而知之。由孔
> 子而來至於今，百有餘歲，去聖人之世，若此其未遠也；近聖人之
> 居，若此其甚也，然而無有乎爾，則亦無有乎爾。」

孟子在這裡對孔子之前每五百年中出現的聖王進行了概括，並且希望自己能
像先聖先王一樣承擔起「平治天下」〔註32〕的重任。在堯舜至孔子這一系列
的先王先聖中最重要的代表就是堯舜。堯舜在孟子看來乃是歷史中的生命的
典範。所謂「言必稱堯舜」（《滕文公上》），「非堯舜之道不敢以陳於王前」（《公
孫丑下》）。而其他人，孟子將他們分為兩類：一類是見而知之，一類是聞而
知之。他們的所見所聞無非就是堯舜之道在他們那個時代的昭示。正所謂「文
武之道，未墜於地，在人。賢者識其大者，不賢者識其小者，莫不有文武之
道焉」（《子張》）歷史成為道之蘊，道也必須通過歷史的長河來向世界敞開自
己。因此，歷史不過就是王道在時間之中展開的歷史。歷史的興衰、王朝的
更替，如三代政權的興亡與轉移不過是王道用來顯示自己存在的方式。孟子
曰：「三代之得天下也以仁，其失天下也以不仁。國之所以廢興存亡者亦然。」

〔註32〕　《公孫丑下》：「欲平治天下，當今之世，捨我其誰也。」

（《離婁上》）堯舜等先王之道，它不是懸掛在空中無法落實的東西，既然它曾經在歷史上是現實之物，那麼它在現在以及未來也肯定是可以再次實現的。故孟子說：「遵先王之法而過者，未之有也。」（《離婁上》）在此歷史觀念下，孟子對孔子修《春秋》的目的和意義進行了闡發。他說：「世衰道微，邪說暴行有作，臣弒其君者有之，子弒其父者有之。孔子懼，作《春秋》。《春秋》，天子之事也。是故孔子曰：『知我者其惟《春秋》乎！罪我者其惟《春秋》乎！』」（《滕文公下》）在孟子看來春秋的歷史就是興亂衰亡的教科書，治國的君臣們應該引以爲戒，只有法堯舜等先王之道才能實現國家的長治久安。《離婁上》載：

> 孟子曰：「規矩，方員之至也；聖人，人倫之至也。欲爲君盡君道，欲爲臣盡臣道，二者皆法堯舜而已矣。不以舜之所以事堯事君，不敬其君者也；不以堯之所以治民治民，賊其民者也。孔子曰：『道二：仁與不仁而已矣。』暴其民甚，則身弒國亡；不甚，則身危國削。名之曰『幽厲』，雖孝子慈孫，百世不能改也。詩云『殷鑒不遠，在夏后之世』，此之謂也。」

孟子認爲，聖人就像事物方圓中的規矩一樣，他是人與人交往中做人的最高楷模和標準。君臣效法堯舜的行爲與治民的方針，這就是仁的表現；反之就是不仁的表現。可知，孟子從歷史中總結出的堯舜等先王之道，就是仁義之道。《告子下》載：

> 曹交問曰：「人皆可以爲堯舜，有諸？」孟子曰：「然。」「交聞文王十尺，湯九尺，今交九尺四寸以長，食粟而已，如何則可？」曰：「奚有於是？亦爲之而已矣。有人於此，力不能勝一匹雛，則爲無力人矣；今曰舉百鈞，則爲有力人矣。然則舉烏獲之任，是亦爲烏獲而已矣。夫人豈以不勝爲患哉？弗爲耳。徐行後長者謂之弟，疾行先長者謂之不弟。夫徐行者，豈人所不能哉？所不爲也。堯舜之道，孝悌而已矣。子服堯之服，誦堯之言，行堯之行，是堯而已矣；子服桀之服，誦桀之言，行桀之行，是桀而已矣。」

在上一節中，我們論述到孟子的性善論爲他的「人皆可以爲堯舜」理想提供了理論支持。堯舜並不是高高在上而遙不可及的，他與每個人是相類似的。所謂「凡同類者，舉相似也，……聖人，與我同類者」（《告子上》），堯舜和我同類，因此，堯舜可以做到的，人人都可以做到。在這裡孟子進一步對堯

舜之道進行了概括，他說：「堯舜之道，孝悌而已矣。」前面提到堯舜等先王之道是仁義之道，這裡孟子用孝悌進行進一步限定。這與孔子及其孔門弟子的思想是一脈相承的。如《論語・學而》中提到，孝悌也者，其爲仁之本與。不僅如此，孟子對上古流傳下來關於堯舜等人的歷史事蹟進行了整理和說明。《萬章上》載：

> 萬章問曰：「舜往於田，號泣於旻天，何爲其號泣也？」孟子曰：「怨慕也。」萬章曰：「父母愛之，喜而不忘；父母惡之，勞而不怨。然則舜怨乎？」曰：「長息問於公明高曰：『舜往於田，則吾既得聞命矣；號泣於旻天，於父母，則吾不知也。』公明高曰：『是非爾所知也。』夫公明高以孝子之心，爲不若是恝，我竭力耕田，共爲子職而已矣，父母之不我愛，於我何哉？帝使其子九男二女，百官牛羊倉廩備，以事舜於畎畝之中。天下之士多就之者，帝將胥天下而遷之焉。爲不順於父母，如窮人無所歸。天下之士悅之，人之所欲也，而不足以解憂；好色，人之所欲，妻帝之二女，而不足以解憂；富，人之所欲，富有天下，而不足以解憂；貴，人之所欲，貴爲天子，而不足以解憂。人悅之、好色、富貴，無足以解憂者，惟順於父母，可以解憂。人少，則慕父母；知好色，則慕少艾；有妻子，則慕妻子；仕則慕君，不得於君則熱中。大孝終身慕父母。五十而慕者，予於大舜見之矣。」

孟子認爲舜之所以會在田地裏向著天一面訴苦，一面哭泣，是因爲舜沒有得到父母的歡心。即便他取了堯帝的兩個美麗的女兒，得到了天下的財富，做了天下的君主，也是如此。朱熹在此章曾引楊時的話說：「非孟子深知舜之心，不能爲此言。蓋舜惟恐不順於父母，未嘗自以爲孝也；若自以爲孝，則非孝矣。」（《四書集注》）因此在孟子看來，一個人終身順於父母、思慕父母，時時反省自己的所作所爲能不能獲得父母的歡心才是最大的孝。這種對父母的情感即使在父親設計謀陷害他，如放火燒他，挖井的時候用土埋他，妻子被弟弟佔有等等都不能有所改變，並且還要誠懇地表現出「象憂亦憂，象喜亦喜」（《萬章上》）的精神面貌。《離婁上》載：

> 孟子曰：「天下大悅而將歸己。視天下悅而歸己，猶草芥也。惟舜爲然。不得乎親，不可以爲人；不順乎親，不可以爲子。舜盡事親之道而瞽瞍厎豫，瞽瞍厎豫而天下化，瞽瞍厎豫而天下之爲父子

者定，此之謂大孝。」

舜在這裡被孟子進一步描述成爲了一個孝道的化身。所謂「不得乎親，不可以爲人；不順乎親，不可以爲子」，孝就是要愉悅父母的精神、意願。舜通過自身的努力，最終感化了父母，進而通過自己的孝行來教化天下，通過自己家庭的和睦來使天下獲得安定。由此可知，在孟子的思維世界中，堯舜等先王之道就是孝悌之道。

然而，在《論語》的記載中，孔子雖然對堯舜非常推崇，常常用「巍巍乎」這樣的字眼，認爲他們高不可攀，如堯的美德是按天道行事（《泰伯》），舜的美德是無爲而治（《衛靈公》）但是孔子並沒有涉及和論述父母陷害自己，而自己毫不反抗的這種孝悌之道。到了孟子，他憑藉著自己的知識和維護孔子王道信念的決心，將王道與歷史緊密結合起來。從歷史的經驗中總結出王道，然後又以自己理解的王道去解釋歷史。道與歷史這種雙向互動間的緊密聯繫決定了孟子對於歷史的興趣只是解釋性以及「以意逆志」性的。因此，孟子爲了將孔子的新孝道深入下去，於是將堯舜之道詮釋爲單純的孝悌之道。又如《盡心下》載：

> 孟子曰：「盡信書，則不如無書。吾於武成，取二三策而已矣。
> 仁人無敵於天下。以至仁伐至不仁，而何其血之流杵也？」

孟子認爲《書》中《武成》篇對武王伐紂，因死人過多而血流漂杵的記載是不眞實的。孟子給出的解釋是有道德的人應該是無敵於天下的。因此像武王這極爲仁道的人來討伐商紂這位極爲不仁的人，怎麼可能會血流漂杵呢？可見，孟子在這裡是以王道的觀念去解釋歷史，從而認爲《書》中的記載是不眞實的。因爲他並沒有拿出其他相關的確切歷史記載去反駁。孟子這種以道釋史、以道正史的精神在《萬章》篇中也有非常明顯的體現。如對堯舜禪讓的理論解釋就不同於《尚書》以及近年出土簡帛《唐虞之道》中的說法，《萬章上》載：

> 萬章曰：「堯以天下與舜，有諸？」孟子曰：「否。天子不能以
> 天下與人。」「然則舜有天下也，孰與之？」曰：「天與之。」「天與
> 之者，諄諄然命之乎？」曰：「否。天不言，以行與事示之而已矣。」
> 曰：「以行與事示之者如之何？」曰：「天子能薦人於天，不能使天
> 與之天下；諸侯能薦人於天子，不能使天子與之諸侯；大夫能薦人
> 於諸侯，不能使諸侯與之大夫。昔者堯薦舜於天而天受之，暴之於

民而民受之，故曰：天不言，以行與事示之而已矣。」曰：「敢問薦
之於天而天受之，暴之於民而民受之，如何？」曰：「使之主祭而百
神享之，是天受之；使之主事而事治，百姓安之，是民受之也。天
與之，人與之，故曰：天子不能以天下與人。

在《尚書》和《唐虞之道》以及當時社會上出現的禪讓思潮如燕王禪讓中，
天子之位的禪讓都是個人之間，或者統治者內部的事情，並沒有涉及到天下
的老百姓。但孟子認爲這是不對的。他認爲並不存在堯以天下與舜這種行爲，
天下是不可以私自相互授予的，治理天下的合法性只能是天和人共同賦予
的。從這裡進一步可以看出，孟子把個人對於權力的根據以及轉移應用到歷
史的解釋當中。他認爲只有符合王道的歷史解釋才是合理的。另外，這種解
釋也成爲孟子判斷當時流傳的孔子語錄是否爲眞孔子語錄的一個標準。如在
《萬章上》中，咸丘蒙與孟子談論到舜帝與其惡父瞽瞍相處的故事時，引用
了孔子對它的幾句評論：「於斯時也，天下殆哉，岌岌乎！」孟子回答道：「此
非君子之言，齊東野人之語也。」據趙岐《孟子章句》的說法，咸丘蒙是孟
子的弟子，他引用孔子這條語錄想去論證他對舜與瞽瞍相見時局促不安的情
況。但孟子認爲這條語錄以及舜與瞽瞍所代表的事，並不符合孟子對舜帝之
道的理解而認爲此語錄是「齊東野人」的僞造，而並不是眞正的孔子語錄。
即使孔子的這句話在《墨子‧非儒》以及《韓非子‧忠孝》等古籍中都有類
似的記載。

　　綜上可知，孟子通過對歷史經驗的總結，將堯舜等先王之道概括爲孝悌
仁義之道。然後又在效法堯舜的基礎上，將先王之道用於歷史的解釋。王道
與歷史的結合，在一定的程度上，爲孟子游說君王效法王道提供了歷史根據
以及君主實現仁政提供了一套理論原則。

第四節　王道與仁政

　　對於生活在大轉型時代的早期儒家學者來說，他們最關心的是能在禮壞
樂崩的現實中爲君主和萬民建立起一套穩定的道德政治秩序貢獻自己的智慧
與才幹。自孔子提出「道之以德，齊之以禮」、「爲政以德」的政治思想後，
七十子及其弟子在國家政治思想領域基本上沿著孔子的腳步前進。到孟子
時，他在性善論的基礎上明確提出了「仁政」的道德政治理念。孟子說，「以
不忍人之心，行不忍人之政，治天下可運之掌上。」（《公孫丑上》）所謂「仁

政」也就是將每個人內心中所固有的仁義信念以及堯舜等先王所代表的仁義之道在現實社會的具體政策中落實。在國家內部的施政方針上，孟子強調必須要以仁義爲最高根本，時時刻刻體現出仁義。孟子見梁惠王，開篇即提出了這一原則。《梁惠王上》：

> 孟子見梁惠王。王曰：「叟不遠千里而來，亦將有以利吾國乎？」
> 孟子對曰：「王何必曰利？亦有仁義而已矣。王曰何以利吾國；大夫曰何以利吾家；士庶人曰何以利吾身。上下交征利，而國危矣！萬乘之國，弒其君者，必千乘之家；千乘之國，弒其君者，必百乘之家。萬取千焉，千取百焉，不爲不多矣。苟爲後義而先利，不奪不饜。未有仁而遺其親者也；未有義而後其君者也。王亦曰仁義而已矣，何必曰利？」

在《孟子》一書中，「仁政」一詞一共出現了十次，貫穿了孟子中年之後的政治活動和思考當中。《梁惠王上》載：

> 王如施仁政於民，省刑罰，薄稅斂，深耕易耨。壯者以暇日修其孝悌忠信，入以事其父兄，出以事其長上，可使制梃以撻秦楚之堅甲利兵矣。

這是在與梁惠王對話時，孟子論述仁政的一段話。從《孟子》全書來看，他對仁政的述說基本上是在與君王的對談中才涉及到。可以說他是通過批評當時的現實政治制度進而闡述自己的仁政思想的〔註 33〕。在這段話中，「省刑罰」以下是對仁政的具體說明。可以看出，仁政包含了從政治、法律、經濟，一直到文化教養等多方面內容的原則。但這還不是它的全部內容。如在軍事、外交等方面，也體現著孟子的仁政思想。這些具體的措施，最終目標是獲得人民的支持。《離婁上》載：

> 孟子曰：「桀紂之失天下也，失其民也；失其民者，失其心也。
> 得天下有道：得其民，斯得天下矣；得其民有道：得其心，斯得民矣；得其心有道：所欲與之聚之，所惡勿施爾也。民之歸仁也，猶水之就下、獸之走壙也。

在孟子生活的戰國社會，諸侯紛爭，兼併激烈，民心向背成爲一個國家生死

〔註33〕 如在《梁惠王上》中，孟子批評當時包括梁惠王在內的君王的爲政之道說：「庖有肥肉，廄有肥馬，民有饑色，野有餓莩，此率獸而食人也。獸相食，且人惡之。爲民父母，行政，不免於率獸而食人。惡在其爲民父母也？」

存亡的關鍵所在。孟子敏銳地發現了這一點，他以歷史上的夏桀與商紂爲例，指出：桀與紂失去天下的原因在去失去了民眾的支持，而失去民眾的關鍵在於他們失去了民心。由此，孟子得出結論說：「得其民，斯得天下矣；得其民有道：得其心，斯得民矣。」他將權力的基礎安放到了民心之上。如果民眾不支持一個政權，那麼天命就會隨之轉移。因此，孟子在其他地方，他又將「天」作爲政權的合法性來源。其實天和民意在很大程度上來說它們是相通的。孟子希望通過形而上的天，對君主和他在落實具體政治措施時施以要求和限制。在《萬章上》一章中，孟子論述了王權的合法來源。他主張「天子不能以天下與人」，而只能由「天與之，人與之」。在之後，他引用《尚書·泰誓》的話來做相應的佐證：「《泰誓》曰：『天視自我民視，天聽自我民聽』，此之謂也。」君主統治的權力是否合法取決於天以及與天相通的「民心」。因此，君主在實行具體措施的時候，必須要考慮民眾的意見。一切以民眾的需要出發，他們所希望的，爲他們聚積起來；他們所厭惡的，不要強加在他們頭上。做到愛民保民，與民同樂。不僅如此，孟子在「民爲邦本」（《尚書·五子之歌》）的基礎上進一步提出了「民貴君輕」的思想。《盡心下》載：

> 孟子曰：「民爲貴，社稷次之，君爲輕。是故得乎丘民而爲天子，得乎天子爲諸侯，得乎諸侯爲大夫。諸侯危社稷，則變置。」

在民、社稷、君三者之間，孟子認爲君是最輕的，而民是最貴的。值得注意的是，民貴之貴不是貴賤意義上的，而是輕重意義上的。就貴賤來說，當然是君貴民賤；而就輕重來講，則是君輕而民重。因爲民關乎到國家社稷的安危。於是，如果諸侯自身的腐敗而危害到社稷安危，那麼民眾有權力去更換變置。所謂「君有大過則諫，反復之而不聽，則易位。」（《萬章下》）。因此，民眾的民心相背、生死存亡自然而然也就成爲了檢驗仁義原則的最佳渠道了。有了仁義爲最高原則和「以民爲本」的檢驗標準後，那麼君主到底如何實施呢？

第一、仁君在位，賢士在職

對於以仁心推仁政的道德政治學說，孟子認爲仁政的實施必須先從君主的內部修養開始。然後在此基礎上，尊重賢才，任用能人。孟子說：「君仁莫不仁，君義莫不義，君正莫不正。一正君而國定矣。」（《離婁上》）程頤對此

有一個非常好的解釋，他說：「天下之治亂，繫乎人君之仁與不仁耳。心之非，即害於政，不待乎發之於外也。昔者孟子三見齊王而不言事，門人疑之。孟子曰：『我先攻其邪心，心既正，而後天下之事可從而理也。』夫政事之失，用人之非，知者能更之，直者能諫之。然非心存焉，則事事而更之，後復有其事，將不勝其更矣；人人而去之，後復用其人，將不勝其去矣。是以輔相之職，必在乎格君心之非，然後無所不正；而欲格君心之非者，非有大人之德，則亦莫之能也。」（朱熹《四書集注》）反之，「不仁而在高位，是播其惡於眾也。」（《離婁上》）孟子說：「仁則榮，不仁則辱。今惡辱而居不仁，是猶惡濕而居下也。如惡之，莫如貴德而尊士，賢者在位，能者在職。」（《公孫丑上》）如果「天子不仁」，那麼「不保四海」，對於諸侯卿大夫也是如此，「諸侯不仁，不保社稷，卿大夫不仁，不保宗廟」。（《離婁上》）

　　君主除了以仁修身外，更重要的是為國家選拔優秀的人才。如果國君光有實施仁政的心，而身邊沒有賢士輔佐也不行。如孟子說：「無或乎王之不智也。雖有天下易生之物也，一日暴之，十日寒之，未有能生者也。吾見亦罕矣，吾退而寒之者至矣，吾如有萌焉何哉？」（《告子上》）意思是說，王的不聰明（不知道如何實行王道），是不足為怪的。因為聚集在他周圍的姦臣之士要比真心實施仁政的人多得多。我和王見面的機會少之又少，而當我一離開，他那實施仁政的心就被淹沒了。他雖然有善良之心，又有什麼用呢？另外，對於選拔賢士俊傑應該是不拘一格的，只好他賢能而有修養，那麼就值得提拔。孟子曾用歷史選賢任能的例子說：「舜發於畎畝之中，傅說舉於版築之間，膠鬲舉於魚鹽之中，管夷吾舉於士，孫叔敖舉於海，百里奚舉於市。」這些賢能的人都是從不同身份、地位、職業中而產生，最後有的成了國家元首，有的成為治國的重臣。另外，君主在選拔賢能志士時必須致敬盡禮：

　　　　孟子曰：「古之賢王好善而忘勢，古之賢士何獨不然？樂其道而
　　　忘人之勢。故王公不致敬盡禮，則不得亟見之。見且由不得亟，而
　　　況得而臣之乎？」（《盡心上》）

古代賢君賢士都是能忘記權勢而喜好善德的。因此，王公貴族不恭敬盡禮地去對待他們，那麼就不能多次地見到他們，更不要說以他們為臣了。孟子進而得出：「欲見賢人而不以其道，猶欲其入而閉之門也。夫義，路也；禮，門也。惟君子能由是路，出入是門也。」（《萬章下》）通過「尊賢使能」達到「俊傑在位」，那麼「天下之士皆悅而願立於其朝矣！」（《公孫丑上》）

第二、制民之產，輕繇薄賦

　　這既是孟子經濟上的主張，也是孟子民本思想的體現。他說：「民事不可緩也。……民之爲道也，有恆產者有恒心，無恆產者無恒心。苟無恒心，放辟邪侈，無不爲已。及陷乎罪，然後從而刑之，是罔民也。焉有仁人在位，罔民而可爲也？」（《滕文公上》）孟子認爲老百姓如果「無恆產」，那麼就會「無恒心」。因此只有使百姓有固定的產業，以及可靠的經濟來源，這樣才能讓百姓穩定而不作亂。一旦沒有沒有恒心，就會放蕩胡來，無所不爲，無所不做。等到陷入罪網，然後整治他們，就叫做「罔民」。因此，國君一定要「制民之產」，「故明君制民之產，必使仰足以事父母，俯足以畜妻子，樂歲終身飽，凶年免於死亡；然後驅而之善，故民之從之也輕」。（《滕文公上》）百姓手中的財產必須能夠保證「仰足以事父母，俯足以畜妻子，樂歲終身飽，凶年免於死亡」。生存問題解決之後，那麼禮義的教化才有一個堅實的基礎。正所謂「倉廩實而知禮節，衣食足而知榮辱」。

　　對於如何實現「制民之產」，孟子提出了恢復古代的井田制度，他說：

> 夫仁政，必自經界始。經界不正，井地不鈞，穀祿不平。是故暴君污吏必慢其經界。經界既正，分田制祿可坐而定也。夫滕壤地褊小，將爲君子焉，將爲野人焉。無君子莫治野人，無野人莫養君子。請野九一而助，國中什一使自賦。卿以下必有圭田，圭田五十畝。餘夫二十五畝。死徙無出鄉，鄉田同井。出入相友，守望相助，疾病相扶持，則百姓親睦。方里而井，井九百畝，其中爲公田。八家皆私百畝，同養公田。公事畢，然後敢治私事，所以別野人也。此其大略也。若夫潤澤之，則在君與子矣。」（《滕文公上》）

孟子認爲，仁政的實施在經濟上必須從治地分田開始。而井田制的本質特點正在於把土地分給單個家庭並定期實行重新分配。〔註34〕這種制度在確保國家賦稅的同時，也保障了百姓的生存權力。朱熹解釋說：「經界，謂治地分田，經畫其溝塗封植之界也。此法不修，則田無定分，而豪強得以兼併，故井地有不鈞；賦無定法，而貪暴得以多取，故穀祿有不平。此欲行仁政者之所以必從此始，而暴君污吏則必欲慢而廢之也。」（《四書集注·滕文公上》）可知，正經界在孟子看來乃是每個家庭分有田地的一個重要保證，其中也包含著抑

〔註34〕金景芳：《論井田制度》，《金景芳儒學論集》（下冊）〔M〕成都：四川大學出版社，2010 年 5 月，第 661 頁。

制豪強和貪暴的考慮，所以仁政必自此始。百姓生活好了，自然而然就會信任和擁護國家政權。這樣君主就贏得了民心，而獲得政權的穩定。值得注意的是孟子對井田制的推崇並不是無的放矢，而是與當時法家「廢井田，開阡陌」、「獎勵耕戰」以及允許宅圃買賣等一系列爲了無止境的戰爭的變法有著密切的關聯。另外通過恢復井田制給予農民土地，除了在一定程度上保障人民基本生活水平外，可以將農民固定在土地上，防止人民因土地流失、飢餓等一系列形成流民現象，從而增加社會的穩定。

　　稅賦政策在仁政的設計中也佔有重要的地位。孟子從分工的角度探討了一個國家中一定有君子和野人的分別，君子勞心，是野人的治理者；野人勞力，負責給養君子。因此，對於被治理者來說，就必須要在固定的時間內繳納相應的稅賦。孟子的基本想法是「薄稅斂」（《梁惠王上》）但也不能太低，如「二十而取一」（《告子下》）薄稅斂主要是爲了針對官吏們爲富不仁現象的出現。孟子通過對夏商周三代稅收政策的比較分析後說：「夏后氏五十而貢，殷人七十而助，周人百畝而徹，其實皆什一也。徹者，徹也；助者，借也。」他們的大體相近，都是十取一的稅收。而具體的做法則是「市廛而不徵，法而不廛」、「關譏而不徵」、「耕者助而不稅」、「廛無夫里之布」，這樣一來，天下的商人、旅客、農夫、百姓等等都會感到高興而願意成爲這個國家的一員，鄰近國家的老百姓都會像對待爹娘一樣地愛慕他。（見《公孫丑上》）如果不這樣，而「使老稚轉乎溝壑，惡在其爲民父母也？」（《滕文公上》）並且，這些有利與人民和國家的政策，對於一個實行王道的國家來說，應立即實施，而不應有所拖延。《滕文公下》載：

　　　　戴盈之曰：「什一，去關市之徵，今茲未能。請輕之，以待來年，
　　然後已，何如？」孟子曰：「今有人日攘其鄰之雞者，或告之曰：『是
　　非君子之道。』曰：『請損之，月攘一雞，以待來年，然後已。』如
　　知其非義，斯速已矣，何待來年。」

戴盈之，趙岐《注》云：「宋大夫。」戴盈之作爲宋國的執政大夫認爲稅率改爲十分抽一，免除關卡和商品的賦稅，今年還辦不到，可以先輕一點，然後等到明年再決定實行，怎麼樣？孟子用一個偷雞的比喻說，既然明知道這種行爲不合理，就應該馬上停止，爲什麼還要等到明年呢？對於急於用世的孟子來說，他希望王道仁政馬上就能夠獲得實行，以拯救生活在水深火熱中的百姓。

第三、敦教化，明人倫

孟子繼承孔子「富之教之」的理念，認爲百姓的基本生活有了保障後，還應該對其進行教育，否則「飽食、暖衣、逸居而無教，則近於禽獸」（《滕文公上》）。在孟子看來，教育是保證人們區別於禽獸的重要手段。教育的最根本的目的不是著重對外部世界知識與眞理的探求，而在於「明人倫」。《滕文公上》載：

> 設爲庠序學校以教之：庠者，養也；校者，教也；序者，射也。
> 夏曰校，殷曰序，周曰庠，學則三代共之，皆所以明人倫也。人倫
> 明於上，小民親於下。有王者起，必來取法，是爲王者師也。

「庠序之教」是三代共同關注的，他們學習的最終目的都是相同的，即「皆所以明人倫也」。人倫不明，則治家無法；治家無法，則百姓不親；百姓不親，則九族不睦，由此社會的穩定秩序也就無法在農業爲本的社會中有效的建立起來。聖人作爲「人倫之至」，「百世之師」，爲了使百姓與禽獸相區別開來，必須給與百姓在人倫上的教化：「聖人有憂之，使契爲司徒，教以人倫：父子有親，君臣有義，夫婦有別，長幼有序，朋友有信。」（《滕文公上》）人倫主要體現在五種關係方面：父子、君臣、兄弟、夫婦、朋友。相反，沒有這五倫關係，或者這五倫關係處理不好，那麼就如禽獸一般。所謂「無父無君，是禽獸也」（《滕文公下》）。值得注意的是，孟子認爲，人倫中的雙方都是要遵守一定的「規矩」。如父子之間用親來維繫，君臣之間則用義來節制。在這雙向的倫理關係中，如父子、夫婦、兄弟之間的關係。應該既有子對父的孝，又有父對子的慈；既有婦對夫的順，又有夫對婦的養；既有悌，又有兄對弟的愛。但是，在《孟子》一書中，他更關注的是子對父、婦對夫、弟對兄的責任一面。如「不得乎親，不可以爲人；不順乎親，不可以爲子」（《離婁上》）、「女子之嫁也，母命之，往送之門，戒之曰：『往之女家，必敬必戒，無違夫子！』以順爲正者，妾婦之道也」（《滕文公下》）、「義之實，從兄是也」（《離婁上》）、「徐行後長者謂之弟，疾行先長者謂之不弟」（《告子下》）而對父對子、夫對婦、兄對弟的責任卻講得非常之少。這與孟子在他的歷史觀的指導下，提出堯舜等先王之道爲孝悌之道是一致的。因此，在孟子「天下之本在國，國之本在家，家之本在身」的思維世界中，人倫秩序這五方面做好了，那麼人就做到了人之爲人的本分，整個社會也就和諧穩定了。對於處在高位的勞心者的君子們來說，必須要設立相關的學校，通過教育使百姓自覺的「明

人倫」。正所謂「善政不如善教之得民也。善政民畏之；善教民愛之。善政得民財，善教得民心」（《盡心上》）。

第四、反對不義戰爭

孟子生活在一個「爭地以戰，殺人盈野；爭城以戰，殺人盈城」（《離婁上》）的時代。對於當時的人民所受的「倒懸」之苦，他有著深切的體會，「王者之不作，未有疏於此時者也；民之憔悴於虐政，未有甚於此時者也」（《公孫丑上》）。因此，對於一切不義之戰，孟子都是反對的。他說，「春秋無義戰」（《盡心下》），「善戰者服上刑」（《離婁上》）。這些不義的戰爭，在孟子看來，只是滿足他們「闢土地，朝秦楚，蒞中國而撫四夷也」（《梁惠王上》）貪婪的欲望罷了，而並不是以民眾的幸福、利益為根本。那些「不鄉道，不志於仁」的君主，如果事君的臣子們還為他發動戰爭、闢土地、充府庫，在孟子看來這是在助紂為虐。另外這些在今人看來是良臣的人，在古代其實就是所謂的「民賊」罷了。值得注意的是，孟子並不反對一切戰爭。對於以至仁伐不仁和救民於水火的戰爭，孟子是給予支持的。《梁惠王下》載：

> 齊宣王問曰：「湯放桀，武王伐紂，有諸？」孟子對曰：「於傳有之。」曰：「臣弒其君可乎？」曰：「賊仁者謂之賊，賊義者謂之殘，殘賊之人謂之一夫。聞誅一夫紂矣，未聞弒君也。」

孟子在回答齊宣王關於商湯流放夏桀、武王討伐殷紂的問題時，孟子認為並不是以下犯上、以臣弒君。因為桀紂是賊仁賊義之人，而商湯與武王則代表著正義的一面。以正義的一面去討伐殘暴的一方，是被允許的。這一觀點與孟子對待齊國伐燕國的態度是一致的。《梁惠王下》載：

> 齊人伐燕，勝之。宣王問曰：「或謂寡人勿取，或謂寡人取之。以萬乘之國伐萬乘之國，五旬而舉之，人力不至於此。不取，必有天殃。取之，何如？」孟子對曰：「取之而燕民悅，則取之。古之人有行之者，武王是也。取之而燕民不悅，則勿取。古之人有行之者，文王是也。以萬乘之國伐萬乘之國，簞食壺漿，以迎王師。豈有他哉？避水火也。如水益深，如火益熱，亦運而已矣。」

取燕還是不取燕，孟子認為應該以燕民的意志為標準。如果取之而燕民悅，那麼就可以像武王一樣取而代之；如果取之而燕民不悅，那麼就應該如文王一樣敬德修身而勿取。現在燕民生活在水深火熱當中：「今燕虐其民，王往而

征之。民以爲將拯己於水火之中也，簞食壺漿，以迎王師。」(《梁惠王下》)
因此，齊人伐燕而能勝之。但這並不意味著齊國就有兼併取代燕國的權力。
因爲除了燕國人民生活在政治腐敗、暴虐無道的客觀原因外，還需要討伐者
自身具備像文武王一樣的德性才行。所以孟子進一步說到：「爲天吏，則可以
伐之。」(《公孫丑下》)而齊國不僅不行仁政，還「殺其父兄，繫累其子弟，
毀其宗廟，遷其重器」，結果使得齊國伐燕國就如「以燕伐燕」一般。燕國人
民肯定是不同意的。由此可知，孟子在對待戰爭的態度上，一切都是以民眾
的意願爲根本的。對於違反民意的不義之戰，孟子是絕對反對的。另外，在
游說君主，反對戰爭上，也是如此。《告子下》中記載宋輕打算以秦楚兩國交
戰的利弊去說服他們停止戰爭，而孟子認爲這是不可取的。孟子認爲如果君
主在原則上提倡利益，那麼就會「懷利以相接，然而不亡者未之有也」。在游
說的態度上先生您應該「以仁義說秦楚之王」，那麼「秦楚之王悅於仁義，而
罷三軍之師，是三軍之士樂罷而悅於仁義也……懷仁義以相接也，然而不王
者，未之有也。何必曰利？」

通過以上論述可知，孟子的仁政實施主要體現在政治、經濟、教育、戰
爭等方面，包括了選賢任能、制民之產、輕繇薄賦、人倫教化以及反對不義
戰爭等具體措施。這些具體政策措施的提出，都是以堯舜等先王的仁義之道
爲標準，也即是以民爲本的標準。如果一項措施不能得到民眾的支持，那麼
就不能獲得民心；不能獲得民心，那麼也就會失去天下。孟子曰：「桀紂之失
天下也，失其民也；失其民者，失其心也。」(《離婁上》)通過對先王之道和
仁政的闡釋，大體可以知道孟子王道思想的核心是建立在性善論基礎上的民
本論，而在精神上表現爲仁義至上的原則。

第五節　王霸之辨

王霸之辨是孟子王道思想的核心問題之一，它對中國人的政治意識影響
非常之大。對於王道的維護與霸道的批評可以說貫穿了孟子一生的政治活動
以及學術思考。由王霸之辨以及與此相關聯的義利之辨、人禽之辨、人性之
辨等給孟子帶來了「好辯」之名。「公都子曰：『外人皆稱夫子好辯，敢問何
也？』孟子曰：『予豈好辯哉？予不得已也。』」(《滕文公下》)但孟子並不認
爲自己是好辯的，他是爲了維護心目中的王道，不得已才去辯論的。通過辯
論孟子希望達到「正人心，息邪說，距詖行，放淫辭，以承三聖者」的目的。

從而避免「仁義充塞，則率獸食人，人將相食」的現象出現。

在《孟子》一書中，一共有四次直接論述到王霸之辨。其中最有名的爲「以力假仁者霸」，「以德行仁者王」。《公孫丑上》載：

> 孟子曰：「以力假仁者霸，霸必有大國。以德行仁者王，王不待
> 大：湯以七十里，文王以百里。以力服人者，非心服也，力不贍也。
> 以德服人者，中心悅而誠服也，如七十子之服孔子也。詩云：自西
> 自東，自南自北，無思不服。此之謂也。」

朱熹《孟子集注》中說：「力，謂土地甲兵之力。假仁者，本無是心，而借其事以爲功者也。霸，若齊桓晉文是也。以德行仁，則自吾之得於心者推之，無適而非仁也。」可知，孟子認爲，霸者並非不行「仁」，而只是將行仁當成一種推行武力治理的手段而已，並不是發自內心的去行仁。他之所以能成爲霸主，是因爲他是「大國」的土地、甲兵等外在力量；相反，推行王道的人，則靠的是「以德服人」，而並非外在的強力。所謂「王不待大」指王道理想在孟子看來，即使是小國也會最終會實現的，它並沒有像霸道那樣必須依賴大國才能稱霸諸侯。另外，「以力假仁者」雖然可以暫時成就霸業，威武一時，但並不能使被征服者心悅誠服；而「以德行仁者」雖然暫時力量弱小，但鄰國之人心嚮往之，四海歸心，最終能爲王天下的。值得注意的是，孟子的王者「以德服人」說，與孔子「居其所而眾星共之」、「德風德草」、「修文德」以「來遠人」的德治、德化思想是一致的。孟子用「以德行仁」和「以力假仁」來區別「王」、「霸」，這爲兩者在內在的道德目的和價值原則上奠定了基礎。

這種「以德行仁」的王道思想以及「以力假仁」的霸道思想，反映到孟子對歷史的評價上，表現爲三王與五霸的區別。《告子下》載：

> 孟子曰：「五霸者，三王之罪人也；今之諸侯，五霸之罪人也；
> 今之大夫，今之諸侯之罪人也。天子適諸侯曰巡狩，諸侯朝於天子
> 曰述職。春省耕而補不足，秋省斂而助不給。入其疆，土地闢，田
> 野治，養老尊賢，俊傑在位，則有慶，慶以地。入其疆，土地荒蕪，
> 遺老失賢，掊克在位，則有讓。一不朝，則貶其爵；再不朝，則削
> 其地；三不朝，則六師移之。是故天子討而不伐，諸侯伐而不討。
> 五霸者，摟諸侯以伐諸侯者也，故曰：五霸者，三王之罪人也。

三王時期，孟子認爲天子有其德，行其道。外出巡守，能補不足而助不給。

考察政績，有功者賞，有罪者罰。而對於諸侯的述職，一次不朝，就降低爵位；兩次不朝，就削減土地；三次不朝，就調動軍隊，去變置其君。而後來的五霸則是憑藉著武力，挾持一部分諸侯來攻伐另一部分諸侯。三王行的是以仁義為本的王道，五霸行的是以力為根的霸道。在孟子看來，霸道是對王道的偏離，所以五霸是三王的罪人。也正是在這個意義上，孟子在齊宣王問他「齊桓、晉文之事，可得聞乎？」的時候，他說：「仲尼之徒無道桓文之事者，是以後世無傳焉，臣未之聞也。」（《公孫丑上》）另外對於學生拿自己與管仲相提並論，表示出特別的不屑〔註35〕可以看出，孟子在王道與霸道對舉的時候，表現出強烈的尊王賤霸的意識。這也如孟子在義利對舉的時候，表現出對義的推崇與對利的貶斥。

　　王道與霸道的區別，還表現為得天下與得國的區別。在本文第二章「孔子對王道信仰的構建」中，曾對孔子「王道與天下」的關係進行了梳理。認為孔子的王道思想是站在「天下」的角度來思考問題的。「天下」不是單純地理學意義上的「天底下所有的土地」，而是一種世界一家的文化理念。王道所代表的是這種世界一家文化理念中仁義至上的精神原則。在孟子的思維世界中，他繼承了孔子以文化定義「天下」的理念，並且對天下與國的內涵作了嚴格的區分：

> 堯舜之道，不以仁政，不能平治天下。……人有恆言，皆曰『天下國家』。天下之本在國，國之本在家，家之本在身。（《離婁上》）

> 一鄉之善士，斯友一鄉之善士；一國之善士，斯友一國之善士；天下之善士，斯友天下之善士。（《萬章下》）

> 好善優於天下，而況魯國乎？（《告子下》）

> 不仁而得國者，有之矣；不仁而得天下，未之有也。（《盡心下》）

天下和國家的區分與當初周代「封邦建國」制度有著密切的聯繫。國家只是被分封諸侯所在的勢力範圍，而天下則是周天子所總管各個諸侯以及自己所在地的勢力範圍。在政權的形式上來說，天下屬於當時的中央政權，而諸侯國則屬於地方政權。因此有「天下國家」以及治國、平天下的說法。但是隨著封邦建國制度的解體，幾乎每個大的諸侯在孟子的時候都已經稱王。因此這些諸侯王都想憑藉著自己的武力而一統天下。孟子認為這是不可能的。在

〔註35〕見《孟子·公孫丑上》首章。

孟子看來，天下代表的是一種文化理念，只有以堯舜之道，行仁政才能平治天下。他說「不仁而得國者，有之矣」，但是「不仁而得天下，未之有也」。憑藉武力縱然可以一時得勢，在諸侯中稱霸，但是必然會引起其他國家的畏懼，而招致天下的反抗。只有善與仁義的王道才能平治天下，霸道即使能成功，那也只是一時之氣，不能長久。

那麼在孟子看來如何以王道實現天下的一統呢？

> 孟子見梁襄王。出，語人曰：「望之不似人君，就之而不見所畏焉。卒然問曰：『天下惡乎定？』吾對曰：『定於一。』『孰能一之？』對曰：『不嗜殺人者能一之。』『孰能與之？』對曰：『天下莫不與也。王知夫苗乎？七八月之間旱，則苗槁矣。天油然作雲，沛然下雨，則苗浡然興之矣。其如是，孰能禦之？今夫天下之人牧，未有不嗜殺人者也，如有不嗜殺人者，則天下之民皆引領而望之矣。誠如是也，民歸之，由水之就下，沛然誰能禦之？』」（《梁惠王上》）

> 今王發政施仁，使天下仕者皆欲立於王之朝，耕者皆欲耕於王之野，商賈皆欲藏於王之市，行旅皆欲出於王之塗，天下之欲疾其君者皆欲赴愬於王。其若是，孰能禦之？（同上）

> 王如施仁政於民，省刑罰，薄稅斂，深耕易耨。壯者以暇日修其孝悌忠信，入以事其父兄，出以事其長上，可使制梃以撻秦楚之堅甲利兵矣。（同上）

> 且王者之不作，未有疏於此時者也；民之憔悴於虐政，未有甚於此時者也。饑者易爲食，渴者易爲飲。此言其時之易也。自文武至此七百餘年，異於商之賢聖繼作；民苦虐政之甚，異於紂之猶有善政。易爲飲食，言饑渴之甚，不待甘美也。孔子曰：『德之流行，速於置郵而傳命。』當今之時，萬乘之國行仁政，民之悅之，猶解倒懸也。（《公孫丑上》）

以上類似的說法在《孟子》一書中有很多。孟子在與國君交談如何實現天下統一的時候，他主張只要將王道中的仁義道德落實下來就可以獲得天下一統。在這裡孟子認爲統一天下既簡單也複雜。簡單的一面認爲，只要是不愛好殺人的國君，那麼就能統一天下。這與他對三代歷史興亡的概括是一致的，「三代之得天下也以仁，其失天下也以不仁」（《離婁上》）。在那個戰亂紛飛的年代，不嗜好殺人，就是王道中「仁義」的體現；複雜的一面認爲，君

主所代表的政府在實施具體的政策是要以仁義爲指導，以民生爲核心，從而
施仁政於民。所謂「省刑罰，薄稅斂，深耕易耨。壯者以暇日修其孝悌忠信，
入以事其父兄，出以事其長上，可使制梃以撻秦楚之堅甲利兵矣」。具體的仁
政措施，在上一節中已經做了詳細的探討。這些說法總結起來就是「行仁政
而王，莫之以禦也」（《公孫丑上》），「保民而王，莫之能禦也」（《梁惠王上》）。
仁政就如解民於倒懸、救民於水火的萬能良藥，爲了統一天下，萬乘之國如
此，處於夾縫中的小國也應如此。在《梁惠王下》中，滕文公問如何以小國
事大國的問題時，孟子說：

> 昔者大王居邠，狄人侵之。事之以皮幣，不得免焉；事之以犬
> 馬，不得免焉；事之以珠玉，不得免焉；乃屬其耆老而告之曰：「狄
> 人之所欲者，吾土地也。吾聞之也，君子不以其所以養人者害人。
> 二三子何患乎無君，我將去之。」去邠，踰梁山，邑於岐山之下居
> 焉。邠人曰：「仁人也，不可失也。」從之者如歸市。或曰：「世守
> 也，非身之所能爲也。效死勿去。」君請擇於斯二者。

又：

> 滕文公問曰：「齊人將築薛，吾甚恐，如之何則可？」孟子對
> 曰：「昔者大王居邠，狄人侵之，去之岐山之下居焉。非擇而取之，
> 不得已也。苟爲善，後世子孫必有王者矣。君子創業垂統，爲可繼
> 也。若夫成功，則天也。君如彼何哉？強爲善而已矣。」

太王被迫服從狄夷，是以小事大。在此艱難的處境下，不管是太王事皮幣、
犬馬還是遷都等事務，他都是以百姓的生命安危爲根本目的，而不以個人的
君位爲念。因此，在遷移到岐山之下居住時，百姓都原因跟從他。孟子在此
建議滕國或效法太公遷徙它地，或「守正而俟死」。對於齊國打算在滕國附近
修築薛城的事實，孟子認爲只有努力施行仁政而已。如果能施行仁政，後世
子孫必定會有人能稱王天下的。所謂「以德行仁者王，王不待。大湯以七十
里，文王以百里」（《公孫丑上》）。由此可知，不管是大國還是小國，孟子在
談論如何實現一統天下時，都是以仁義爲最高原則的。只要擴仁心、發仁政，
終有一天會實現天下一統的。

　　綜上所述，孟子對王道與霸道的區分，可以說是在以力爲政的「現實政
治」中，提供了一個與之相抗衡的「理想政治」。這種「理想政治」最初來源
於孔子，後經孔門弟子的發展與醞釀，到孟子時，得到了進一步的發展。孟

子不僅是王道主義的提倡者，也是它的踐行者。他為了王道這個理想奮鬥了整整一生。儘管王道顯得有些理想主義，並在君主看來「迂闊而遠於事情」而最終沒有獲得實行，但是孟子那種毫不妥協、「不可枉道而從彼」的精神，為後人樹立了一個以道統向政統相抗衡的榜樣。

第四章　荀子王道思想論

　　戰國之世，道術分裂，諸子百家各立門戶，各是所是各非所非。即使在儒家內部也出現了巨大的分裂。韓非子《顯學》顯學篇中就記載有儒分爲八的事實。隨著社會歷史的發展，國與國之間的兼併現象日趨嚴重，進而呈現出天下一統的潮流。對於如何在理論上爲全國一統提供指導，各個學派都提供了自己的意見。孟子的「王道」思想因「迂遠而闊於事情」被君主們捨棄。君王們希望的是有一種方法能在短時間內實現富國強兵，而孟軻述唐、虞、三代之德，對於他們來說太不切實際了。然而，以合縱連橫的縱橫家，以攻伐爲本的兵家，以法術勢爲要的法家等等人物，在當時卻備受君主寵愛。雖然孟子本人的「王道」思想沒有受到君王的重視，但是受孟子影響的鄒衍卻備受君王矚目。根據司馬遷的《孟子荀卿列傳》記載：

　　　　鄒衍，後孟子。鄒衍睹有國者益淫侈，不能尚德，若大雅整之於身，施及黎庶矣。乃深觀陰陽消息而作怪迂之變，《終始》、《大聖》之篇十餘萬言。……稱引天地剖判以來，五德轉移，治各有宜，而符應若茲。……然要其歸，必止乎仁義節儉，君臣上下六親之施，始也濫耳。……適梁，惠王郊迎，執賓主之禮。適趙，平原君側行撇席。如燕，昭王擁彗先驅，請列弟子之座而受業，築碣石宮，身親往師之，作《主運》。

　　鄒衍在孟子之後，他將陰陽消息等變化觀念用於解釋五德轉移，爲三代歷史等改朝換代提供了一種解說方式。這種解釋可以說最初是從思孟而來。五行最初指金木水火土等五種元素。五行的相生相剋隨著歷史的發展而逐漸

完滿。〔註1〕而思孟學派則將舊有的五行觀念裝入了「仁義禮智聖」等德目。馬王堆帛書以及郭店簡《五行》的出土證實了這一歷程。這一改變，使得五行不止是簡單的五種元素的相互變動，也變成了「仁義禮智聖」之間的相互變化。這相互之間的轉變無形當中為鄒衍的五德轉移說的提出奠定了基礎。另外孟子多論述「五百年必有王者出」，以及民心轉移之「運」。這種民心轉移則代表了天命的轉移，孟子說「如水益深，如火益熱，亦運而已矣」。這種天命之間的運轉變化，也在很大程度上為鄒衍的《終始》、《主運》中主張的「五德終始論」打下了根基。鄒衍在此基礎上將陰陽與五行相結合起來，由此為取代火德周的水德的國家（秦朝）作出了預言。雖然鄒衍的學術根本繼承孟子在於「仁義節儉，施於君臣上下六親」，但是也為巫祝、機祥、讖緯等神秘主義的出現埋下了伏筆。因此，在荀子看來，為了繼續推行孔子的「王道」思想，必須對思孟學派，特別是他們將「五德」併入「五行」的思想作出徹底的批評。在《非十二子》一文中，荀子說：

> 略法先王而不知其統，然而猶材劇志大，聞見雜博。案往舊造說，謂之「五行」，甚僻違而無類，幽隱而無說，閉約而無解，案飾其辭而祗敬之曰，「此真先君子之言也。」子思唱之，孟軻和之，世俗之溝猶瞀儒嚾嚾然不知其所非也，遂受而傳之，以為仲尼、子游為茲厚於後世。是則子思、孟軻之罪也。

從這裡進一步可知，荀子認為思孟是將「仁義禮智聖」五種德目引入到傳統五行相生相剋觀念當中的罪人。這種引入使得「甚僻違而無類，幽隱而無說，閉約而無解」等神秘主義開始在學術理論界流行。司馬遷說：「荀卿嫉濁世之政，亡國亂君相屬，不遂大道而營於巫祝，信機祥，鄙儒小拘。」（《孟子荀卿列傳》）鄙儒在荀子眼中就是以思孟為代表的一類儒者。這些觀念的變動造成了鄒衍的五德轉移說以及陰陽、讖緯等數術觀念的氾濫。因此，荀子為了維護孔子為首的儒家正道，不得不對思孟等儒者做出激勵的批評。當然對處於歷史大統一前夕的荀子來說，僅僅對儒門內部的思想作出評論與分析是遠遠不夠的。為了能使自己的「王道」思想獲得君主們的認可與支持，也必須對其他學派的觀點進行批判與吸收。在《荀子》三十二篇中，可以發現存在著大量批判諸子百家的言論。其中以《非十二子》、

〔註1〕 相關研究可以參看王博的《子思五行說與傳統五行說的關係》，見《簡帛思想文獻論集》〔M〕，臺北：臺灣古籍出版有限公司，2001年版。

《正論》、《樂論》、《解蔽》、《天論》等最為典型。《天論》與《解蔽》篇謂：墨子、老、莊、慎到、宋鈃、申不害等各家皆有所偏，皆有所弊，而不見道之全體。《樂論》篇則主要以墨子為批評對象，《正論》篇則以世俗之為說者的言論為批評對象。至於《非十二子》篇，荀子列舉了它囂、魏牟、陳仲、史鰌、墨翟、宋鈃、慎到、田駢、惠施、鄧析、子思、孟軻共十二位學者。可以說荀子在這裡批判了當時最主要的思想派別，如墨家、道家、名家、法家和儒家。在荀子看來，他們都是一些「假今之世，飾邪說，文奸言，以梟亂天下，矞宇嵬瑣使天下混然不知是非治亂之所在者」的一類人。雖然在一定的程度上能持之有故、言之成理，但在以禮義為標準的荀子看來，他們都有一些重大的遮蔽與缺陷。如它囂、魏牟則「不足以合文通治」；陳仲、史鰌則「不足以合大眾、明大分」；墨翟、宋鈃則「不足以容辨異、懸君臣」；慎到、田駢則「不可以經國定分」；惠施、鄧析則「不可以為綱紀」。而只有「總方略，齊言行，壹統類」，歸本以王道的孔子才是荀子心目中的楷模。

那究竟荀子理解的王道思想包括哪些內涵呢？它建立王道思想根基又何在呢？

第一節　天人之分與性偽之別

「天」、「天命」、「天道」問題，一直都是先秦儒家關切的問題。通過前面的論述可知，商殷西周時期，「天」、「天命」是被作為有主宰性的人格神看待的。到了孔子，它的人格神方面逐漸被淡化。如孔子說「敬鬼神而遠之」、「不與怪力亂神」。「天」被孔子懸隔起來，而專注在人事方面，以親親之情論述仁，以仁釋禮。孔子後學及其弟子們如曾子、思孟學派則力圖使「仁德」、「心性」與「天」重新融貫起來。一方面希望使「仁德」「心性」等善的價值觀念獲得形而上的支撐，如《中庸》中說「天命之謂性」，《孟子·離婁上》中提出了「誠者，天之道也」；另一方面，又無形當中將「天」、「天命」價值化和義理化。通過這兩方面的努力，儒家，特別是思孟學派從而為人達到天人合一的境界提供了可能，也為人從內在本性上落實王道理想提供了理論基礎。但是「天」的義理化、價值化以及天人合一等一系列理論在荀子看來卻是與孔子的「道」相背離的，因為它要麼導致人走向天的虛無主義，如

莊子主張的那樣〔註2〕；要麼就會如上面所說的走向巫祝、機祥、讖緯等神秘主義。這樣一來，孔子的「王道」就不是「人道」了，而是「天道」或者是「神道」了。由此，荀子為了避免儒學走向這兩種傾向而使「王道」紮實地落實到「人道」之上，提出了他著名的「天人之分」的論點。

《天論》篇載：

> 天行有常，不為堯存，不為桀亡。應之以治則吉，應之以亂則凶。強本而節用，則天不能貧；養備而動時，則天不能病；修道而不貳，則天不能禍。故水旱不能使之饑，寒暑不能使之疾，祆怪不能使之凶。本荒而用侈，則天不能使之富；養略而動罕，則天不能使之全；倍道而妄行，則天不能使之吉。故水旱未至而饑，寒暑未薄而疾，祆怪未至而凶。受時與治世同，而殃禍與治世異，不可以怨天，其道然也。故明於天人之分，則可謂至人矣。

荀子在這裡探討了「天與人」的界限。天有天的運行規律，人有人的行為法則；天的運行不會因人的努力而改變，人事的治亂也不會因天而變化；天與人各有其分，不容混淆。明白了這種「天人之分」區別，那麼就是「至人」了。對於天的內涵，荀子進一步做了規定。他說：

> 列星隨旋，日月遞照，四時代御，陰陽大化，風雨博施，萬物各得其和以生，各得其養以成，不見其事，而見其功，夫是之謂神。皆知其所以成，莫知其無形，夫是之謂天。唯聖人為不求知天。(《天論》)

這是說，萬物隨著星辰日月、四季陰陽的轉移交替、相互變更而得以生養。這種無聲無息的過程就是「天」的神奇表現。天就在這種自然生生不息的過程中呈現自我。天本身是沒有意識、沒有目的的，也不受人的主觀意志和願意的影響。他說：「天不為人之惡寒也輟冬，地不為人之惡遼遠也輟廣。」由此可知，「天」在荀子的解構下完全成為了一種對自然現象的概括。至於人們有時看到的如「星墜木鳴」、「日月之蝕」、「風雨不時」等「怪異」現象，荀

〔註2〕 莊子在天人關係的命題上，常常說「無以人滅天」(《秋水》)；「古之人，天而不人」(《列禦寇》)；「無為為之之謂天」(《天地》)，甚至提出「以天合天」(《達生》) 的方針。所謂「以天合天」就是要以天的品格取代人的品格，從而人性向天性復歸。換而言之，即是放棄人類文明。按照《胠篋》篇的說法，也就是「掊擊聖人」、「攘棄仁義」，回到「同與禽獸居，族與萬物並」的自然狀態。荀子在《解蔽》篇中就批評莊子的理論是「蔽於天而不知人」。

子認爲都是天道運行的規律罷了：「是天地之變，陰陽之化，物之罕至者也。怪之，可也；而畏之，非也。」（《天論》）沒有必要對它感到恐懼。對於聖人來說，人自我的命運應該掌握在自己的手中，而不是將它寄託在「天」的威嚴、價值中。這就是荀子認爲的「不求知天」。

《天論》篇載：

> 不爲而成，不求而得，夫是之謂天職。如是者，雖深，其人不加慮焉；雖大，不加能焉；雖精，不加察焉；夫是之謂不與天爭職。天有其時，地有其財，人有其治，夫是之謂能參。捨其所以參，而願其所參，則惑矣。

天職，就是指天的職責與功能，它是不爲而成，不求而得的。面對天職的領域，人是無能爲力，也是沒必要去爲的，這就叫做不與天爭職。相對而言，人的能力範圍，如社會國家的治理、性由惡變善等則是可爲而成，可求而得的。因此荀子理解的「能參」也就是天人在各自的領域做好自己本分的事。這是「天人之分」的體現。如果人放棄人職，而把人間治亂的希望寄託於天，那麼則是非常愚昧的想法。荀子在這裡用「能參」的提法表面上似乎與《中庸》「與天地參」有類似之處，但其實質卻大不一樣。《中庸》說：「唯天下至誠爲能盡其性，能盡其性則能盡人之性，能盡人之性則能盡物之性，能盡物之性則可以贊天地之化育，可以贊天地之化育則可以與天地參矣。」《中庸》的作者認爲，己、人、物、天地之間是存在著內在的一致性，是可以相通的。只要能盡己之性，那麼就可以幫助天地的化育，而達到與天地參的境界。後來孟子也說：「盡其心者，知其性也。知其性，則知天矣。」（《告子上》）人只要在以情應物的場景中充分地擴展自己內心，就會感受到自己固有的良知良能的善性，並進而就可以知道作爲性善根據的天了。可以說這完全是一種天人合一的思想進路。但在荀子看來則不然。前面提到「聖人爲不求知天」可以說是荀子對孟子的一個反駁。在這裡荀子對「能參」的分析則是對子思的一個批評。荀子認爲人與物之間，人與天之間則完全是斷裂的，所謂「天有其時，地有其財，人有其治」。可以說，荀子天人之分的提出不僅消解了思孟學派以來作爲價值、意義或者秩序「天」的內涵，也消解了墨子「賞善罰惡」上具有的意志之「天」。「天」變成了純粹自然意義上的一種客觀物質了。這種對「天」的消解，將「人」對「天神」希求、怨慕、恐懼等情感的紐帶，全部切斷。荀子提醒著我們，人活在的是現存有著自身參與的生活經

驗世界，而不是去幻想一個無法達到的彼岸世界。因此，道德和秩序的根據應該從人本身以及他生存的領域去探求，而不是落實於人之外的天。在天面前，人不再是匍匐的，而表現出強烈的獨立性與自信心。荀子說：

> 大天而思之，孰與物畜而制之！從天而頌之，孰與制天命而用之！望時而待之，孰與應時而使之！因物而多之，孰與騁能而化之！思物而物之，孰與理物而勿失之也！願於物之所以生，孰與有物之所以成！故錯人而思天，則失萬物之情。（《天論》）

在對待「天」的態度上，既不要「大天而思之」，也沒必要「從天而頌之」。而應該突出人的主動性，所謂「制天命而用之」。如果不這樣，就會犯了「錯人而思天」即重天而輕人的毛病。荀子說：「故君子敬其在己者，而不慕其在天者；小人錯其在己者，而慕其在天者。君子敬其在己者，而不慕其在天者，是以日進也；小人錯其在己者，而慕其在天者，是以日退也。」（《天論》）君子所把握的是自己能改變的事，小人則放棄自己所能把握的事，而去羨慕取決於上天的事。因此君子日進，而小人日退。荀子的這種對待天人的態度與孔子有十分相近的一面。《論語》中說「我欲仁，斯仁至矣」、「死生有命，富貴在天」等。人所能把握的是對仁的追求，而對於人之外的生死、富貴等問題則如天一樣不可強求的。因此對於屬於天者，君子應該保持著不羨慕的態度。荀子的這種「天人之分」落實在人性論上，即是他的「性、偽之別」理論。那什麼是性，什麼是偽呢？

通過《荀子》一書的考察，可以發現，荀子所說人性的「性」，有以下幾種含義：

第一，從性的本源方面說，天是自然的，而人為天地所生，則人性也是自然的。「性」不是指那種可以在後天的社會生活中學習形成的，而是一種天生的自然本性。「性」是不能學習，不能人為做到，而為人生來就自然而然地所具有。如，荀子說：

> 生之所以然者謂之性；性之和所生，精合感應，不事而自然謂之性。（《正名》）

> 性者、天之就也。（《正名》）

> 凡性者，天之就也，不可學，不可事。……不可學，不可事，而在人者，謂之性；可學而能，可事而成之在人者，謂之偽。（《性惡》）

第二，從性的本質和特點方面說，不管君子還是小人，禹舜還是普通人，他們的「性」都是一樣的。其呈現出一種質樸的，未經加工的樣子。荀子寫道：

> 材性知能，君子小人一也。（《榮辱》）
>
> 饑而欲食，寒而欲暖，勞而欲息，好利而惡害，是人之所生而有也，是無待而然者也，是禹桀之所同也。（《非相》）
>
> 性者，本始材樸也。（《禮論》）

第三，從性的外在表現方面來說，它會彰顯出一種向外求的欲望，這種欲望是任何人不可去除盡的。欲望在與外界的接觸中會表達出各種的「情」。如果這種欲和情不以禮義去節制的話，那麼就會是「惡」的。從這方面來說，荀子認為性是惡的。荀子說：

> 人生而有欲，欲而不得，則不能無求。（《禮論》）
>
> 今人之性，饑而欲飽，寒而欲暖，勞而欲休，此人之情性也。（《性惡》）
>
> 夫人之情，目欲綦色，耳欲綦聲，口欲綦味，鼻欲綦臭，心欲綦佚。——此五綦者，人情之所必不免也。（《王霸》）
>
> 凡語治而待去欲者，無以道欲而困於有欲者也。凡語治而待寡欲者，無以節欲而困於多欲者也。有欲無欲，異類也，生死也，非治亂也。欲之多寡，異類也，情之數也，非治亂也。欲不待可得，而求者從所可。欲不待可得，所受乎天也。（《正名》）
>
> 性者、天之就也；情者、性之質也；欲者、情之應也。以所欲為可得而求之，情之所必不免也。以為可而道之，知所必出也。故雖為守門，欲不可去，性之具也。雖為天子，欲不可盡。欲雖不可盡，可以近盡也。欲雖不可去，求可節也。所欲雖不可盡，求者猶近盡；欲雖不可去，所求不得，慮者欲節求也。道者、進則近盡，退則節求，天下莫之若也。（《正名》）

由此可知，荀子所講的人性，是一種天然生就的自然本性。這種本性是任何人都共有而相同的。「好惡喜怒哀樂」之情是性的本質，這種情在與外物接觸的時候，表現出欲望。欲望是任何人都不可去除盡的，欲望的有無表現為生死的區別。欲望的多少是情感多少的表現，與社會的治亂沒有直接的關聯。但是欲望是可以用禮義去節制的。如果不用禮義的節制和護養，那麼人

性就會表現爲「惡」，家國社會則表現爲動亂。荀子在《性惡》篇說：

> 今人之性，生而有好利焉，順是，故爭奪生而辭讓亡焉；生而
> 有疾惡焉，順是，故殘賊生而忠信亡焉；生而有耳目之欲，有好聲
> 色焉，順是，故淫亂生而禮義文理亡焉。然則從人之性，順人之情，
> 必出於犯分亂理，而歸於暴。故必將有師法之化，禮義之道，然後
> 出於辭讓，合於文理，而歸於治。用此觀之，人之性惡明矣，其善
> 者僞也。

> 夫好利而欲得者，此人之情性也。假之有弟兄資財而分者，且
> 順情性，好利而欲得，若是，則兄弟相拂奪矣；且化禮義之文理，
> 若是，則讓乎國人矣。故順情性則弟兄爭矣，化禮義則讓乎國人
> 矣。

> 故聖人化性而起僞，僞起而生禮義，禮義生而制法度；然則禮
> 義法度者，是聖人之所生也。故聖人之所以同於眾，其不異於眾者，
> 性也；所以異而過眾者，僞也。

> 凡貴堯禹君子者，能化性，能起僞，僞起而生禮義。然則聖人
> 之於禮義積僞也，亦猶陶埏而爲之也。用此觀之，然則禮義積僞者，
> 豈人之性也哉！

在荀子的思維世界中，每個人都有欲望，這個本性是不可改變的，但是可以化的。他說：「性也者，吾所不能爲也，然而可化也。」（《儒效》）所以荀子強調「化性而起僞」。化性也就是用人爲可以獲得的禮義去節制、去護養人本性固有的欲望。在一定的程度上可以說，「性」的對立面是「僞」。值得注意的時，荀子所謂的「性僞之分」的「僞」，不是眞僞的「僞」，而是指人爲的意思。與「性」不同，「僞」是指人在出身以後可以學習獲得、可以塑造的一種「德」性。荀子說：

> 孟子曰：「今之學者，其性善。」曰：是不然。是不及知人之
> 性，而不察乎人之性僞之分者也。凡性者，天之就也，不可學，不
> 可事。禮義者，聖人之所生也，人之所學而能，所事而成者也。不
> 可學，不可事，而在人者，謂之性；可學而能，可事而成之在人者，
> 謂之僞。是性僞之分也。今人之性，目可以見，耳可以聽。夫可以
> 見之明不離目，可以聽之聰不離耳，目明而耳聰，不可學明矣。（《性
> 惡》）

荀子認為以禮義為代表的善是聖人在後天所創造的，是一種大家認可的社會道德。這種「善」是每個人通過學習與模倣可以獲得得一種能力和品質，並非是「性」所固有的。荀子認為孟子將善理解為人性中所固有，是一種以性為善的思考角度而已，並不能理解什麼是眞正的「性」與「僞」的區別。當然，荀子要否定的並不是善本身，而是孟子對善與性之間關係的理解。荀子認為聖人與眾人、君子與小人的區別並不在於性的差別而是在於僞的不同。在性的方面，聖人與常人、君子與小人是完全相同的。他說：「故聖人之所以同於眾，其不異於眾者，性也；所以異而過眾者，僞也。」、「凡人之性者，堯舜之與桀跖，其性一也；君子之與小人，其性一也。」（《性惡》）由於每個人的「積僞」不同，那麼他們的道德品質和社會地位也就相應的不同。這種道德、職業、身份、角色的不同，在後天根據每個人的努力情況是會發生轉變的：「小人君子者，未嘗不可以相為也。」（《性惡》）「雖王公士大夫之子孫也，不能屬於禮義，則歸之庶人。雖庶人之子孫也，積文學，正身行，能屬於禮義，則歸之卿相士大夫。」（《王制》）在這種「性僞之分」的觀點下，荀子提出了「塗之人可以為禹」的著名論點。《性惡》篇載：

> 「塗之人可以為禹。」曷謂也？
>
> 曰：凡禹之所以為禹者，以其為仁義法正也。然則仁義法正有可知可能之理。然而塗之人也，皆有可以知仁義法正之質，皆有可以能仁義法正之具，然則其可以為禹明矣。今以仁義法正為固無可知可能之理邪？然則唯禹不知仁義法正，不能仁義法正也。將使塗之人固無可以知仁義法正之質，而固無可以能仁義法正之具邪？然則塗之人也，且內不可以知父子之義，外不可以知君臣之正。今不然。塗之人者，皆內可以知父子之義，外可以知君臣之正，然則其可以知之質，可以能之具，其在塗之人明矣。今使塗之人者，以其可以知之質，可以能之具，本夫仁義法正之可知可能之理，可能之具，然則其可以為禹明矣。今使塗之人伏術為學，專心一志，思索孰察，加日縣久，積善而不息，則通於神明，參於天地矣。故聖人者，人之所積而致矣。

荀子認為，「仁義法正」等個人品質，並不是禹本性中所固有的東西，而是外在的。它是在歷史過程中形成的道德法則和社會關係。禹之所以為禹，是因為禹做到了仁義法正，而不是說他本性中固有仁義法正。對於塗之人來說，

荀子認為他們有可以知仁義法正之質和可以能仁義法正之具，另外仁義法正本身也有被可知可能之理，所以每個人都具有成為聖人（禹）的可能性。這樣一來，荀子通過對人性的性偽的區分，為他王道思想中的聖王觀，以及由聖王而來的禮義等理論打下了基礎。

通過以上論述可知，荀子通過對天人關係重新的梳理，為他的性偽之別提供了形而上的理論支持。天既然是自然而然，沒有任何價值的客觀物質，那麼人間的王道，人間的秩序就應該建立在對人的個體性以及群體性的分析當中，而不是去幻想一個外在的天去約束和限制。這樣既避免了走向陰陽五行、讖緯、機祥等神秘主義的道路；也避免了放棄人為、走向「天」的虛無主義的道路。荀子說：「道者，非天之道，非地之道，人之所以到也，君子所道也。」（《儒效》）荀子的王道是落實於人道之上的「偽」：「偽者，文理隆盛也。」（《禮論》）「偽」的結果在荀子看來是聖人制禮作樂而形成的「禮義辭讓」，也是「正理平治」而達到的「善」。下面接著論述荀子王道思想中的主要內容：聖人與禮義。

第二節　聖人與禮義

聖人與禮是荀子王道思想的重要內容。在前面，我們已經論述，儒家王道的理想是建立一個和諧穩定、天下為公的大同世界。而聖人與禮在荀子看來是邁向這個理想世界的必進之路。禮在荀子的王道思想中既是「道德之極」（《勸學》）也是「人道之極」（《禮論》）。一方面它是聖人「稱情而立文」的結果「禮義者，是生於聖人之偽，非故生於人之性也」（《性惡》）；另一方面它又成為一般人之所以成為君子和聖人的方法與道路。《儒效》篇說「積禮義而為君子」，「積善而全盡謂之聖人」。《解蔽》篇云「聖也者，盡倫者也；王也者，盡制者也」。所謂的倫與制，指的就是禮。因此，對於國君而言，只要一切按照荀子所說的「禮」行動，那麼就會一統天下從而實現王道。即是如此，那麼荀子的「禮」究竟從何而來？

對於「禮起於何也」這個問題，荀子在《禮論》開篇就解釋道：

> 人生而有欲，欲而不得，則不能無求。求而無度量分界，則不
> 能不爭；爭則亂，亂則窮。先王惡其亂也，故制禮義以分之，以養
> 人之欲，給人之求。使欲必不窮於物，物必不屈於欲。兩者相持而

長，是禮之所起也。

按照這裡的說法，人生下來就有欲望，欲望得不到滿足，就不能沒有追求。如果這種欲求在一個資源有限群體中沒有限度和約束，那麼就會引起爭鬥和混亂，接著便使人們一起陷入到生存惡困境當中。因此，先王為了防止這種局面的發生，而創造了禮義。希望通過禮義使人們的欲望追求和財物名望方面達到一個相對的平衡。可以看出，荀子對禮產生的根源是以人的欲望為邏輯起點的。如果人沒有欲望的話，那麼禮也就沒有必要存在了。結合上一章的論述，性在與外界的接觸中必然會表現出「喜怒哀樂」之情，這種情的出現也就是欲望的體現。欲望的有無是生死的體現。只要有生命的人，那麼必然就會有欲望。因此，禮的出現也就有了邏輯的必然性了。

　　在荀子的思想體系中，不管是出於他對歷史經驗的總結，還是出於他對包括人在內的自然生命的考察，他認為情慾才是生命的本真狀態。因此任何學術理論、國家政策對人的情慾必須給予正面的評價。它是人們需要去正視和面對的東西，而單純的逃避與消極的處理並不能服眾。人在荀子的眼中，首先是一個欲望的主體，並不像孟子等人所說的是一個道德或者理性的主體。雖然荀子的「心」有認識真理、發現自我的理性意義，但是「心」對於「欲」來說，還是處於次要方面。從這點出發，荀子對那些主張「人本無欲或者寡欲」的代表人物（如宋鈃）進行了批評。《正論》載：

　　　　子宋子曰：「人之情，欲寡，而皆以己之情，為欲多，是過也。」故率其群徒，辨其談說，明其譬稱，將使人知情之欲寡也。應之曰：「然則亦以人之情為目不欲綦色，耳不欲綦聲，口不欲綦味，鼻不欲綦臭，形不欲綦佚。此五綦者，亦以人之情為不欲乎？」曰：「人之情慾是已。」曰：「若是，則說必不行矣。以人之情為欲此五綦者而不欲多，譬之是猶以人之情為欲富貴而不欲貨也，好美而惡西施也。古之人為之不然。以人之情為欲多而不欲寡，故賞以富厚而罰以殺損也，是百王之所同也。故上賢祿天下，次賢祿一國，下賢祿田邑，願愨之民完衣食。今子宋子以是之情為欲寡而不欲多也，然則先王以人之所不欲者賞，而以人之欲者罰邪？亂莫大焉。今子宋子嚴然而好說，聚人徒，立師學，成文典，然而說不免於以至治為至亂也，豈不過甚矣哉！」

這裡的子宋子就是指宋鈃。關於宋鈃的觀點，荀子在其他篇章中也有反覆的

論述。如《天論》篇說：「宋子有見於少，無見於多。」《解蔽》篇說：「宋子蔽於欲而不知得。」「有見於少」中的「少」指得是宋鈃的「欲寡」，評論宋鈃「弊於欲」也是指他的「人之情，欲寡」的觀點。可知，宋鈃的核心觀點即是「人之情，欲寡」。情指的是情實、眞實，引申爲本性。也就是說，宋鈃認爲人的本性就是寡欲的。而認爲主張爲欲多的觀點是錯誤的。荀子對此進行了回應。他說，如果按照宋鈃情寡欲的觀點，那麼就不會認同「目欲綦色，耳欲綦聲，口欲綦味，鼻欲綦臭，形欲綦佚」的觀點。但是宋鈃對這種觀點是認可的。他說：「人之情慾是已。」也就是說人的本性是想要這些的。既然想要這些，而又主張寡欲，顯然是矛盾的。荀子舉例說：「人的本性想要富貴而不想要錢財，喜歡美女而厭惡西施，古代的人都會認爲這是錯誤的觀點。」另外，荀子從實際經驗出發，說帝王們之所以用財富的多少去賞罰官員，是因爲大家都認可人的本性是多欲的而不是寡欲的。只有這樣，賞罰的規則才會起效果。如果按照宋鈃「寡欲」的觀點，那麼那套賞罰措施又怎麼能行得通呢？從這兩方面綜合來說，宋鈃的觀點顯然是經不起論證的。

通過對宋鈃的批評，我們大體可以知道欲望在荀子的哲學體系中是必須要肯定的。這點在荀子對墨子的觀點態度上也有體現。在《富國》篇中，荀子站在肯定「欲望」的角度上批評了墨子「非樂」、「節用」的觀點。他說：「我以墨子之『非樂』也，則使天下亂；墨子之『節用』也，則使天下貧，非將墮之也，說不免焉。」（《富國》）不管是宋子還是墨子或者老子，荀子認爲他們只看到了「欲望」的消極面，而並沒有看到它積極的一面。對待欲望不能用「去欲」、「寡欲」等堵塞的觀點，而像大禹治水一般，用「導欲」、「養欲」的方法。因此，荀子才說禮與欲「兩者相持而長」。值得注意的是，禮作爲外界調控人與人之間爭鬥的一種手段，必須在群體中體現出來。如果僅僅是一個人個體式的生存，即使他有再大的欲望和需求，禮都是不需要的。但在荀子看來，人就是能群的生命。荀子說：

> 力不若牛，走不若馬，而牛馬爲用，何也？曰：人能群，彼不能群也。人何以能群？曰：分。分何以能行？曰：義。故義以分則和，和則一，一則多力，多力則強，強則勝物；故宮室可得而居也。故序四時，裁萬物，兼利天下，無它故焉，得之分義也。故人生不能無群，群而無分則爭，爭則亂，亂則離，離則弱，弱則不能勝物；

故宮室不可得而居也，不可少頃捨禮義之謂也。(《王制》)

離居不相待則窮，群居而無分則爭；窮者患也，爭者禍也，救患除禍，則莫若明分使群矣。(《富國》)

人之生不能無群，群而無分則爭，爭則亂，亂則窮矣。故無分者，人之大害也；有分者，天下之本利也；而人君者，所以管分之樞要也。(《富國》)

「群」在荀子的思想當中並不是一個雜亂無章的社會組織。它是以每個人的「分」爲基礎。而分的標準就是禮義。如果沒有分，那麼就大家聚在一起就會產生爭鬥。所以說，社會組織中無分，那就是人類最大的禍害；有分，那就是天下的根本利益。「分」在這裡指的是個人處於社會組織結構中的「等級名分」。動物因爲不能以「分」去群，故爲人所用。對於人爲什麼要組織一個群體，進而組成一個國家？荀子從功利的角度進行了說明：「離居不相待則窮。」如果一個人離群獨居、不互相依賴的話就會窮困、甚至死亡。反之，「群道當，則萬物皆得其宜，六畜皆得其長，群生皆得其命」(《王制》)。這樣一來，「成群」的實質就是人爲求得生存與發展的一種必然而合理的方式和途徑。在這個「成群」的過程中，禮義也就成爲了必不可缺的存在了，它和欲是一個相持而長的過程。因此對於現存的國家來說，要想建立一個穩定和諧的政權和社會必須要以處理好禮和欲的關係。

除了從人性「欲」的角度去論證「禮」的起源外，荀子還從歷史文化的角度，對禮進行了說明。他說：

禮有三本：天地者，生之本也；先祖者，類之本也；君師者，治之本也。無天地，惡生？無先祖，惡出？無君師，惡治？三者偏亡，焉無安人。故禮、上事天，下事地，尊先祖，而隆君師。是禮之三本也。(《禮論》)

天地是生命的本源；祖先是種族的本源；君主是治國的本源。因此荀子認爲禮最初的起源與「天地、先祖、君師」等三個與人類持續發展相關的本源有著密切的聯繫。沒有這三項，那麼一個穩定和諧的社會秩序也就不可能而存在。因此，人爲了表達感激尊敬，故對天地祖先，用祭祀以致誠；對君師，用恭敬順從以達意。這就是禮的最初起因。然而荀子在某些地方又將「禮」認爲是「君師」制禮作樂的結果。如，「禮者、所以正身也，師者、所以正禮也」(《修身》)、「學者以聖王爲師」(《解蔽》)、「禮義者，是生於聖人之僞」(《性

惡》)。本來「禮」是為了表達尊敬順從「君師」而來，現在「君師」又反過來成為禮義的創制者。這兩者之間出現了矛盾。這種矛盾在荀子中無法得到解決，也不可能得到解決。這是由於他對「天」價值意義進行了解構，因此不可能像孟子一樣將「禮」最後的來源歸結於「天」。只能從歷史文化經驗和人的生存功利性一面進行闡釋和說明。荀子本身對這個問題也有著認識。他說：「凡禮，事生，飾歡也；送死，飾哀也；祭祀，飾敬也；師旅，飾威也。是百王之所同，古今之所一也，未有知其所由來者也。」（《禮論》）「禮」究竟是如何而來，這就像人類如何而來，天地如何演變而成一樣是不可能獲得一個最終本源性答案的：「未有知其所由來者也。」也就是無法對它進行完全而徹底地解釋的。因此，對於被拋入宇宙世界的人來說，荀子認為，最重要的是在現有的生存結構中，找到一種相對合理的解釋，從而去達到一個美好的社會。這個美好的王道社會如何建立，在荀子的思想中，最重要的就是「法後王」之道。

孔孟上宗堯舜，下及文武，而從未提起後王之名稱。荀子則常常說到後王，並提出法後王之道。他說：「百王之道，後王是也。」（《不苟》）「欲觀聖王之跡，則於其粲然者矣，後王是也。」（《非相》）雖是如此，但荀子並不反對「法先王」。他說：「凡言不合先王，不順禮義，謂之奸言。」（《非相》）「儒者法先王，隆禮義，謹乎臣子而致貴其上者也。」（《儒效》）「不聞先王之遺言，不知學問之大也。」（《勸學》）他在評論鄧析、惠施的時候，明確地指責他們「不法先王，不是禮義」（《非十二子》）他批評子思、孟子，並不是因為他們「法先王」而是因為他們只是在口號上假借先王之言，但在實際上卻「略法先王而不知其統」（《非十二子》）重點落實在不知禮義之統上。可見，荀子並不反對「法先王」，甚至在很大程度上，他說的「後王」也就是「先王」的意思。如荀子在談論先王時，都是落實在人道上來講，如：「先王之道，忠臣孝子之極也。」（《禮論》）「先王案為之立文，尊尊親親之義盡矣。」（《禮論》）「彼先王之道也，一人之本也，善善惡惡之應也，治必由之，古今一也。」（《強國》）這也正是荀子「法後王、一制度」的核心思想。既是如此，荀子又為什麼要特別提出他的「法後王」的思想理念呢？他說：

> 辨莫大於分，分莫大於禮，禮莫大於聖王；聖王有百，吾孰法焉？曰：文久而滅，節族久而絕，守法數之有司，極禮而褫。故曰：欲觀聖王之跡，則於其粲然者矣，後王是也。彼後王者，天下之君

也；捨後王而道上古，譬之是猶捨己之君，而事人之君也。故曰：
欲觀千歲，則數今日；欲知億萬，則審一二；欲知上世，則審周道；
欲審周道，則審其人所貴君子。故曰：以近知遠，以一知萬，以微
知明，此之謂也。(《非相》)

　　五帝之外無傳人，非無賢人也，久故也。五帝之中無傳政，非
無善政也，久故也。禹湯有傳政而不若周之察也，非無善政也，久
故也。傳者久則論略，近則論詳。(《非相》)

　　百王之道，後王是也。君子審後王之道，而論百王之前，若端
拜而議。(《不苟》)

所謂「聖王有百」，在荀子思想中指的是自古以來出現的聖王。與《論語》中
記載的「堯、舜、禹、湯、文武、周公」等聖王類似。這些眾多的聖王，以
及而來的聖王之道，在當時的人看來不知該如何效法。百王之道的出現與當
時的「聖人崇拜」思潮有著密切關聯，各家各派的學者都將自己學說說成是
上古聖人的遺法。荀子為了批評各家學術的合法性，於是提出了它的「法後
王」思想。他認為古代的禮義制度、節族、守法數之司等等都因時間久遠而
難以考詳了，而並不是沒有賢人、沒有善政。荀子說：「故善言古者，必有節
於今；善言天者，必有徵於人。凡論者貴其有辨合，有符驗。故坐而言之，
起而可設，張而可施行。」(《性惡》)不管是對天的事，還是對古代的事，必
須要以人、以現今所處的時代去做驗證。對於古代那些無法參驗的事，也就
沒有太多考慮的必要了。因此要想推行王道，最好的辦法就是從遺留到後世
的「後王」之道中去考察。從而「以近知遠，以一知萬，以微知明」。另外，
荀子認為後王之法是由損益前王之法而來，它們在核心理念上是一致的。《王
霸》篇說，禮、法之大分，「百王之所同」，禮、法之樞要，「百王之所同」；《正
論》篇說，征誅刑罰，「百王之所同也」；《禮論》篇說，事生、送死、祭祀、
師旅等禮，「百王之所同，古今之所一也」。因此「欲知上世，則審周道」。所
謂的周道也就是文武之道。王念孫在注解荀子解釋「後王」的時候說：「後王
指文武而言。」是非常有道理的。除此之外，荀子「法後王」的提出還有一
個重要的原因，那就是對儒門內部的批評。他說：

　　逢衣淺帶，解果其冠，略法先王而足亂世術，繆學雜舉，不知
法後王而一制度，不知隆禮義而殺詩書；其衣冠行偽已同於世俗
矣，然而不知惡；其言議談說已無異於墨子矣，然而明不能別；呼

先王以欺愚者而求衣食焉；得委積足以揜其口，則揚揚如也；隨其
長子，事其便辟，舉其上客，億然若終身之虜而不敢有他志：是俗
儒者也。(《儒效》)

戰國時期，學術竟起，儒墨兩家在當時非常強盛。《呂氏春秋‧尊師篇》曾說
道：「孔墨弟子，充滿天下」，韓非謂儒墨爲當時的「顯學」。因此，對於荀子
所見來說，有很多自稱是儒學的門徒在那裡口誦先王之道，其實並不知道先
王之道的大義。學術荒謬、行爲雜亂，輕薄詩書，淡化禮義，只知道跟在君
王世子（長子）的後面，侍奉他寵愛的小臣，吹捧他的座上客，心安理得地
做著奴僕而沒有道義的志向，藉口談論先王去欺騙愚蠢的人而獲得衣食。這
就是腐儒。荀子希望通過對「後王」的肯定來反對那種假言「先王」的腐儒，
從而正本清源，獲得思想的一致性。不管怎樣，荀子「法後王」與「法先王」
在內容上沒有本質的區別。

　　由以上討論可知，荀子認爲任何人都是有欲望的。因此，在一個以人爲
群體的社會組織（不管是宗族、國家還是天下）中，禮義的需求就會隨著欲
望而產生。國君治理國家的關鍵在於要處理好禮和欲的關係。禮雖然是隨著
欲望而產生，但是在具體的禮義條目上必須由聖人來制作。荀子爲了統一儒
門內部的紛爭，在不違反先王之道的傳統上，提出了他的法後王思想。在某
種程度上，「法後王」就是法荀子自己所構想的王道制度。下一節我們討論王
道的制度化，也就是荀子眼中的理想國。

第三節　王道的制度化

　　在《荀子》一書中，可以發現，他對王道理想（烏托邦）有很多的描述，
如：

夫貴爲天子，富有天下，是人情之所同欲也。然則從人之欲，
則埶不能容，物不能瞻也。故先王案爲之制禮義以分之，使有貴賤
之等，長幼之差，知愚、能不能之分，皆使人載其事而各得其宜。
然後使穀祿多少厚薄之稱，是夫群居和一之道也。故仁人在上，則
農以力盡田，賈以察盡財，百工以巧盡械器，士大夫以上至於公侯，
莫不以仁厚知能盡官職。夫是之謂至平。故或祿天下，而不自以爲
多，或監門御旅，抱關擊柝，而不自以爲寡。(《榮辱》)

賞不用而民勸，罰不用而民服，有司不勞而事治，政令不煩而
俗美。百姓莫敢不順上之法，象上之志，而勸上之事，而安樂之矣。
故藉歛忘費，事業忘勞，寇難忘死，城郭不待飾而固，兵刃不待陵
而勁，敵國不待服而詘，四海之民不待令而一，夫是之謂至平。詩
曰：「王猶允塞，徐方既來。」此之謂也。(《君道》)

　　荀子將他的王道理想在現實中實現出來稱之為「至平」之世。在這個「至
平」之世中，每個人因著自己的貴賤、長幼、知愚等本分都能各盡其用、各
司其才、各得其所。即使是擁有天下的人也不認為自己擁有得多，而看守城
門、迎接賓客、把守關卡、巡夜打更的人，也不認為自己所得的少。上下安
居樂業，忠誠守信。不用獎賞而民眾自然會勤勉，不用刑罰而民眾也自然會
順服，官吏不用勞累而事情自然就能得到很好的治理。進而敵國不用征伐就
會自動屈服，天下的民眾不用等待命令就能團結一心。值得注意的一點是，
在荀子的王道社會中，他並沒有拋棄階級的存在。他認為雖然每個人都希望
成為天子，富有天下，但是在實現社會中由於受到環境資源、人的知愚差別
等等一系列原因的制約是不可能達到的。因此，他並沒有像孔門弟子那樣希
望能達到一個「人人平等，互相友愛，沒有階級壓迫，出不閉戶，路不拾遺」
的大同世界；而是將王道的美好設想停留在了有著欲望的人間社會的實際
中。正如他對先王之道的概括一樣。他說：「尚賢使能，等貴賤，分親疏，序
長幼，此先王之道也。」(《君子》) 先王的治國大道中，一直存在著貴賤之等、
親疏之分，以及長幼之別，而不是那種理想的人人平等的大同世界。可以說，
這與荀子對「天人之分、性偽之別」的劃分有著密切的關聯。既然人是能群
而有欲望的個體，那麼必然會存在著由上下等級構成的金字塔社會。對於荀
子來說，他認為王道理念在制度化的過程中，必須要面對這個金字塔的客觀
存在，而不是逃避、甚至忽視它。因此王道的制度化，在荀子的思想脈絡中，
也就是對不同等級、身份的人做出相應而合理的要求。有鑑於此，荀子提出
了他的「法後王，一制度，隆禮義」的王道理想制度。

　　荀子將「法後王、一制度」與「隆禮義」連稱，或者說「法先王、統禮
義、一制度」(《儒效》) 其本質都是一樣的。在上一節中已經論述到荀子的法
後王其實也就是法先王。《禮樂》篇載：「先王之道，禮樂正其盛者也。」《君
子》篇載：「尚賢使能，等貴賤，分親疏，序長幼，此先王之道也。」可知，
法後王的關鍵也就是其中的禮義名分之道。「一制度」指得是統一制度，這其

中包括政權上的統一、思想上的統一，以及名物典章、法律風俗上的統一。在政權的統一方面，荀子認為君主是國家權力的核心，治理國家必須要以君主為中心，將權力歸於「一」。他說：「隆一而治，二而亂。自古及今，未有二隆爭而能長久者。」(《致士》)因此，在一個社會群體中，必須要集中權力而不是分散權力。所謂「天下一隆致順而治」(《正論》)。這種隆一而治的思想正是禮治在政權上表現。在思想的統一方面，荀子認為思想紛爭、學派林立與國家政令統一的要求相互衝突。因此，在君主要想齊一天下，在國家意識形態方面，必須要建立統一的是非標準。為此，荀子對他之前的諸子百家的思想進行了分析和批判。如在《非二十子》中，他對當時有著重要影響的十二位學者的思想進行了分析，雖然他們在理論上都能持之有故、言之成理，但「不足以合文通治」(它囂、魏牟)、「不足以合大眾、明大分」(陳仲、史鰌)、「不足以容辨異、懸君臣」(墨翟、宋鈃)、「不可以經國定分」(慎到、田駢)、「不可以為綱紀」(惠施、鄧析)、「略法先王而不知統」(子思、孟子)等。可知荀子在很大程度上，學術必須要能為政治服務，要對經國定分、懸君臣、為綱紀等起到作用，否則就是「飾邪說，文奸言，以梟亂天下」的奸說。這一切的評判標準也就是「先王和禮義」。在名物典章、法律風俗的統一方面，必須首先要「正名」。荀子生活的戰國末期，正是秦始皇統一中國、全國走向大一統的前夕。這種由分裂走向統一的歷史潮流，是任何人所無法避免的。面對這一客觀形勢，荀子如其他學派領袖一樣，表達了「天下為一」、「四海之內若一家」的願景，並強調「臣使諸侯，一天下，是又人情之所同欲也」(《王霸》)。認為統一中國，是當時人民的共同要求和心願。在這一統的過程中，由於各個國家因環境不同於是存在著不同的風俗習慣，以及各個國家政治傳統以及社會發展水平的不同，因此他們相應的「政治、軍事、經濟、法律」等制度典章必然存在許多的不同。荀子認為君主想要達到王天下，必須重新正名，以達到名實相符。荀子的「一制度」等一系列的措施，顯然就是針對「諸侯異政」、「名物典章」混亂的局面而言的。他將自己推崇的、用以王天下的制度名稱為「王制」：「天下之大隆，是非之封界，分職名象之所起，王制是也」(《正論》)。由以上討論可知，荀子的「法後王，一制度，隆禮義」的核心思想也就是「禮義」。正如前面說的，王道的制度化，也就是對不同等級、身份的人做出相應而合理的要求。《王制》篇載：

序官：宰爵知賓客、祭祀、饗食、犧牲之牢數。司徒知百宗、

城郭、立器之數。司馬知師旅、甲兵、乘白之數。脩憲命，審詩商，禁淫聲，以時順脩，使夷俗邪音不敢亂雅，大師之事也。脩堤梁，通溝澮，行水潦，安水臧，以時決塞，歲雖凶敗水旱，使民有所耘艾，司空之事也。相高下，視肥墝，序五種，省農功，謹蓄藏，以時順脩，使農夫樸力而寡能，治田之事也。脩火憲，養山林藪澤草木、魚鱉、百索，以時禁發，使國家足用，而財物不屈，虞師之事也。順州里，定廛宅，養六畜，閒樹藝，勸教化，趨孝悌，以時順脩，使百姓順命，安樂處鄉，鄉師之事也。論百工，審時事，辨功苦，尚完利，便備用，使雕琢文采不敢專造於家，工師之事也。相陰陽，占祲兆，鑽龜陳卦，主攘擇五卜，知其吉凶妖祥，傴巫、跛擊之事也。修採清，易道路，謹盜賊，平室律，以時順修，使賓旅安而貨財通，治市之事也。扞急禁悍，防淫除邪，戮之以五刑，使暴悍以變，姦邪不作，司寇之事也。本政教，正法則，兼聽而時稽之，度其功勞，論其慶賞，以時慎修，使百吏免盡，而眾庶不偷，冢宰之事也。論禮樂，正身行，廣教化，美風俗，兼覆而調一之，辟公之事也。全道德，致隆高，綦文理，一天下，振毫末，使天下莫不順比從服，天王之事也。故政事亂，則冢宰之罪也；國家失俗，則辟公之過也；天下不一，諸侯俗反，則天王非其人也。

在這裡，荀子對涉及到一個國家幾乎所有的行政機構與部門以及它相關的職責與權限做了相應的總結和規定。官員們要分工明確，各盡其責。如，作為宰爵，應該知道如何接待賓客，在祭祀、宴飲、以及對祭品數目等級的陳設方面都應該做到有條不紊。又如作為田官，他的職責就應該懂得觀察地勢的高下、學會審視土壤的肥瘠，根據不同的時節安排各種農作物的播種，及時檢查農民的生產情況，認真儲藏糧食，盡力使農民做到樸實地耕作農田而不去學習其他技能。又如，對於天子來說，他的責任是應該完善道德，推崇禮義，完善禮法制度，統一天下，明察秋毫，使天下人無不順從。除了不同「分」的人應該具有不同責任外，同樣他們在這個不同職位上也享受著不同而與「分」相應的權力。如在衣帽穿著、俸祿等有嚴格的規定。《國富》篇說：「禮者，貴賤有等；長幼有差，貧富輕重皆有稱者也。故天子袾裷衣冕，諸侯玄裷衣冕，大夫裨冕，士皮弁服。德必稱位，位必稱祿，祿必稱用。」反之，如果作為相應的官員，不能做到與其官職相應的職責，那麼就可以改換

成換其他人，即使是天子也是如此。荀子說，如果政事出現混亂，那麼就是冢宰的罪過；如果風俗出現敗壞，那就是諸侯的罪過；如果天下不統一，諸侯叛亂，那麼天子就不是合適的人選。荀子在「王者之政」中也談到了類似的觀點。他說：

> 雖王公士大夫之子孫也，不能屬於禮義，則歸之庶人。雖庶人
> 之子孫也，積文學，正身行，能屬於禮義，則歸之卿相士大夫。故
> 奸言，奸說，奸事，奸能，遁逃反側之民，職而教之，須而待之，
> 勉之以慶賞，懲之以刑罰。安職則畜，不安職則棄。五疾，上收而
> 養之，材而事之，官施而衣食之，兼覆無遺。才行反時者死無赦。
> 夫是之謂天德，是王者之政也。(《王制》)

對於實行王道的君主來說，在面對王公士大夫的子孫後代時，如果他們不能遵守這套王制禮義，那麼就有必要取消他們的爵位資格而降入到平民百姓這一級別。反之，即使是平民百姓的子孫，只要積累了相應的知識，行為端正，並且能遵守禮義，那麼就可以選為卿相士大夫。這就所謂「賢能不待次而舉，罷不能不待須而廢」。

荀子除了將人在群體中所需的官職作了不同的區分外，對人在工作、事業以及家庭環境等一系列的角色中也都做了相應的規定。《王制》中說：

> 喪祭、朝聘、師旅一也；貴賤、殺生、與奪一也；君君、臣臣、
> 父父、子子、兄兄、弟弟一也；農農、士士、工工、商商一也。

這裡的「一」也就是荀子強調的大本「禮」。在「禮」的觀照下，人在家庭中表現為「父父、子子、兄兄、弟弟」等身份的不同；在工作、職業方面會表現為「農農、士士、工工、商商」等分工的不同；在國家上表現為「君君、臣臣」等官職的不同。但是不管這樣，一個活在世界上的人總能在不同的環境中得到不同的「分」。荀子所要求的是，不管處在何種位置，都要求人做好何種位置該做的事，以及該負的責任。如農夫的職責，荀子說：「掩地表畝，刺草殖穀，多糞肥田，是農夫眾庶之事也。」(《富國》)可以說荀子的這種思想正是孔子「君君、臣臣、父父、子子」思想的延伸與深化。對於如何做到「君君、臣臣、父父、子子、兄兄、弟弟」呢？荀子在《君道》篇中有一段問答體式的解說：

> 請問為人君？曰：以禮分施，均遍而不偏。請問為人臣？曰：
> 以禮侍君，忠順而不懈。請問為人父？曰：寬惠而有禮。請問為人

子？曰：敬愛而致文。請問爲人兄？曰：慈愛而見友。請問爲人弟？
曰：敬詘而不苟。請問爲人夫？曰：致功而不流，致臨而有辨。請
問爲人妻？曰：夫有禮則柔從聽侍，夫無禮則恐懼而自竦也。此道
也，偏立而亂，俱立而治，其足以稽矣。（《君道》）

對於一個人來說，面對不同的對象，他所處的位置與身份也就會發生改變。
如在父親面前，他就是兒子的身份，那麼他應該要敬愛而非常有禮貌；而如
果他在兒子面前，他就是父親的身份，那麼他應該要寬厚慈愛而符合禮節。
如果他有幸成爲君主，在面對臣子時，他就是君的身份，那麼他就應該禮義
治理國家，普遍實行禮義而不偏私；如果他作爲君主的臣，那麼就應該以禮
侍奉君主，忠誠而不懈怠。從這些規定可以得出，荀子將人「角色」化了。
本來是作爲目的的人在這裡卻被當成了角色的配件，成爲了名分之教的附屬
物。值得注意的是，荀子在這裡只是簡單的對每個角色的內容進行了規定。
對於主張「天之立君，以爲民也」（《大略》）的荀子來說，他對「君道」、「臣
道」做了更爲詳細的討論。《君道》篇說：

道者，何也？曰：君之所道也。君者，何也？曰：能群也。能
群也者，何也？曰：善生養人者也，善班治人者也，善顯設人者也，
善藩飾人者也。善生養人者人親之，善班治人者人安之，善顯設人
者人樂之，善藩飾人者人榮之。四統者俱，而天下歸之，夫是之謂
能群。不能生養人者，人不親也；不能班治人者，人不安也；不能
顯設人者，人不樂也；不能藩飾人者，人不榮也。四統者亡，而天
下去之，夫是之謂匹夫。

荀子所謂的道也就是禮義，君主正是通過禮義才完成了人之「群」的特質。
它在本質上就是能群者的代稱。如《王制》中說：「君者善群也，群道當則萬
物皆得其宜，六畜皆得其長，群生皆得其命。」因此，對於在一個理想的君
主體制中，君主的角色決定了後世爲君的人必須通過完成他作爲君主的義務
來治理和安頓好被群的眾生，從而獲得群生的「親之」、「安之」、「樂之」、「榮
之」。荀子對君主具體能群的表現做了四個方面的規定：善生養人者也，善班
治人者也，善顯設人者也，善藩飾人者也。如果這四者不能做到，那麼這個
君主就不能稱爲君主，而是「匹夫」。於是天下之人就可以拋棄他而尋找更好
的統治者。荀子常說：「天之生民，非爲君也。天之立君，以爲民也。」（《大
略》）又說：「臣或弒其君，下或殺其上，粥其城，倍其節，而不死其事者，

無他故爲，人主自取之。」(《富國》) 這裡可以與孟子對君臣關係的界定對照
比較。《梁惠王下》載：

> 齊宣王問曰：「湯放桀，武王伐紂，有諸？」孟子對曰：「於傳
> 有之。」
> 曰：「臣弒其君，可乎？」
> 曰：「賊仁者謂之賊，賊義者謂之殘，殘賊之人謂之一夫。聞誅
> 一夫紂矣，未聞弒君也。」

孟子認爲對仁義做出有害行爲的人稱之爲殘賊之人。君主本來是維護仁義之
道的，如果他違反了這點，那麼他就不是君了。因此孟子才說：「聞誅一夫紂
矣，未聞弒君也。」孟子對君者何爲君的看法可謂與荀子有著異曲同工之妙。
《君道》篇中，荀子接著對「善生養人者也，善班治人者也，善顯設人者也，
善藩飾人者也」的具體意義作了闡釋：

> 省工賈，眾農夫，禁盜賊，除姦邪：是所以生養之也。天子三
> 公，諸侯一相，大夫擅官，士保職，莫不法度而公：是所以班治
> 之也。論德而定次，量能而授官，皆使人載其事，而各得其所宜，上
> 賢使之爲三公，次賢使之爲諸侯，下賢使之爲士大夫：是所以顯設
> 之也。修冠弁衣裳，黼黻文章，雕琢刻鏤，皆有等差：是所以藩飾
> 之也。

生養主要側重在民生方面，在以農爲本的農業社會，荀子認爲應該要減少投
機的商人，增加農民，禁止盜賊，除掉姦邪。班治、顯設、和藩飾則主要涉
及到的是官僚體系的建立，其中包含著官僚制度的設置、官員的選拔以及與
之相應的禮樂等級秩序等方面。所謂名位越高、權力越大，那麼他相應的責
任也越大。君主作爲一國之主，那麼在以上四個方面必須都應該做到。這是
他的責任也是他的義務。如果能一一付諸實施，然後天下就會自然的歸附，「天
下歸之之謂王」(《正論》)

在荀子的王道制度的設計中，理想的君主應該由聖人來擔任。荀子說：「天
下者，至重也，非至強莫之能任；至大也，非至辨莫之能分；至眾也，非至
明莫之能和。此三至者，非聖人莫之能盡。故非聖人莫之能王。聖人備道全
美者也，是縣天下之權稱也。」(《正論》) 天下對於家、國等概念以及概念所
包涵的內容來講，它治理的任務最重、治理的區域最廣以及治理的人數又是
最多的。因此在荀子看來，如果做君主的不是聖人，這三項就不能完全做到。

聖人是道德完備、盡美盡善的人，是衡量天下的一桿秤。所謂「聖王在上，分義行乎下，則士大夫無流淫之行，百吏官人無怠慢之事，眾庶百姓無奸怪之俗，無盜賊之罪，莫敢犯上之大禁」（《君子》）。聖與王的結合，在某種程度上來說就是道與王的合一。「聖也者，盡倫者也；王也者，盡制者也。兩者盡，足以爲天下極矣。」（《解蔽》）道是先王之道，人之所以道，君之所以道，也就是禮義之道。對於一般人來說，它似乎是外在的規範和原則，但對於聖人來說，它是內在的心性。聖人就是道的人格化，也是道成肉身，「聖人者，道之極也」（《禮論》）「聖人也者，道之管也」（《儒效》）。

在一個國家政權組織中，除了君主外，必須還要有輔佐君主治理的大臣。大臣相當於君主的「基杖」。君主雖然掌握國家的最高權力，但要行使這個權力，還必須依靠卿相的輔佐。他說：

> 人主不可以獨也。卿相輔佐，人主之基杖也，不可不早具也。
>
> 故人主必將有卿相輔佐足任者，然後可。其德音足以塡撫百姓，其
>
> 知慮足以應待萬變，然後可；夫是之謂國具。（《君道》）

荀子認爲，國家的興衰與否，不僅取決於君主本身的能力，還取決於輔佐他的宰相的德行與能力。君主「身能相能，如是者王，身不能，知恐懼而求能者，如是者強；身不能，不知恐懼而求能者，安唯便僻左右親比己者之用，如是者危削；綦之而亡」（《王霸》）。所以荀子十分重視以宰相爲代表的大臣的作用，強調「彼持國者，必不可以獨也，然則強固榮辱在於取相矣」（《王霸》）。他又說：「爲人主者，莫不欲強而惡弱，欲安而惡危，欲榮而惡辱，是禹桀之所同也。要此三欲，闢此三惡，果何道而便？曰：在愼取相，道莫徑是矣。」（《君道》）正因爲以卿相爲代表的大臣在一個國家的作用是如此的明顯，所以荀子專門寫了《臣道》篇對「臣」的內涵進行了探討。

臣作爲君與民聯繫的重要橋樑，它有著自己的職業道德要求和行爲規範。它的核心是對上處理好與君主的關係，對下處理好與民眾的關係。荀子論臣道，根據道德品行與社會事功的不同，他將臣分爲態臣、篡臣、功臣、聖臣等幾個不同的等級。他說：「內不足使一民，外不足使距難，百姓不親，諸侯不信；然而巧敏佞說，善取寵乎上，是態臣者也。上不忠乎君，下善取譽乎民，不恤公道通義，朋黨比周，以環主圖私爲務，是篡臣者也。內足使以一民，外足使以距難，民親之，士信之，上忠乎君，下愛百姓而不倦，是功臣者也。上則能尊君，下則能愛民，政令教化，刑下如影，應卒遇變，齊

給如響，推類接譽，以待無方，曲成制象，是聖臣者也。」(《臣道》) 荀子進而敬告君主說道：「用聖臣者王，用功臣者強，用篡臣者危，用態臣者亡。」為了使得自己的理論具有說服力，荀子聯繫了歷史上那些著名的臣子進行了類比論證。他說：齊之蘇秦，楚之州侯，秦之張儀，屬於態臣；韓之張去疾，趙之奉陽，齊之孟嘗，屬於篡臣；齊之管仲，晉之咎犯，楚之孫叔敖，屬於功臣。殷之伊尹，周之太公，則屬於他理想中的聖臣。這些臣子的不同類別，是吉凶、賢能與不賢能的重要標準，君主「必謹志之而慎自為擇取焉」從而作為君主選拔人才的參考。

在荀子的「至平」的王道理想社會中，當然是聖人作為君主在上，稱為聖王或者聖君。對應的臣和民當然就是聖臣和聖民了。但在社會現實中，聖君與聖臣同時出現的概率非常之少。因此，荀子又將君主分為聖君、中君、暴君等。於是，臣在處理與君主的關係上應有不同的規定。《臣道》篇載：

> 事聖君者，有聽從無諫爭；事中君者，有諫爭無諂諛；事暴君者，有補削無撟拂。……恭敬而遜，聽從而敏，不敢有以私決擇也，不敢有以私取與也，以順上為志，是事聖君之義也。忠信而不諛，諫爭而不諂，撟然剛折端志而無傾側之心，是案曰是，非案曰非，是事中君之義也。調而不流，柔而不屈，寬容而不亂，曉然以至道而無不調和也，而能化易，時關內之，是事暴君之義也。

面對不同的君主，忠臣的表現是不一樣的。如果是聖君，那麼臣子只有順從而永不著勸諫力爭，也不敢以私意去抉擇和取捨。因為聖君的一言一行無一不符合道義。至於中君，如果他有不合符道義的地方，那麼臣子應該及時的去諫諍，剛強果斷，而不是去阿諛奉承。關於暴君的話，荀子認為臣子應該以調和而不隨流波、柔順而不屈從、寬容而不昏亂的方式去感化君主，從而使他進近於道。與對待中君不同的是，荀子在這裡用「有補削、無撟拂」的態度，避免了用「諫諍」的行為去處理與暴君相處的方式。可以說，在荀子的思維中，忠臣不僅需要具備「仁」德，同時應該具備「知」德。在此基礎上，荀子對忠臣的「忠」作了相應的區分：

> 有大忠者，有次忠者，有下忠者，有國賊者：以德覆君而化之，大忠也；以德調君而輔之，次忠也；以是諫非而怒之，下忠也；不恤君之榮辱，不恤國之臧否，偷合苟容以持祿養交而已耳，國賊也。若周公之於成王也，可謂大忠矣；若管仲之於桓公，可謂次忠矣；

若子胥之於夫差，可謂下忠矣；若曹觸龍之於紂者，可謂國賊矣。
荀子在這裡將忠劃爲三個等級，分別爲大忠、次忠、下忠。以德化君的，稱之爲大忠；以德補君之不足的，稱之爲次忠；因諫諍而觸怒其君主的，稱之爲下忠。而對於那種不顧國君的榮辱，只滿足於自己一己私利的人，荀子稱之爲國賊。以歷史人物爲例，荀子認爲周公爲大忠，也就是前面提到的聖臣。管仲則屬於次忠，也就是前面提到的功臣。伍子胥屬於下忠。曹觸龍屬於國賊，這跟前面的態臣類似。可以看出，荀子在討論臣的角色與身份時，始終在臣與君、臣與民的關係結構中來思考的，並且以尊君愛民爲最高的價值標準。這種標準換句話來說，也就是以仁義爲本。因此，不管面對的是什麼樣的君主，始終要以仁義爲標準，而不能因君主改變而改變。這就是荀子常常論說的「從道不從君」（見《臣道》、《子道》等篇章）。在這種「從道不從君」的精神觀照下，當面對暴亂荒淫的君主以及國家民不聊生等極端社會環境時，就可能會出現君臣易位的情況。（《臣道》）載：

> 通忠之順，權險之平，禍亂之從聲，三者非明主莫之能知也。爭然後善，戾然後功，生死無私，致忠而公，夫是之謂通忠之順，信陵君似之矣。奪然後義，殺然後仁，上下易位然後貞，功參天地，澤被生民，夫是之謂權險之平，湯武是也。過而通情，和而無經，不恤是非，不論曲宜，偷合苟容，迷亂狂生，夫是之謂禍亂之從聲，飛廉惡來是也。傳曰：「斬而齊，枉而順，不同而一。」詩曰：「受小球大球，爲下國綴旒。」此之謂也。

這是《臣道》篇中的最後一段話，荀子論述到三種比較極端的君臣關係，以及在這種關係中，臣子相應的做法。最值得注意的是，荀子在關於爲臣之道的論述中竟然包含著「權險之平」這種「君臣易位」的情況。前面已經論述過，君的本義和責任是能群。如果君主不能盡到能群的義務，那麼他也就不能稱爲一個君了。荀子以此爲基礎，對世俗人認爲的「桀紂有天下，湯武篡而奪之」觀點進行了批判。他說：

> 是不然。以桀紂爲常有天下之籍則然，親有天下之籍則不然，天下謂在桀紂則不然。……聖王沒，有執籍者罷不足以縣天下，天下無君；諸侯有能德明威積，海內之民莫不願得以爲君師；然而暴國獨侈，安能誅之，必不傷害無罪之民，誅暴國之君，若誅獨夫。……湯武非取天下也，脩其道，行其義，興天下之同利，除天下之同害，

> 而天下歸之也。桀紂非去天下也,反禹湯之德,亂禮義之分,禽獸
> 之行,積其凶,全其惡,而天下去之也。天下歸之之謂王,天下去
> 之之謂亡。故桀紂無天下,湯武不弒君,由此傚之也。湯武者,民
> 之父母也;桀紂者、民之怨賊也。今世俗之爲說者,以桀紂爲君,
> 而以湯武爲弒,然則是誅民之父母,而師民之怨賊也,不祥莫大焉。
> 以天下之合爲君,則天下未嘗合於桀紂也。然則以湯武爲弒,則天
> 下未嘗有說也,直墮之耳。(《正論》)

荀子認爲桀紂有天下這種觀點從根本上來說就是錯的,只能說桀紂曾經擁有
天下的王位,而不能說天下屬於桀紂。天下的所屬是以民心爲基礎的。桀紂
因爲擾亂了禮義的名分,行爲如同禽獸,罪惡罄竹難書,無惡不作,從而背
離了夏禹、商湯的美德,所以天下的人早已離棄了他。天下人歸順他就叫做
稱王,而天下人離棄他就叫做滅亡。既然百姓在湯武討伐桀紂之前早已經離
棄了桀紂,那麼他們在本質上就不能稱作爲君主,而只能稱之爲「獨夫」。因
此,桀紂既然沒有得到天下,那麼湯武也就不存在弒君的說法。況且湯武是
民之父母,而桀紂是民之怨賊。如果以桀紂爲君主而湯武殺掉了君主,那麼
就等於誅殺了人民的父母而把人民的仇敵作爲君長,沒有比這更荒誕與不吉
利的了。可以看出,君臣都有自己的道德和行爲屬性。如果不能做到君君臣
臣,那麼這個君也就不是君了,臣也就不是臣了。可以說臣對君的忠,它不
是對權力或者對某個人的忠,而是對仁義之道的忠,這種仁義之道在某種程
度上表達的就是生民的利益。《左傳・桓公六年》記載隨國季梁的話說:「所
謂道,忠於民而信於神也。上思利民,忠也;祝史正辭,信也。」

由此可知,荀子在王道制度化的過程中,設想了一個以名分爲本的理想
國。在這個理想國中,君臣民各自有著自己的職責與本分。如果人人都能各
盡其責、各安其分,使得社會上的每個成員與其名分都能相符合,那麼就會
呈現出一個上下有序、各取所值、和諧共存的王道社會。這種名分爲本的王
制在荀子看來並不是像西周統治者那樣認爲人一出身命運就被決定了,如「天
有十日,人有十等」。在荀子的思想中他是反對這種血緣世襲的身份制度。這
種以名分爲本的禮與西周的禮的根本區別在於,荀子強調的禮不單純是倫理
身份意義上的,更重要的是他把人與事結合起來,做相稱的分類。這種分類
的標準同時強調一個人在社會中表現出的德行、能力、職業、技術等等:

> 聖王在上,決德而定次,量能而授官,皆使民載其事而各得其

宜。不能以義制利，不能以偽飾性，則兼以爲民。(《正論》)

謫德而定次，量能而授官，使賢不肖皆得其位，能不能皆得其官，萬物得其宜，事變得其應，……言必當理，事必當務。(《儒效》)

無德不貴，無能不官，無功不賞，無罪不罰。朝無幸位，民無幸生。尚賢使能，而等位不遺。(《王制》)

量地而立國，計利而畜民，度人力而授事，使民必勝事，事必出利，利足以生民，皆使衣食百用出入相揜，必時臧餘，謂之稱數。故自天子通於庶人，事無大小多少，由是推之。故曰：「朝無幸位，民無幸生。」(《富國》)

明分職，序事業，材技官能，莫不治理，……人習其事而固，人之百事，如耳目鼻口之不可以相借官也。故職分而民不慢，次定而序不亂，……如是，則臣下百吏至於庶人，莫不修己而後敢安止，誠能而後敢受職；百姓易俗，小人變心，奸怪之屬莫不反愨：夫是之謂政教之極。(《君道》)

除此外，《荀子》一書中類似的說法俯拾皆是。可見，荀子所要求人們獲得的「分」不是一個單純概念，既是倫理上的，也是德性上的，又是職業上的，還是能力上的。這種明分的禮即通過明確度量分界，確定、維護和保障每個人所應得得利益，最終使每個人得需求在現實中都得到相應有的合理的滿足。每個人在生活中可以以自己的力量，變更自己在禮的「分」中的地位。名分之分既不是預定的，也不是一成不變的。他常說：「塗之人可以爲禹」，「我欲賤而貴，愚而智，貧而富，可乎？曰：其唯學乎。彼學者，行之，曰士也；敦慕焉，君子也；知之，聖人也。上爲聖人，下爲士、君子，孰禁我哉！」(《儒效》)對於那些已處於高位的人來說，其地位也並不是一成不變的，它必須與其德性、能力以及貢獻相對應，如果不相稱，那麼就可以廢上就下，優異者可從下而上。這意味著，荀子所構想的這套王制特別是其中所謂尊貴的層次理論上是向所有人敞開的。「雖王公士大夫之子孫也，不能屬於禮義，則歸之庶人。雖庶人之子孫也，積文學，正身行，能屬於禮義，則歸之卿相士大夫。」(《王制》)即每個人的起點是相同的，尊貴與卑賤乃是每個人後天學習、選擇以及造就的結果。而機會則是向所有人開放的。因此，在荀子心目中的社會，是「朝無幸位，民無幸生」的王道理想社會。

第四節　王道、霸道與師儒

　　通過上一節的論述可知，荀子在王道制度化的過程中，設想了一個以名分為本的理想國。如果人人能充分認識到自己的分，以及獲得自己「分」相應的位置，並在相應的位置中履行好自己的職責與義務，那麼就會呈現出一個「朝無幸位，民無幸生」人們安居樂業的王道理想社會。但是在現實社會當中，由於各種因素、條件的制約，國家並不會一直呈現出這種理想狀態。在《王霸》篇中，荀子將國家的好壞分為了三個層次：

> 國者，天下之利用也；人主者，天下之利執也。得道以持之，則大安也，大榮也，積美之源也；不得道以持之，則大危也，大累也，有之不如無之；及其綦也，索為匹夫不可得也，齊湣、宋獻是也。故人主天下之利執也，然而不能自安也，安之者必將道也。故用國者，義立而王，信立而霸，權謀立而亡。三者明主之所謹擇也，仁人之所務白也。

如將君主分為「聖君、中君、暴君」一樣，荀子將國家治理的好壞也分為三個等級：一個是實行禮義的王道國家，一個是講究信用的霸道國家，一個是搞權術陰謀的必然走向滅亡的國家。對於荀子來說，他認為君主在治理國家時採用什麼樣的治理之道就會走向相應的社會。所謂：「道王者之法與王者之人為之，則亦王；道霸者之法與霸者之人為之，則亦霸；道亡國之法與亡國之人為之，則亦亡。」(《王霸》)在《王道》篇中，荀子接著用歷史上的例子去論證他的理論。他說：「以國齊義，一日而白，湯武是也。湯以亳，武王以鄗，皆百里之地也，天下為一，諸侯為臣，通達之屬，莫不從服，無它故焉，以義濟矣。是所謂義立而王也。」商湯和武王之所以能以方圓百里的地最後統一了天下、臣服諸侯，那是因為他們遵循了以禮義治國的方針。而齊桓公、晉文公、楚莊王、吳王闔閭、越王句踐等沒能如湯武一樣統一天下，主要是因為他們「德雖未至也，義雖未濟也」。然而他們又沒有像「齊湣王、薛公」那樣最後因用權術而國破家亡而身死異首，主要是因為他們「鄉方略，審勞佚，謹畜積，脩戰備，齺然上下相信，而天下莫之敢當」，最後雖然沒有稱王天下，但是也取得了霸主的地位了。值得注意的是，荀子對國家好壞的劃分併不是絕對的三個等級，在有的篇章中，荀子將國家的好壞分為四個、五個等級。這些都劃分可以說都是以王道為參照物的。如《君子》載：

> 論法聖王，則知所貴矣；以義制事，則知所利矣。論知所貴，
> 則知所養矣；事知所利，則動知所出矣。二者是非之本，得失之原
> 也。故成王之於周公也，無所往而不聽，知所貴也。桓公之於管仲
> 也，國事無所往而不用，知所利也。吳有伍子胥而不能用，國至於
> 亡，倍道失賢也。故尊聖者王，貴賢者霸，敬賢者存，慢賢者亡，
> 古今一也。

聖王和禮義是判斷是非與得失的根本與本源。對一個國家的統治者來說，對
待聖賢與禮義的態度決定了國家的體制。如《強國》說：「人之命在天，國之
命在禮。人君者隆禮尊賢而王，重法愛民而霸，好利多詐而危，權謀傾覆幽
險而亡。」荀子以此將國家的好壞分為了四個等級，分別為王、霸、存、
亡。在《王制》篇中，荀子進一步將國家分為王、霸、安存、危殆、滅亡等
五個等級。可見，荀子並沒有像孟子那樣將霸道視為與王道的對立面，對之
排斥與否定。相反，他認為這些不同的等級只是王道理念在現實社會的制度
化過程中不同的表現罷了。因此，對於一個國家現實存在的國家來說，最重
要的是分析其現狀，然後對症下藥，才能為實現其王道打下基礎，而不是對
它進行全盤的否定。如荀子到秦國後，秦國宰相范睢問他「入秦何見」，荀子
回答說：

> 其固塞險，形勢便，山林川谷美，天材之利多，是形勝也。入
> 境，觀其風俗，其百姓樸，其聲樂不流污，其服不挑，甚畏有司而
> 順，古之民也。及都邑官府，其百吏肅然，莫不恭儉、敦敬、忠信
> 而不楛，古之吏也。入其國，觀其士大夫，出於其門，入於公門；
> 出於公門，歸於其家，無有私事也；不比周，不朋黨，倜然莫不明
> 通而公也，古之士大夫也。觀其朝廷，其朝閒，聽決百事不留，恬
> 然如無治者，古之朝也。故四世有勝，非幸也，數也。是所見也。
> 故曰：佚而治，約而詳，不煩而功，治之至也，秦類之矣。雖然，
> 則有其諰矣。兼是數具者而盡有之，然而縣之以王者之功名，則倜
> 倜然其不及遠矣！是何也？則其殆無儒邪！故曰粹而王，駁而霸，
> 無一焉而亡。此亦秦之所短。（《強國》）

此段話從地理位置、民眾風俗、官吏、士大夫以及處於權力中心的朝廷等幾
個方面對秦國進行了概括。可以說在荀子看來當時的秦國在法家政治的統治
下，出現了一個欣欣向榮的局面。每一個方面都可以說如古代「至平」之世

一樣。他認爲這正是秦國四代都能戰勝其他的諸侯國的原因所在。在《王霸》篇中，荀子說，只要一個國家具備了下面四個條件，那麼就可以無敵於天下。這四個條件是，「其法治，其佐賢，其民願，其俗美」。將這四個條件與他對范雎所說的話對照看來，當時的秦國幾乎已經具備統一天下的天時地利了。雖然如此，但是荀子認爲此時的秦國並沒有完全達到荀子推崇的王道社會。他同范雎的對話最後說道：「是何也？則其殆無儒邪！故曰粹而王，駁而霸，無一焉而亡。」荀子認爲如果以霸道的標準來說，秦國已經很完美了，但是同「王」比較起來，還差許多。這其中一個重要原因，荀子歸結爲當時的秦國缺少大儒。因此完全按照儒者的治國原則去治理國家才可以稱王天下，駁雜而用法與統一就只能稱霸而已。對於秦國來說，雖然已經「威動海內，強殆中國」而稱霸，但是由於不用儒治國，於是「諰諰然常恐天下之一合而軋己也」（《強國》）。但對於荀子的這種觀點，秦昭王並不認可，他認爲儒對於國家並沒有什麼益處。《儒效》篇載：

> 秦昭王問孫卿子曰：「儒無益於人之國。」孫卿子曰：「儒者法先王，隆禮義，謹乎臣子而致貴其上者也。人主用之，則勢在本朝而宜；不用，則退編百姓而慤；必爲順下矣。雖窮困凍餧，必不以邪道爲貪。無置錐之地，而明於持社稷之大義。嗚呼而莫之能應，然而通乎財萬物，養百姓之經紀。勢在人上，則王公之材也；在人下，則社稷之臣，國君之寶也；雖隱於窮閻漏屋，人莫不貴之，道誠存也。仲尼將爲司寇，沈猶氏不敢朝飲其羊，公慎氏出其妻，慎潰氏逾境而徙，魯之粥牛馬者不豫賈，必蚤正以待之也。居於闕黨，闕黨之子弟罔不分，有親者取多，孝悌以化之也。儒者在本朝則美政，在下位則美俗。儒之爲人下如是矣。

荀子針對秦王的觀點，進行了反駁。他認爲儒不管是對於政權的存在還是對於社會風俗的影響都是有益的。如果君主任用他，那麼他在朝廷內會做一個稱職的大臣；如果不任用他，那麼他會退隱民間而作一個誠實、恭順的百姓。即使出於窮困潦倒的環境中，也不會用歪門邪道去貪婪地滿足自己的欲望。那怕是窮困到沒有立錐之地的地步，也能夠深明維護國家綱紀的大義。並且以孔子爲例，說明儒者在朝廷上當官就能美化朝政，在下做百姓就能美化當地的風俗。怎麼能說儒對國家沒有益處呢？儒者之所以能做到這些，主要是因爲他們「法先王，隆禮義」。所謂法先王，也就是法先王之道。隆禮義，也

就是尊崇先王所制定的禮義原則。因此對於荀子來說，道隨著歷史的演進已經客觀地存在歷史的典籍以及聖人的事蹟當中了，人們需要做的就是去學習、體悟先王之遺言。荀子說：「不聞先王之遺言，不知學問之大也。」（《勸學》）學習的目的不單純是求客觀的知識，更重要的是德性的蓄積。學習的過程就是生命不斷地塑造和提升，是一個道德生命成就的過程。荀子說：「學惡乎始？惡乎終？曰：其數則始乎誦經，終乎讀禮；其義則始乎為士，終乎為聖人。」（《勸學》）這種學以至聖人之道的精神追求與責任擔當，在很大程度上，為儒者指明了學習的最終目標──成為「道義」的代言人。

在荀子看來，真正的儒者是以實現王道為己任，是從道不從君的。用現在的話說，他們就是一群以身體道的人，正所謂「天下有道，以道殉身；天下無道，以身殉道」。在堯舜禹等聖王時代，政權與道是統一的。王由聖人來擔任，可謂是德與位的融合，道與勢的統一。荀子說：「聖也者，盡倫者也；王也者，盡制者也。兩盡者，足以為天下極矣。故學者以聖王為師，案以聖王之制為法，法其法以求其統類，以務象效其人。」（《解蔽》）因此，堯舜禹文武周公等作為楷模和價值取向的標準受到後世儒家的尊崇。然而，自孔子以後，聖與王分而為二。這就是後人所說的政統與道統的分離。作為知識分子的士人、儒者，他們將「道」作為人生的精神支柱，憑藉著「道」批評社會政治、抗禮王侯，以達到「以道匡君」的目的。孔子說「君子猶道不猶貧」、「君子謀道不謀食」、「三軍可以奪帥也，匹夫不可以奪志也」，孔子弟子曾參說「士不可以不弘毅，任重而道遠。仁以為己任，不亦重乎？死而後已，不亦遠乎？」這些對君子、士的要求，成為荀子「從道不從君」的思想來源。王道社會的理念可以說為儒者批評現實社會提供了思想的武器，也為實現「至平之世」的理想指明了方向。

對於那些打著「仁義禮智」口號而做著以謀私利、以名亂實的偽儒們，荀子給予了強烈的批評。在《荀子》一書中，可以看到，他對儒的批評分很多類。如陋儒、散儒、腐儒、瞀儒、賤儒、俗儒等等。最值得注意是他對賤儒的批評：

> 弟陀其冠，衶禫其辭，禹行而舜趨：是子張氏之賤儒也。正其衣冠，齊其顏色，嗛然而終日不言，是子夏氏之賤儒也。偷儒憚事，無廉恥而耆飲食，必曰君子固不用力：是子游氏之賤儒也。彼君子則不然：佚而不惰，勞而不僈，宗原應變，曲得其宜，如是然

後聖人也。(《非十二子》)

在這裡荀子對子張學派、子夏學派、子遊學派進行了批評，稱他們是賤儒。但是他並沒有給出大多的理論證據。再加上之前對子思和孟子學派批評的論說。可以說荀子對當時流傳下來並且影響較大的學派幾乎都給出了自己否定性的觀點。換句話說，不管出於何種理由，荀子有著強烈統一儒家內部分歧的意願。這種意願也是以他所理解孔子的「王道」思想爲衡量標準的。

總而言之，荀子的王道思想並不像孟子的王道思想那樣是一種單純與霸道相對立的思想。它更多的是一種與現實政治相對的理想政治。現實中的社會政治除了霸道外，還有其他許多表現形式，如前面論述的「安存之道」、「危殆之道」、「滅亡之道」等等。王道社會在荀子思想中是曾經存在並且是實現過的社會，它並不只是一種空虛的幻想。荀子將那個曾經實現過的政治社會稱爲「聖王」社會。荀子的「王道的制度化」過程就是他所認爲當時「聖王」之治的具體形態的復原。聖王之治的社會雖然由於各種原因而遠去了，但是從歷史典籍對聖王言行的記載以及口口相傳的神話傳說中都能夠感受到「先王之道」。這種道，也就是聖王之道，它是後世儒者、士大夫們學習的最終和最高目標。通過對道的體悟，從而對現實社會的好壞給出自己的判斷，從而推動中國文化的前進，維護著文化的血脈。

第五章 結 語

　　以上大體就是先秦儒家主要代表者的王道思想的一個演變過程。可以看出，儒家王道思想隨著時間的前進，它的內涵並不是一成不變的。在不同的歷史語境下，王道思想在不同的思想家那裡的側重點與內涵呈現出多樣性。雖是如此，但是它那「道義至上」的精神卻是永恆不變的。

　　孔子窮其一生，縱貫上下，在社會形態由宗法封建社會進入官僚地主社會的大變之際，為古代中國設計出一套王道信仰的秩序。（司馬遷在其自序中談到為何作《孔子世家》一文時說：「周室既衰，諸侯恣行。仲尼悼禮廢樂崩，追脩經術，以達王道，匡亂世反之於正，見其文辭，為天下制儀法，垂六藝之統紀於後世。」）這王道思想的憲章綱領則體現在與孔子相關的「六藝經傳」當中。六藝的「經」則是指孔子整理過的《詩》、《書》、《禮》、《樂》、《易》、《春秋》等經典典籍，而六藝的「傳」則是指以孔子為首的儒家對「六經」的解釋以及被認為與六經相關的、反映了孔子思想的其他文獻。其中「說」和「記」也算是「傳」的一部分。漢朝人把《詩》、《書》、《禮》、《樂》、《易》、《春秋》」稱之為「六藝」，有「六藝經、傳以千萬數」的說法。在這些傳記當中，《論語》可以說最為關鍵與核心。《論語》中孔子以極其飽滿的熱情對「仁」進行了反覆和多方面的挖掘和歌頌，使它成為建立美好人際關係的一切美德的靈魂，進而成為王道思想的核心。後世的儒生們則隨著孔子的步伐，對經典進行箋注、分析，以孔子的王道理想作為自己的使命。在先秦的最為有名的是孟子與荀子。雖然他們倆學派之間的一些觀點有很大的不同，甚至針鋒相對，但是他們在對待孔子的態度上卻都是一致的。他們都以實現王道社會為己任。不僅如此，他們在理論上對王道思想進行了進一步的

細化與規定。其中包括對王道社會實現的可能性，對王道思想的制度化等等方面做了詳細的理論探討。而這一切似乎都與他們當時自身的社會環境有著密切的關聯。

在戰國時期，特別是戰國中後期階段，隨著各地諸侯陸續稱王，「王道」一詞在諸子百家中使用越來越多。除儒家思想家外，墨家、法家、道家等代表者也反覆地使用。如《管子》、《商君書》、《文子》、《韓非子》、《呂氏春秋》等著作中就有直接論述王道的篇章段落。值得注意的是，雖然他們都對王道進行描述，但是他們所說的王道與儒家所推崇的王道在內容上不盡相同，有的甚至是南轅北轍。如《商君書·農戰》篇說：

> 善為國者，官法明，故不任知慮；上作壹，故民不偷淫，則國力搏。國力搏者強，國好言談者削。故曰：農戰之民千人，而有詩書辯慧者一人焉，千人者皆怠於農戰矣。農戰之民百人，而有技藝者一人焉，百人者皆怠於農戰矣。國待農戰而安，主待農戰而尊。夫民之不農戰也，上好言而官失常也。常官則國治，壹務則國富，國富而治，王之道也。故曰：王道作，外身作壹而已矣。……詩、書、禮、樂、善、修、仁、廉、辯、慧，國有十者，上無使守戰。國以十者治，敵至必削，不至必貧。國去此十者，敵不敢至；雖至，必卻；興兵而伐，必取；按兵不伐，必富。

商鞅認為「王道」的關鍵在於「農戰」，而不是以《詩》、《書》為核心的知慮。如果一個國家提倡詩、書、禮、樂、善、修、仁、廉、辯、慧等包涵儒家王道思想的「知慮」，那麼君主就無法使人民守土和戰爭。朝廷用這十樣來治理人民，那麼敵人一來，國土就必定被侵削；敵人不來，國家也必定會貧弱不堪。由此可見，商鞅所說的王道與儒家的王道是相互背離的。他以反對儒書與儒術為根本的。在《商君書·靳令》篇中，他甚至將「禮樂、詩書、修善、孝悌、誠信、貞廉、仁義、非兵、羞戰」等一系列儒家王道思想的主張比作「六蝨」。商鞅的這種思想在戰國後期被韓非子所繼承。到韓非子時，他進一步否定了人與人之間、父母與子女之間的仁愛孝悌，認為人與人的關係只源於人心的利害計慮，沒有絲毫感情可言。他說：「父母之於子也，產男則相賀，產女則殺之，此俱出於父母之懷袵，然男子受賀，女子殺之者，慮其後便、計之長利也。故父母之於子也，猶用計算之心以相待也，而況無父子之澤乎。」（《韓非子·六反》）又如：「王良愛馬，越王句踐愛人，為戰與

馳。醫善吮人之傷，含人之血，非骨肉之親也，利所加也。故與人成輿，則
欲人之富貴；匠人成棺，則欲人之夭死也。非輿人仁而匠人賊也，人不貴，
則輿不售；人不死，則棺不買，情非憎人也，利在人之死也。故后妃、夫人
太子之黨成而欲君之死也，君不死，則勢不重。情非憎君也，利在君之死
也。」（《韓非子·備內》）有了這種理論和思想作為背景，韓非子大膽地提
出：「孔子、墨子俱道堯、舜，而取捨不同，皆自謂眞堯、舜，堯、舜不復
生，將誰使定儒、墨之誠乎？殷、周七百餘歲，虞、夏二千餘歲，而不能定
儒、墨之眞；今乃欲審堯、舜之道於三千歲之前，意者其不可必乎！」（《韓
非子·顯學》）可知，韓非子認爲連儒墨都無法辨清，更何況是所謂的堯舜之
道了。由此得出堯舜之道「其不可必」，「今欲以先王之政，治當世之民，皆
守株之類也」（《韓非子·五蠹》）「則仁之不可以爲治亦明矣」（《韓非子·五
蠹》），從而在很大程度上試圖解構儒家一直堅持的「王道」信念。可以看出，
以韓非爲代表的法家學派徹底走向了儒家的背面。

除法家外，道家《文子》一書中對王道也提出了自己的看法。《文子·道
德》說：

> 文子問曰：「古之王者以道莅天下，爲之奈何？」老子曰：「執
> 一無爲，因天地之變化。『天下，大器也，不可執也，不可爲也。爲
> 者敗之，執者失之』。執者，見小也，見小故不能成其大也。無爲者，
> 守靜也，守靜能爲天下正。處大，滿而不溢；居高，貴而無驕。處
> 大不溢，盈而不虧；居上不驕，高而不危。盈而不虧，所以長守富
> 也；高而不危，所以長守貴也。富貴不離其身，祿及子孫，古之王
> 道，具於此矣。」

《文子》中對王道的解釋的思想來源於《老子》。作者認爲王道的精髓在於無
爲守靜，隨應天地的變化。這種思想可以說與老子、莊子等道家思想是一脈
相承的。他們並不認可儒家的王道思想。甚至在老子、莊子等書中常常可以
看到反對儒家提倡仁義思想的言論。如「大道廢，有仁義」（《老子》第十八
章），「絕仁棄義，民復孝慈」（《老子》第十九章），「失道而后德，失德而後
仁，失仁而後義，失義而後禮」（《老子》第三十八章）。又如「毀道德以爲仁
義，聖人之過也。」（《莊子·馬蹄》）他們反對儒家王道最根本的原因用莊子
的話來說，存在著像「盜亦有道」這般不可避免的矛盾與困境。一個政權高
舉王道仁義，但是王道在莊子眼裏哪裏又體現了什麼仁義呢？不過是刑戮和

狡詐罷了：「爲之仁義以矯之，則並與仁義而竊之。何以知其然邪？彼竊鉤者誅，竊國者爲諸侯，諸侯之門而仁義有焉，則是非竊仁義聖知邪？」（《莊子·胠篋》）因此，道家學派在以「無爲」爲本的前提下對王道提出了自己新的見解。

這些不同「王道」理論的提出，與當時的社會政治制度、文化、經濟的變動有著密切的關聯。《漢書·藝文志》對這一現象進行了披露，指出：「諸子十家，其可觀者九家而已。皆起於王道既微，諸侯力政，時君世主，好惡殊方，是以九家之術蜂出並作，各引一端，崇其所善，以此馳說，取合諸侯。」可知，在「國野制」社會和政治制度崩潰的狀態下，士大夫們都希望藉重諸侯的力量，建立一個和平安定的太平社會。司馬談在《論六家要指》中說道：「夫陰陽、儒、墨、名、法、道德，此務爲治者也。」《淮南子·泛論訓》也有幾乎一樣的評論：「百川異源，而皆歸於海；百家殊業，而皆物於治。」因此，當孔子率先重構一套王道信仰體系時，其他學派似乎有了一個參考系，對之提出不同的意見。如墨子對孔子的王道提出了質疑，他大量的觀點都與孔子有著不同的看法。如「兼愛」、「天志」、「明鬼」、「非命」、「非樂」、「節葬」、「節用」等等。而後來的孟子對墨家學派的一些觀點進行了吸收和反駁。接著以莊子爲中心的道家學派以及稷下學派對儒家的王道提出了不同的看法，而荀子在吸收各家所長的前提下，以儒家王道爲核心，對他們進行了批評與質疑，維護了孔子王道的正統性。〔註1〕也正因如此，先秦儒家的學者們對王道的論述及闡發才出現了不同的切入形式和內容。

先秦儒家王道思想作爲一種理想的社會制度，爲現實社會的制度安排提供了一種可能性。本文通過對先秦儒家王道思想的研究，希望能爲以後的社會政治制度的安排提供借鑒和參考。

〔註 1〕 具體的演變的歷史軌跡及其內在的學術邏輯過程，可參看錢穆先生的《中國思想史》、《中國思想史六講》，以及吳龍輝先生的《原始儒家考述》等著作。

參考文獻

古　籍

《詩經》、《春秋左傳》、《春秋公羊傳》、《尚書》、《周易》、《論語》、《墨子》、《郭店楚簡》、《上博簡》、《孟子》、《莊子》、《禮記》、《荀子》、《韓非子》、《呂氏春秋》、《戰國策》、《管子》、《史記》、《日知錄》、《六韜》、《漢書》、《淮南子》、《黃帝四經》、《商君書》、《春秋繁露》、《白虎通義》、《東塾讀書記》。

學術專著

1. 王國維：《王國維儒學論集》〔M〕，成都：四川大學出版社，2010 年。
2. 章太炎：《章太炎儒學論集》〔M〕，成都：四川大學出版社，2010 年。
3. 皮錫瑞：《皮錫瑞儒學論集》〔M〕，成都：四川大學出版社，2010 年。
4. 金景芳：《金景芳儒學論集》〔M〕，成都：四川大學出版社，2010 年。
5. 張瞬徽：《張瞬徽儒學論集》〔M〕，成都：四川大學出版社，2010 年。
6. 陳澧：《東塾讀書記》〔M〕，上海：中西書局，2012 年。
7. 康有爲：《孔子改制考》〔M〕，北京：中國人民大學出版社，2010 年。
8. 康有爲：《新學僞經考》〔M〕，北京：中國人民大學出版社，2010 年。
9. 黃興濤等：《辜鴻銘文集》〔M〕，海口市：海南出版社，1996 年。
10. 辜鴻銘：《辜鴻銘講論語》〔M〕，北京：北京理工大學出版社，2013 年。
11. 胡適：《中國哲學史大綱》〔M〕，北京：商務印書館，2011 年。
12. 梁啓超：《先秦政治思想史》〔M〕，天津：天津古籍出版社，2004 年。
13. 馮友蘭：《馮友蘭文集》〔M〕，吉林：長春出版社，2008 年。
14. 熊十力：《熊十力全集》〔M〕，武漢市：湖北教育出版社，2001 年。

15. 梁漱溟：《梁漱溟全集》〔M〕，濟南市：山東人民出版社，1989 年。

16. 錢穆：《錢賓四先生全集》（國學概論、四書釋義、先秦諸子繫年、孔子與論語、中國思想史、講堂遺錄、國史大綱、周公、墨子）〔M〕，臺北：聯經出版事業公司，1998 年。

17. 蕭公權：《中國政治思想史》〔M〕，北京：商務印書館，2011 年。

18. 葛兆光：《中國思想史》（第一卷）〔M〕，上海：復旦大學出版社，2013 年。

19. 北京大學哲學系主編：《中國哲學史》〔M〕，北京：北京大學出版社，2001 年。

20. 勞思光：《新編中國哲學史》〔M〕，廣西：廣西師範大學出版社，2005 年。

21. 韋政通：《中國思想史》（上卷）〔M〕，吉林：吉林出版集團有限責任公司，2009 年。

22. 童書業：《春秋史》〔M〕，上海：上海古籍出版社，2010 年。

23. 顧德融、朱順龍：《春秋史》〔M〕，上海：上海人民出版社，2003 年 4 月。

24. 楊寬：《戰國史》〔M〕，上海：上海人民出版社，2003 年 4 月。

25. 牟宗三：《牟宗三先生全集》（第 10 冊）〔M〕，臺北：聯經出版事業有限公司，2003 年。

26. 余英時：《余英時文集》〔M〕，桂林：廣西師範大學出版社，2006 年。

27. 李維武：《徐復觀文集》（第一卷‧文化與人生）〔M〕，湖北：湖北人民出版社，2002 年。

28. 李維武：《徐復觀文集》（第二卷‧儒家思想與人文世界）〔M〕，湖北：湖北人民出版社，2002 年。

29. 殷海光：《中國文化的展望》〔M〕，北京：商務印書館，2011 年。

30. 李澤厚：《中國古代思想史論》〔M〕，北京：生活、讀書、新知三聯書店，2009 年。

31. 龐樸：《當代學者自選文庫》（龐樸卷）〔M〕，合肥市：安徽教育出版社，1999 年。

32. 劉夢溪：《中國現代學術經典》（廖平‧蒙文通卷）〔M〕，湖北：湖北教育出版社，1996 年。

33. 沈文倬：《菿闇文存》〔M〕，北京：商務印書館，2006 年。

34. 浙江大學古籍研究所：《禮學與中國傳統文化》〔M〕，北京：中華書局，2006 年。

35. 劉夢溪：《論國學》〔M〕，上海：上海人民出版社，2008 年。

36. 韋政通：《中國思想史》（上冊）〔M〕，上海：上海書店出版社，2003 年。

37. 蕭公權：《中國政治思想史》（上冊）〔M〕，北京：商務印書館，2011 年。

38. 周桂鈿：《董學探微》〔M〕，北京：北京師範大學出版社，2008 年。

39. 張岱年、夏乃儒：《孔子百科辭典》〔M〕，上海：上海辭書出版社，2010 年。

40. 劉笑敢主編：《中國哲學與文化》（第 6 輯・簡帛文獻與新啓示）〔M〕，桂林：廣西師範大學出版社，2009 年。

41. 劉澤華：《王權思想論》〔M〕，天津：天津人民出版社，2006 年。

42. 蒙培元：《蒙培元講孟子》〔M〕，北京：北京大學出版社，2006 年。

43. 唐君毅：《中國哲學原論》（原道篇）〔M〕，北京：中國社會科學出版社，2006 年。

44. 陳來：《孔夫子與現代世界》〔M〕，北京：北京大學出版社，2011 年。

45. 陳來：《古代宗教與倫理・儒家思想的根源》〔M〕，北京：生活・讀書・新知三聯書店，2009 年。

46. 陳來：《古代思想文化的世界》〔M〕，北京：生活・讀書・新知三聯書店，2009 年。

47. 陳戌國：《中國禮制史》（先秦卷）〔M〕，長沙：湖南教育出版社，2011 年。

48. 姜廣輝：《中國經學思想史》（第 1 卷）〔M〕，北京：中國社會科學出版社，2003 年。

49. 李景林：《教化的哲學・儒家思想的一種新詮釋》〔M〕，哈爾濱：黑龍江人民出版社，2006 年。

50. 李景林：《教養的本原・哲學突破期的儒家心性論》〔M〕，北京：北京師範大學出版社，2009 年。

51. 李景林、鄭萬耕：《中國哲學概論》〔M〕，北京：北京師範大學出版社，2010 年。

52. 李景林：《教化視域中的儒學》〔M〕，北京：中國社會科學出版社，2013 年。

53. 陳明、朱漢民：《原道》（第十輯）〔M〕，北京：北京大學出版社，2005 年。

54. 蔣慶：《政治儒學》〔M〕，北京：生活、讀書、新知三聯書店，2003 年。

55. 蔣慶：《再論政治儒學》〔M〕，上海：華東師範大學出版社，2011 年。

56. 趙汀陽：《天下體系・世界制度哲學導論》〔M〕，北京：中國人民大學出版社，2011 年。

57. 干春松：《重回王道・儒家與世界秩序》〔M〕，上海：華東師範大學出版

社，2012 年。

58. 江榮海：《中國政治思想史九講》〔M〕，北京：北京大學出版社，2012
年。

59. 陳蘇鎮：《《春秋》與「漢道」兩漢政治與政治文化研究》〔M〕，北京：
中華書局，2011 年。

60. 郭齊勇、鄭文龍：《杜維明文集》（第 4 卷）〔M〕，武漢：武漢出版社，
2002 年。

61. 韓養民：《秦漢文化史》〔M〕，西安：陝西人民教育出版社，1986 年。

62. 吳龍輝：《原始儒家考述》，北京：中國社會科學出版社，1996 年。

63. 干春松：《制度化儒家及其解體》，北京：中國人民大學出版社，2012
年。

64. 傅永聚、任懷國：《儒家政治理論及其現代價值》〔M〕，北京市：中華書
局，2011 年。

65. 范文瀾：《中國通史》（第二冊）〔M〕，北京：人民出版社，1978 年。

66. 匡亞明：《中國思想家評傳叢書》（孔子評傳，孟子評傳，荀子評傳，董
仲舒評傳）〔M〕，南京：南京大學出版社。

67. 薩孟武：《儒家政論衍義》〔M〕，臺北：東大圖書公司印行，1982 年。

68. 陳鼓應：《道家文化研究》（第六輯）〔M〕，上海：上海古籍出版社，1995
年。

69. 強昱：《知止與照曠‧莊學通幽》〔M〕，北京：宗教文化出版社，2004
年。

70. 熊鐵基：《漢代學術史論》〔M〕，北京：高等教育出版社，2013 年。

71. 張崑將：《日本德川時代古學派之王道政治論‧以伊藤仁齋、荻生徂徠為
中心》〔M〕，上海：華東師範大學出版社，2008 年。

72. 吳龍輝：《孔子語錄全編》〔M〕，北京：北京圖書館出版社，2007 年。

73. 王中江、李存山：《中國儒學》（第 5 輯）〔M〕，北京：中國社會科學出
版社，2010 年。

74. 梁濤：《郭店竹簡與思孟學派》，北京：中國人民大學出版社，2008 年。

75. 張奇偉：《亞聖精蘊‧孟子哲學真諦》〔M〕，北京：人民出版社，1997
年。

76. 李祥俊：《中國傳統哲學精神與現時代》〔M〕，北京：中國社會科學出版
社，2011 年。

77. 姜林祥、王鈞林：《中國儒學史》（先秦卷）〔M〕，廣州：廣東教育出版
社，1998 年。

78. 龐樸：《中國儒學》（第 1 卷），上海：東方出版中心，1997 年。

79. 姜廣輝：《義理與考據‧思想史研究中的價值關懷與實證方法》〔M〕，北京：中華書局，2010 年 01 月。

80. 《中國哲學》編輯部，國際儒聯學術委員會：《郭店簡與儒學研究》〔M〕，瀋陽：遼寧教育出版社，2000 年。

81. 涂宗流、劉祖信：《郭店楚簡‧先秦儒家佚書校釋》〔M〕，臺北：萬卷樓圖書有限公司，2000 年。

82. 王博：《簡帛思想文獻論集》〔M〕，臺北：臺灣古籍出版有限公司，2001 年。

83. 廖名春：《新出楚簡試論》〔M〕，臺北：臺灣古籍出版有限公司，2001 年。

84. 廖名春：《荀子新探》〔M〕，北京：中國人民大學出版社，2014 年。

85. 宋志明：《中國古代哲學研究》〔M〕，北京：中國人民大學出版社，1998 年。

86. 丁原植：《郭店楚簡儒家佚籍四種釋析》〔M〕，臺北：臺灣古籍出版有限公司，2001 年。

87. 龐樸：《郭店楚簡與早期儒學》〔M〕，臺北：臺灣古籍出版有限公司，2002 年。

88. 裘錫圭：《中國出土古文獻十講》〔M〕，上海：復旦大學出版社，2004 年。

89. 楊朝明、宋立林等：《新出簡帛文獻注釋論説》〔M〕，臺北：臺灣書房出版有限公司，2008 年。

90. 王中江：《簡帛文明與古代思想世界》〔M〕，北京：北京大學出版社，2011 年。

91. 劉小楓：《拯救與逍遙》〔M〕，上海：華東師範大學出版社，2007 年。

92. 〔加〕貝淡寧：《賢能政治》，吳萬偉譯，北京：中信出版社，2016 年。

93. （英）莊士敦：《儒學與近代中國》〔M〕，天津：天津人民出版社，2010 年。

94. 〔美〕郝大維，〔美〕安樂哲：《孔子哲學思微》，江蘇：江蘇人民出版社，2012 年。

95. 〔美〕倪德衛：《儒家之道——中國哲學之探討》，周熾成譯，江蘇：江蘇人民出版社，2006 年。

96. 〔美〕狄百瑞：《儒家的困境》，黃水嬰譯，北京：北京大學出版社，2009 年。

97. 〔美〕牟復禮：《中國思想之淵源》，王立剛譯，北京：北京大學出版社，2009 年。

98. 〔美〕赫伯特‧芬格萊特：《孔子：即凡而聖》，彭國翔、張華等譯，江蘇：江蘇人民出版社，2002 年。

99. 〔日〕渡邊信一郎：《中國古代的王權與天下秩序》，徐沖譯，北京：中華書局，2008 年。

論 文

1. 羅根澤：〈古代政治學中之「皇」「帝」「王」「霸」〉〔A〕，羅根澤，《管子探源》〔M〕，長沙市：嶽麓書社，2010 年。

2. 鄧廣銘：〈朱陳論辨中陳亮王霸義利觀的確解〉〔J〕，《北京大學學報》（哲學社會科學版），1990 年第 02 期，第 3～7 頁。

3. 姜建設：〈先秦儒家王道釋義〉〔J〕，《孔子研究》，1993 年第 02 期，第 12～17 頁。

4. 龐樸：〈傳統文化與現代化〉〔A〕，陳明，《原道》〔C〕，1994 年第 05 期，第 24～37 頁。

5. 趙峰：〈儒者經世致用的兩難選擇——朱陳義利王霸之辯解讀〉〔A〕，劉東，《中國學術》〔C〕，2003 年第 14 期，第 38～79 頁。

6. 孫曉春：〈先秦儒家王道理想述論〉〔J〕，《政治學研究》，2007 年第 04 期，第 109～115 頁。

7. 吳龍輝：〈《論語》是儒家集團的共同綱領〉〔J〕，《湖南大學學報》（社會科學版），2010 年第 01 期，第 81～89 頁。

8. 李景林：〈論儒家的王道精神——以孔孟為中心〉〔J〕，《道德與文明》，2012 年第 04 期，第 21～29 頁。

9. 黃俊傑：〈王道文化與 21 世紀大中華的道路〉〔J〕，《開放時代》，2012 年第 02 期，第 37～44 頁。

10. 方朝暉：〈重建王道——中國改革的出路新探〉〔J〕，《探索與爭鳴》，2013 年第 06 期，第 25～30 頁。

11. 韓星：〈「霸王道雜之」——秦漢政治文化模式考論〉，《哲學研究》〔J〕，2009 年第 2 期，第 54～60 頁。

12. 辜鴻銘：〈普遍的秩序或人生之道〉〔A〕，王中江、李存山，《中國儒學》（第 5 輯）〔C〕，北京市：中國社會科學出版社，2010 年，第 405～442 頁。

13. 韓星：〈三才之道與王道政治〉〔A〕，范瑞平、貝淡寧、洪秀平，《儒家憲政與中國未來》〔C〕，上海：華東師範大學出版社，2012 年，第 115～144 頁。

14. 任劍濤：〈天道、王道與王權——王道政治的基本結構及其文明矯正功能〉，《中國人民大學學報》，2012 年第 02 期，第 83～94 頁。

15. 彭永捷主持：〈王道政治與天下主義〉，《現代哲學》，2013 年第 02 期，第 90～102 頁。

16. 李祥俊：〈儒家王道政治的歷史淵源、理論構建與思想演進〉，《當代中國價值觀研究》，2017 年第 5 期。

17. 葛兆光：〈異想天開──近年來大陸新儒學的政治訴求〉，《思想》（臺灣）第 33 期，2017 年。

附　錄

王道理念與禮法實踐

　　摘要：儒家王道思想以仁愛爲核心，經過禮與生活世界的相互交融，以法律法典的形式將人與人、人與社會、人與國家等外在的一切關聯起來。仁作爲王道思想的立足點，在向外呈現時必須考慮到它三方面的區別與差異：人與禽獸群體，人與人之間以及人的情感體驗的差異性。那麼作爲修飾「仁」向外表現出的各種不同「情」的「禮」也應該存在著相應的差異性。所以禮的一個重要功能就是「禮辨異」，體現爲「名位不同，禮亦異數」。法作爲禮的實踐生活的實施保證，在於它的公正與平等性，所以與表現爲差異性的禮必然會有衝突。而「以禮入法」的禮法融合，則使儒學王道理念法典制度化。

關鍵詞：王道、仁、禮、法、禮法

一、前言

　　20 世紀上半葉，德國著名哲學家雅斯貝爾斯提出了一個很重要的文化學概念，叫「軸心時代」。在《歷史的起源與目標》一書裏，雅斯貝爾斯具體解釋了「軸心時代」的含義。他認爲在公元前 800 年到公元前 200 年的幾百年間，人類早期的幾個文明（希臘文明、波斯文明、古代印度文明和古代中國文明）不約而同地出現了一個輝煌的文化繁榮時期。與之相應的是同時出現了一批偉大的精神先軀或先知式的賢哲，如希臘的蘇格拉底、柏拉圖，波斯

的瑣羅亞斯德，印度的釋迦牟尼和中國的孔子等。而正是這一時期的哲學突破，古代先哲們通過自己對歷史經驗的把握，使得中西文化向著兩個不同的方向發展了。

在軸心時代的中國，此時正處於春秋戰國時期的偉大變革。這一變局的標誌性事件就是周天子平王東遷。錢穆說：「及平王東遷，以弒父嫌疑，不爲正義所歸附，而周室爲天下共主之威信掃地以盡，此下遂成春秋之霸局。」〔註1〕平民階層力爭突破血緣的宗法制（即用以區別貴賤的禮）的規範。「國人」和工匠的暴動、奴隸的逃亡和起義，都在各國連續發生〔註2〕。錢穆將這一激烈的時期概括爲：政治方面，是由許多宗法封建的小國家，變成幾個中央政權統一的新軍國。社會方面，則自貴族御用工商及貴族私用的井田制下，變成後代農、工、商、兵的自由業。而更重要的，則爲民間自由學術之興起。〔註3〕吳龍輝先生則依據中國古代歷史的實際情況將其概括爲「國野制的崩潰和宗法世襲制的動搖。」〔註4〕

隨著社會的進步（歷史的前進），學在官府的體制慢慢向學在民間的體制轉變，人民的理性懷疑精神普遍增強。面對著社會統治者臣弒君，子殺父，國與國之間的擴展與消亡的變化無常〔註5〕，人民對周天子宣傳的「天」和「帝」的信仰慢慢瓦解。社會意識形態方面呈現出一種真空狀態。在這種背景下，先秦諸子們重新思考社會與人生問題，根據自己的學識，依照自己所認同的價值觀念，從實踐和思想理念上重新塑造新的、理想的社會秩序。他們或隱居山林、或周遊列國、或開館授徒，以各種方式向列國的統治者們兜售自己深思熟慮的「政治藍圖」，向民間有志於「濟世救民」的士子傳播自己的知識和智慧。這些爲統治者構建新的理想國形成的爭論，被司馬談在《論六家要旨》中概括爲道家、儒家、墨家、法家等等不同流派。這些不同流派，在當時其實都有一個共同的目標，即通過一定的方式，將不同種族、不同歷史和文化背景的人們統一起來，建成一個和諧穩定的良治社會。《淮南子·氾論》中談到：「百川異源，而皆歸於海，百家殊業，而皆務於治。」司馬談在

〔註1〕　錢穆：《國史大綱》，商務印書館，1991年版，第49頁。
〔註2〕　侯外廬：《中國思想史綱》，上海世紀出版集團，2008年版，第32頁。
〔註3〕　錢穆：《國史大綱》，商務印書館，1991年版，第92頁。
〔註4〕　吳龍輝：《原始儒家考述》，中國社會科學出版社，2000年版，第4頁。
〔註5〕　《說苑·建本篇》說：「公扈子曰：春秋，國之鑒也。春秋之中，弒君三十六，亡國五十二。」

《論六家要旨》中說：「《易大傳》：『天下一致而百慮，同歸而殊途。』夫陰陽、儒、墨、名、法、道德，此務為治者也，直所從言之異路，有省與不省耳。」在這些不同的社會治理藍圖中，以孔孟荀為核心的儒家王道思想理念，在幾百年的傳承中戰勝了其他流派從而獲得了帝王的青睞，成為後世二千多年治國思想的主要意識形態。

二、王道之仁

這裡要詰問的是，儒家的王道理念憑什麼能成為二千多年來帝國統治的意識形態呢？我們知道秦朝經過商鞅變法後迅速強大起來，經過一百多年的時間就將全國統一起來。然而十五年後秦國就迅速瓦解。漢朝建立後，就曾反反覆覆辯論秦國為什麼能強大，而又為什麼迅速衰落。賈誼在《過秦論》中總結說，「仁義不施而攻守之勢異也」、「夫兼併者高詐力，安危者貴順權，此言取與守不同術也。秦離戰國而王天下，其道不易，其政不改，是其所以取之守之者無異也。孤獨而有之，故其亡可立而待也。」也就是說打天下與治理天下應該採取不同的治理方法。而秦國以法術統一中國，但在守天下時仍舊以「嚴而少恩」的法術去治理。結果只能導致自己滅亡。也正如陸賈對劉邦所說：「居馬上得之，寧可以馬上治之乎？」因此，在穩定時期治理國家的核心是以仁愛為出發點，將仁愛之心推行到具體的政治政策上就是實行仁政。這種仁愛之心就是儒家在百家爭鳴中擊敗他人而獲得帝王青睞的可能性前提。

仁愛作為王道的核心基礎，孔孟荀等儒家作了大量的論述。如孔子說：「仁者愛人」；子張問仁於孔子。孔子曰：「能行五者於天下為仁矣。」「請問之。」曰：「恭、寬、信、敏、惠。恭則不侮，寬則得眾，信則人任焉，敏則有功，惠則足以使人。」孔子認為一個人如果能做到「莊重、寬厚、誠實、勤敏、慈惠」這五個方面，那麼就是一個仁人了。又，子曰：「志士仁人，無求生以害仁，有殺身以成仁。」孔子認為真正的志士仁人，沒有貪生怕死而損害仁的，只有犧牲自己的性命來成全仁的。仁在孔子這裡已經成了人性內在的一個價值本源。人生在世如果明白這個道理，體悟到仁的境界，那麼就死而無憾了。所以孔子說「朝聞道，夕死可矣。」因此真正的君子是喻於義而不是喻於利的，不管在任何情況下都不會做違背仁愛的事情〔註6〕。仁愛作

〔註6〕 子曰：君子喻於義，小人喻於利。（《論語・里仁》）子曰：「富與貴，是人之

爲儒家王道的出發點，如何將它付諸於社會團體呢？《大學》中說「心正而後身修，身修而後家齊，家齊而後國治，國治而後天下平。」在這裡可以看出儒家王道理念的仁愛不單是涉及到單獨的個體，更重要的是涉及到仁愛的對象，不管是他人、家庭還是其他社會團體，如民族、國家等等都包括在內。「仁」在說文解字當中解釋爲「親也，從人從二」，鄭玄注說「相人偶」表示人與人之間的關係。所以《韓非子‧解老》中說，「仁者，謂其中心欣然愛人也」，《禮記‧經解》中說，「上下相親謂之仁」。由此可知，儒者們在崇尚仁愛，推行仁政的時候，必須要考慮到現實社會的實際情況。

　　第一：人與禽獸群體的區別。儒家認爲人之所以爲人，是因爲他與動物之間有著根本的區別。孔子說：「鳥獸不可以與同群，吾非斯人之徒與而誰與？」人和鳥獸等群體是不同的族群。孟子說：「人之所以異於禽獸者幾希，庶民去之，君子存之。舜明於庶物，察於人倫，由仁義行，非行仁義也。」這個根本的差別體現在人倫與仁義兩個方面。人倫指的是人與人之間的名分關係，而仁義指的是人內在的本性。如果一個人「飽食、暖衣、逸居而無教，則近於禽獸」，因此「聖人有憂之，使契爲司徒，教以人倫——父子有親，君臣有義，夫婦有別，長幼有序，朋友有信。」〔註7〕但是有的思想家淡化甚至否認人與禽獸這種人倫的區分。如楊朱認爲只要人人爲我，即使拔一毛而能治理好天下也不去做。從而整個社會做到「人人不損一毫，人人不利天下，天下治矣」〔註8〕。如果這樣那人和禽獸也就沒有區別了。因爲人倫之間很重要的成分就是有愛在其中支撐著。即使按照楊朱的人人爲自己的觀點也不能治理好社會，因爲在面對大自然，面對洪水猛獸時，單個的原子式的人並不能保全自己。所以孟子批評楊朱說道：「楊氏爲我，無君也。」另外這種人倫的關係，在荀子的思想中闡釋得更爲明白。他說：「人有氣、有生、有知，亦且有義，故最爲天下貴也。力不若牛，走不若馬，而牛馬爲用，何也？曰：人能群，彼不能群也。人何以能群？曰：分。分何以能行？曰：義。故義以分則和，和則一，一則多力，多力則強，強則勝物；故宮室可得而居也。」〔註9〕

所欲也，不以其道得之，不處也；貧與賤，是人之所惡也，不以其道得之，不去也。君子去仁，惡乎成名？君子無終食之間違仁，造次必於是，顚沛必於是。」（《論語‧里仁》）
〔註7〕　《孟子‧滕文公上》。
〔註8〕　《列子‧楊朱》。
〔註9〕　《荀子‧王制》。

可以說，荀子在這裡以人倫的方式將族群、社會團體等組織的起源、發展的問題涉及到了。人為什麼在比動物在速度、力量、兇猛等方面絕對弱勢的情況下，而能讓他們為自己所用，變成他們的主宰。主要的原因是人與人之間能組成一個群體，建立一個名分等級的社會。名分等級社會之所以能讓人心服口服，是因為它靠義建立的。義在荀子這裡指得就是人倫和舉賢的合理性。

　　第二：人與人之間的差異。王道思想在儒家們看來並不是一種單純的烏托邦思想，而是希望在治國平天下的實踐中得到落實，用它來治理這個複雜分殊的世俗世界。當儒家面對這個多姿多彩，五彩斑斕的世界時，就自然而然的發現現實客觀存在的物和人並不存在所謂的相同和平等。世界上沒有兩片完全一樣的葉子，事物之間紛繁複雜，如它們的價格、質量、體積、形狀等等一切都是不齊同的，這是事物存在的真實情況。因此，莊子們的齊萬物在儒家看來是荒謬的。不僅事物如此，客觀存在的人也是如此。每個人在其性格、能力、道德、知識、身材、相貌、性別、社會地位等等方面都是不平等的。而有些思想家面對這種不平等時，企圖將這些都抹平。如墨子提出要兼愛，愛無等差。孟子批評他為「墨氏兼愛，是無父也」。在孟子看來，把自己的至親視為和普通人一樣，等於將自己的父親在某種程度上當作了與自己無關的陌生人了。這是讓人很難從心理和事實上接受的。在魏晉時期，孔融因說過父母與子女無恩無愛〔註10〕的言論，就被當成一條重要的罪證，判定他的死刑。正因為個人與個人之間存在著差別，那麼由不同差別的人與人組成的社會團體，儒家自然而然地認為應該有著不同的差異性。這些差異性體現在各個方面，如在個人勞動分工及職業的選擇上，在家庭的身份名稱及作用上，在國家治理職責的分配上等等。雖是如此，但是有的思想家認為這樣的分工不合理，甚至造成了很多的社會矛盾。許行說：「滕君則誠賢君也；雖然，未聞道也。賢者與民並耕而食，饔飧而治。今也滕有倉廩府庫，則是厲民而以自養也，惡得賢？」〔註11〕許行認為滕君雖然是一個賢明的君主，但是，他並沒有掌握真正的治國之道。他認為，真正的賢人治國應該和老百姓一道耕種而食，自己做飯，而且也要替百姓辦事。而現在滕國卻有儲藏

〔註10〕 「父之於子，當有何親？論其本意，實為情慾發耳。子之於母，亦復奚為？
　　　　譬如寄物瓶中，出則離矣。」（《後漢書卷七十・鄭孔荀列傳第六十》）
〔註11〕 《孟子・滕文公上》。

糧食的倉庫，存放財物的府庫，這是損害老百姓來奉養自己，怎麼能夠叫做賢明呢？正所謂「朱門酒肉臭，路有凍死骨」，所以許行反對儒家提倡所謂的君子勞心與小人勞力的分工。不勞而獲，不勞而食是非常不合理的，人的身份與尊嚴應該平等地被對待。孟子認為雖然許行和他的徒弟們「皆衣褐，捆屨，織席以為食」，但是人類階級的分工在孟子看來是不可避免的。首先，許行他們自己穿的衣服，戴的帽子，用來耕作農田的鐵器等等都是通過交換而得來的。因此，「百工之事，固不可耕且為也。」再次，治理國家等事情有著非常繁雜而具體的事物需要處理，更不能一邊耕種一邊治理了。最後，孟子說：「物之不齊，物之情也。或相倍蓰，或相什百，或相千萬。」如果「子比而同之，是亂天下也。巨屨小屨同賈，人豈為之哉？從許子之道，相率而為偽者也，惡能治國家？」〔註12〕因此，王道理想在面向具體現實社會的制度設計中，應該根據每個人道德上與能力上的差別來分配職位與權力。從而以制度來保證將權力能夠分配給有道德、知識、才幹的賢能之士。所謂「貴德而尊士，賢者在位，能者在職」這樣才能「天下之士皆悅而願立於其朝矣」。對於已經獲得這種權位的人，應該時時刻刻要「慎獨、修身、為仁由己、素其位而行」，提醒自己的一言一行要符合所在名位的身份要求，從而達到「君君、臣臣、父父、子子」。

第三：人的情感體驗。儒家認為，人應該真實地面對自己的內心情感世界。像道、禮等外在的一切規範性，在儒家看來都是從人的情感世界產生而來。郭店竹簡反覆說，「道始於情」，「禮生於情」，「苟以其情，雖過不惡」，等等。孔子、孟子所講的「汝安則為之」、「惻隱之心」、「不忍人之心行不忍人之政」等倫理、政治也都是從「情」出發。情就是人類喜怒哀樂的總和。《中庸》裏說：「喜怒哀樂之未發，謂之中。」可知作為喜怒哀樂的情在未發階段就是「性」〔註13〕。「性」就是儒家王道的起點「仁愛」之心。孔子說：「仁者愛人」、「仁者，人也，親親為大。」仁愛是人本身所具有的，而愛的對外表達，最根本的是愛自己的親人。《論語》中記載了這樣一件事：「葉公語孔子曰：『吾黨有直躬者，其父攘羊，而子證之。』孔子曰：『吾黨之直者異於是：父為子隱，子為父隱。——直在其中矣。』」（《論語·子路》）葉公告訴孔子說

〔註12〕《孟子·滕文公上》。
〔註13〕《四書集注》中朱熹注解說：「喜怒哀樂，情也，其未發，則性也，無所偏倚，故謂之中。」

他那裡有個坦白直率的人，這個人的父親偷了羊，他便去告發他自己的父親。
孔子說我們對坦白直率的理解與你們不一樣：父子當中如果有人犯罪，那麼
父親替兒子隱瞞，兒子替父親隱瞞——直率就在這過程中體現。可知，在儒
家看來，即使一個人犯罪了，他畢竟還是自己至親。不能因為利的誘導或者
其他方面的因素，而拋棄人最基本的情感。另外，從《孟子》中的一個道德
兩難的詰問中更能體現儒家對情感的眞實流露。《孟子・盡心上》中說：

> 桃應問曰：「舜爲天子，皋陶爲士，瞽瞍殺人，則如之何？」孟
> 子曰：「執之而已矣。」「然則舜不禁與？」曰：「夫舜惡得而禁之？
> 夫有所受之也。」「然則舜如之何？」曰：「舜視棄天下猶棄敝蹝也。
> 竊負而逃，遵海濱而處，終身訴然，樂而忘天下。」

在這裡，孟子的弟子桃應問了這樣一個問題，如果舜的父親瞽瞍殺了人，
而審理此案的是正直的皋陶，那麼作爲天子的舜應該如何處理這個事情？這
裡似乎陷入了一種困境當中：一方面，「天子犯法，與庶民同罪。」天子的父
親犯法也應與庶民同罪。所以孟子回答說：「執之而已矣。」但另一方面，眼
看父親出事而坐視不救，又不符合孝道，不符合人最眞摯的情感。對一般人
來說，這個道德難題叫做「忠孝不能兩全」，對舜來說，這個道德難題叫做
「公（或法）孝不能兩全」。怎麼辦呢？孟子說，「舜視棄天下猶棄敝蹝」，認
爲舜應該在他父親被抓之前，拋棄天子之位，棄官救父，隱居海濱。由此可
知，任何的權力、金錢、名譽等外在的一切與父母與兒女的親情相比在儒家
看來都是微不足道的。這種情感在孟子這裡被概括爲「惻隱之心」。惻隱之心
是不忍人之心的另一種說法，也是良心在社會現實生活中的顯現。不管任何
人，突然看見小孩子要掉入井裡時，驚懼的刹那都會顯現出一種想去拯救他
的情感衝動。這種惻隱之心的顯現是無任何條件而純粹內在的，也就是所謂
的本心。這種情感在向外呈現的時候表現出相應的差異性。《孟子・盡心上》
中說：

> 孟子曰：「君子之於物也，愛之而弗仁；於民也，仁之而弗親。
> 親親而仁民，仁民而愛物。」

愛指的是愛惜、珍惜。孟子此句話翻譯過來就是：「君子對於萬物，愛惜
它，卻不用仁德對待它；對於百姓，用仁愛對待他，卻不上親愛他。君子親
愛親人，因而仁愛百姓；仁愛百姓，因而愛惜萬物。」〔註14〕根據對象的不

〔註14〕楊伯峻：《孟子譯注》，中華書局，2010 年，第 298 頁。

同，人表現出的愛也有不同。孟子將愛分爲不同的等次差異。對於物（朱熹注解爲禽獸草木）而言，主要是愛惜。愛惜的具體表現，按照朱熹的說法，就是要「取之有時，用之有節。」讓我們珍惜自然資源，愛護環境。對於百姓而言，需要仁愛。仁愛的具體表現，按照程頤的看法，也就是孟子在《梁惠王上》裏面所說的「老吾老以及人之老，幼吾幼以及人之幼。」而這種推己及人的仁愛，對禽獸草木等「物」是談不上的。〔註15〕對於自己的親人而言，則不是愛惜和仁愛的問題，而是一種以血緣關係爲紐帶的親愛。這種愛是人的情感體驗中最自然最親密的一個層次。在儒家看來，只有當你能夠親愛親人時，才有可能推己及人地去仁愛百姓；只有當你能夠仁愛百姓時，才有可能愛惜萬物。不然的話，愛就會成了無源之水，無本之木，是不可能維繫下去的。所以，愛在本質上是有親疏、遠近、有差等的，雖是如此，但這些親疏差等之間卻又有著內在的必然的聯繫。程頤說：「統而言之則皆仁，分而言之則有序。」〔註16〕

　　除了以上三個方面的差別外，大自然本身就是豐富多彩、異彩紛層而有著和諧的秩序。有天有地，有陽有陰，有上有下，有高坡有低窪，有動物有植物等等。而人作爲一種特別的物種存在於這個世界上，依照宇宙客觀的秩序而追求人類自身的秩序就變得自然而然了。因此，儒者們要想將他們心目中的王道理想在世俗的現實環境中落實，必須要結合人內心的情感、人與人、人與動植物等現實社會存在的差異性的客觀情況。而由「仁」而出的「禮」則必須體現出這種差異性。

三、王道之禮

　　那究竟什麼是禮？

　　　　凡禮：事生，飾歡也；送死，飾哀也；祭祀，飾敬也；師旅，
　　飾威也。是百王之所同，古今之所一也。（《荀子‧禮論》）

　　　　君子禮以飾情（《禮記‧曾子問》）

　　　　禮，因人之情而爲之節文者也。（《郭店楚簡‧語叢一》）

　　　　禮生於情。（《郭店楚簡‧語叢二》）

　　孫希旦在《禮記集解》中對「禮以飾情」注解說「飾猶表也，有是情而

後以禮表之，故曰禮以飾情」。可知，禮是現實生活的緣飾化，它是作為人的情感修飾而存在的。因此，沒有人類之情，那麼也就沒有所謂禮的存在了。前面我們論述到，人的情感在嚮往表達時存在著差異性，那麼作為修飾「情」的「禮」也應該存在著相應的差異性。所以禮的一個重要功能就是「禮辨異」〔註17〕。「辨」是分辨、辨別的意思。那麼禮的作用就是將事物存在著的差異性分辨出來。對於儒家來說，人與人之間的差別等次就更應該分辨出來。荀子說：「人道莫不有辨，辨莫大於分，分莫大於禮。」「曷謂別？曰貴賤有等，長幼有差，貧富貴賤皆有稱者也」。〔註18〕每個人以自己為中心，把他人根據與自己的親疏遠近關係給以定位。在不同的身份面前（如貴賤、尊卑、長幼輩分、親疏年齡等方面）給予不同的稱呼（如君臣、妻妾、父子、兄弟等）。通過名稱的命名與指定，從而以禮的方式形成一套有差異性的行為規範〔註19〕。所謂「名位不同，禮亦異數」〔註20〕。而這種名位的不同，具體到個人而言很難界定。因為每個人因自己處於不同的人生階段不管是生理還是心理，他的能力、德性、職業的愛好等等方面都會出現不同。因此，隨著這些變化，禮也應該跟著改變。

> 禮起於何也？曰：人生而有欲，欲而不得，則不能無求。求而無度量分界，則不能不爭；爭則亂，亂則窮。先王惡其亂也，故制禮義以分之，以養人之欲，給人之求。使欲必不窮於物，物必不屈於欲。兩者相持而長，是禮之所起也。（《荀子‧禮論》）

在荀子看來，禮的起源跟人的情感訴求（欲）是密切相關聯的。由欲望體現出的個人能力、地位等提升了，那麼禮就要做出相應的變化，這種正相關，在荀子這裡稱為相持而長。這種增長不單是名稱稱呼上的差別，它在具體內涵上也有著等次差異。孔子為什麼看見諸侯大夫們「八佾舞於庭」而發出「是可忍孰不可忍也」的怒號。因為根據周王朝禮制關於樂舞的規定，「天子八佾，諸侯六，卿大夫四」〔註21〕，在孔子看來，作為卿大夫的季氏本沒

〔註17〕《禮記‧禮樂》篇中談到：「樂者為同，禮者為異」、「樂統同，禮辨異。」《荀子‧樂論》篇中也類似的論述：「樂合同，禮別異。」

〔註18〕《荀子‧禮論》。

〔註19〕故先王案為之制禮義以分之，使貴賤之等、長幼之差、知賢愚能不能之分，皆使人載其事而各得其宜。（《荀子‧榮辱》）

〔註20〕《左傳‧莊公十八年》。

〔註21〕《論語‧八佾》何晏集解。

有天子之實，而僭用天子之禮是完全沒有資格的。如果默認這種情況，那麼很顯然會危害到社會的穩定秩序。因此，根據人的德性、才能以及爲社會家庭等集體所做的貢獻，那麼他享受的待遇就會不一樣。所以「論德而定次，量能而授官，皆使人載其事而各得其所宜。上賢使之爲三公，次賢使之爲士大夫」〔註22〕，才德愈高則爵祿愈尊，祿愈厚。所以「大德必得其位，必得其祿，必得其名，必得其壽」〔註23〕。荀子將這種差異的辨別稱之爲「以禮養欲」：

> 故禮者，養也。芻豢稻梁，五味調香，所以養口也；椒蘭芬苾，所以養鼻也；雕琢刻鏤，黼黻文章，所以養目也；鐘鼓管磬，琴瑟竽笙，所以養耳也；疏房檖貌，越席床第几筵，所以養體也。故禮者，養也。君子既得其養，又好其別。曷謂別？曰：貴賤有等，長幼有差，貧富輕重皆有稱者也。（《荀子・禮論》）

在一個資源有限的環境中，每個社會團體中的成員，他們生產、交換、分配的資源必定是有限的。那麼如何公平正義地分配就顯得尤爲重要。分配得好那麼大家就會從內心服從，社會就團結而蒸蒸日上〔註24〕；如果分配的不好，那麼就會引起矛盾、衝突甚至戰爭等，從而使社會衰退。儒家認爲「養欲」的重要分配原則就是德性、貴賤、長幼、貧富、輕重等等。在家族中，親疏、尊卑、長幼決定了每一個人在其中的地位和行爲。享受當讓父兄，勞作則子弟任之〔註25〕，卑事尊，幼事長，兩者形成優越與從屬關係，生活方式互不相同，彼此間的權利義務也不一致。在社會中，君子勞心、小人勞力。勞心的士大夫利用自己的知識道德等經世之術而治理社會人民而食於人；勞力的工、農、商賈則以生產技藝創造財富供養君子士大夫。所謂「賤事貴，不肖事賢，是天下之通義」〔註26〕。總而言之，禮的分辨在家族與社會中不僅是名位上的不同，更是權力上責任上的不同。

禮因人在內心情感向外表達時所體現出的差別，除上面論述的外，在儒

〔註22〕 《荀子・君道》。

〔註23〕 《中庸》。

〔註24〕 「故或祿天下而不自以爲多，或監門、御旅、抱關、擊柝而不自以爲寡」（《荀子・榮辱》）

〔註25〕 子夏問孝。子曰：「色難。有事，弟子服其勞；有酒食，先生饌，曾是以爲孝乎？」孔子認爲有事情時年輕人效勞。有酒有肴，年長的人先吃喝外，更重要的是作爲子孫更應該心服口服和顏悅色地去順從和安排。

〔註26〕 《荀子・仲尼》。

家學者看來，還著重表現在以下三個重要方面：

> 禮上事天，下事地，宗事先祖，而寵君師，是禮之三本也。（《大戴禮記・禮三本》）

> 禮有三本：天地者，生之本也；先祖者，類之本也；君師者，治之本也。無天地，惡生？無先祖，惡出？無君師，惡治？三者偏亡，焉無安人。故禮，上事天，下事地，尊先祖而隆君師，是禮之三本也。（《荀子・禮論》）

天地、先祖、君師三個方面，合起來就是中國傳統的「天地君親師」。天地代表著人類生活的地球與宇宙，如果沒有它提供空間和食物，那麼人類也就無法存在。因此，禮也就在人與大自然的互動中起源了，它代表著對人之外一切生靈的尊敬與愛護；先祖作爲人類誕生的始祖，有了祖先才有我們的存在。因此，人對於祖先、對於長輩應該要給予相應的尊重。禮也就在人與前人的互動中產生了，不同的禮就代表著人對祖先不同的尊敬之情；最後，君者，群也。〔註27〕師，教人以道者之稱也。〔註28〕君師作爲社會團體的領導者與教化者，是他們的存在才讓人從艱難困苦中有一個穩定的環境和提供了更好地獲取知識與能力的可能性。因此，禮也就在君師與眾人的互動過程中產生了。

通過以上論述，我們可以對禮進行一個總結：首先，禮是人類仁愛、理性的體現，它是人類智慧的結晶。其次，禮是交換的產物，它是雙方的共識與共贏。它是通過禮物由一定的禮儀來表達人的禮意。這個過程的完成叫做禮。在這過程中禮與經濟分配（物質、欲望）有著密切的關係。再次，禮與人的精神追求（宗教、文化、道德）有著密切關係。在禮的籠罩下，人們會在其中體會到安全感與永恆感。安全感來自禮帶來的和諧秩序，永恆感來自與祖先的交流和子孫後代的尊敬。

禮因情而設立，是人內心仁愛的一種體現，推及在社會中自然而然就成了共識。它處理人與人之間的關係、是以個人爲中心在面對人的生老病死以及人與他人、家庭、社會、國家等等一切關係中的情感表達的修飾。〔註29〕

〔註27〕 《廣雅・釋言》解釋爲群也，《韓詩外傳》也云：「君者，群也。」《荀子・王制》中說：「君者，善群也。」所以君主的本義就是善於將分散的人、甚至不同的民族、種群組織成爲一個團體、國家。

〔註28〕 《段玉裁・說文解字注》。

〔註29〕 《禮記・禮器》中說：「經禮三百，曲禮三千。」「中國者，禮義之國也。」（《春

那麼通過禮的實踐與考察我們就可以確定一個社會是否文明，就可以觀察到個人在社會團體中的位置，他的身份，他的親疏遠近，他的對錯是非。故思先賢們認爲「禮」可以「經國家，定社稷，序民人，利後嗣者也」〔註30〕「夫禮者，所以定親疏，決嫌疑，別同異，明是非」〔註31〕同樣的，如果一個人不明禮不學禮那就在社會上無法立足。孔子對自己的兒子伯魚說：「不學禮，無以立」，要求「非禮勿視、聽、言、動」，從而克己復禮歸仁。反過來說，如果一個人違背了禮，那麼就應該要受到相應的指責和批評。如孔子對子貢去告朔之餼羊的批評，對管仲違禮的批評，對季氏八佾僭越的批評等等。這一切都是爲了創建一個有差別而又有秩序和諧的王道社會。孔子的學生子路問他：「如果衛國讓你治理國家，首先應從哪裏著手。」孔子回答說是正名。所謂「名不正，則言不順；言不順，則事不成；事不成，則禮樂不興；禮樂不興，則刑罰不中；刑罰不中，則民無所措手足。」後來司馬光在編撰給皇帝看的《資治通鑑》開篇就提到和孔子類似的思想：

> 臣光曰：臣聞天子之職莫大於禮，禮莫大於分，分莫大於名。何謂禮？紀綱是也。何謂分？君、臣是也。何謂名？公、侯、卿、大夫是也。夫以四海之廣，兆民之眾，受制於一人，雖有絕倫之力，高世之智，莫不奔走而服役者，豈非以禮爲之紀綱哉！是故天子統三公，三公率諸侯，諸侯制卿大夫，卿大夫治士庶人。貴以臨賤，賤以承貴。上之使下猶心腹之運手足，根本之制支葉，下之事上猶手足之衛心腹，支葉之庇本根，然後能上下相保而國家治安。故曰天子之職莫大於禮也。

天子最大的職責就是維護以名分爲核心的禮義制度。這套制度運行好了，那麼人人都可以在差別性規範的等級倫理中找到自己對應的位置和名分。如此一來，社會就枝繁葉茂、太平無事，從而和諧穩定。

四、王道之法

禮作爲儒家王道理念落在現實生活世界的修飾與表達，必然會因爲自然地理環境、宗教、風俗習慣、不同歷史時期等各種因素的不同而形式上有所變遷。因此禮的作用如果沒有法律的支持很難在社會實踐中體現出來。另外，

秋公羊傳》隱公七年何休注）
〔註30〕 《左傳·隱公十一年》。
〔註31〕 《禮記·曲禮》。

對於社會上尊禮的鼓勵與違禮的懲罰也不能僅僅停留在理念上，必須要落實在具體的生活實踐當中，那麼以賞罰爲目的體現公平正義的「法」則被大家所認可。正如司馬遷在《史記》中說：「夫禮禁未然之前，法施已然之後，法之所爲用者易現，而禮之所爲禁者難知。」〔註32〕

那究竟什麼是法呢？

灋灋，刑也。平之如水，從水。廌所以觸不直者，去之，從去，會意。（《説文解字》）

法者，刑罰也，所以禁暴止奸也。（《鹽鐵論》）

所謂一刑者，刑無等級，自卿相、將軍以至大夫、庶人有不從王令犯國禁亂上制者，罪死不赦。（《商君書·賞刑》）

法不阿貴，繩不撓曲。法之所加，智者弗能辭，勇者弗敢爭。刑過不避大臣，賞善不遺匹夫。（《韓非子·有度》）

治世則不然，不知親疏、遠近、貴賤、美惡，以度量斷之。（《管子·任法》）

法家不別親疏，不殊貴賤，一斷於法。（《史馬遷·論六家旨要》）

由上可知，法在許愼等前賢們的認識中，它代表著一種禁暴止奸的刑罰措施。這種刑罰要體現得像水一樣公平正義。因此任何人，不論親疏、遠近、貴賤、美惡在法的面前都是平等的，不能有差別之心。反之，如果法律因貴賤、尊卑、長幼、親疏等因素而改變，那麼在法家等代表人物看來，就會擾亂社會秩序，達不到治國理政的目的。如商鞅說：「親親則別，愛私則險，民眾而以別險爲務，則民亂。」（《商君書·開塞》）親親愛私的精神如果涉及到法律公平性層面，那麼就如愼到所說：「骨肉可刑，親戚可滅，至法而不可闕也。」任何與自己有關的至親在法律的面前都沒有可商量的餘地。另外，對於違反法律的人或事，應該由象徵著公平正義的神獸廌對它進行審判，從而把不合理的地方、不公平的地方審判好。法律的產生、實施離不開廌這一神獸。可以說，法律是人類平等心的代名詞，是社會權威力量的代表，在法律實施過程中，如果沒有神獸保障，法律就沒有神聖性，也就無法發揮出它的

〔註32〕 《大戴禮記》中關於禮法的關係與司馬遷有著類似的論述。《大戴禮記·禮察》中說：「禮者，禁於將然之前；而法者，禁於已然之後。是故法之用易見，而禮之所爲生難知也。」

功能和威力。

法律這種對公平性的要求，認為一切的人在它面前都是平等的，在社會實踐中它不可能不與要求差別性的禮相互衝突。從上一節的論述中我們知道，儒家認定和堅持的禮應該與人的身份、名位、官職等所處的角色相匹配。這種匹配體現在社會的各個方面，如個人的權利與義務、財富的分配、爵位官銜的稱呼、犯罪的量刑等。因此，人與人發生事故糾紛時，那麼所受的懲罰也應該根據名位而各有不同，所謂「刑不上大夫，禮不下庶人」。禮要求差異而法要求平等，「禮與法」這種矛盾應該如何平衡呢？

瞿同祖先生在《中國法律與中國社會》與《瞿同祖論中國法律》等重要著作中，提出了「以禮入法」的重要觀點。這個觀點的核心就是在禮與法的衝突中，將禮的差異精神在歷史的進程裏逐漸法制化，而法的平等性尤其與禮衝突的地方在這一過程中被慢慢抹去。瞿先生說：「所謂法律儒家化表面上為明刑寓教，骨子裏則為以禮入法，怎樣將禮的精神和內容竄入法家所擬定的法律裏的問題。換一句話來說，也就是怎樣使同一性的法律成為有差別性的法律的問題。《王制》所謂『凡聽五刑之訟，必原父子之情，立君臣之義以權之』，即此種精神之說明。《四庫全書提要》謂唐律一準乎禮，為法律儒家化以後最扼要的結語。」〔註33〕

孟子說：「徒善不足以為政，徒法不能以自行。」即使有再好的法律，如果不靠人去執行，那麼也無法行於世。荀子說：「禮者，法之大分，類之綱紀也。」「有治人，無治法。法不能獨立，類不能自行；得其人則存，失其人則亡。法者，治之端也；君子者，法之原也。」〔註34〕也就是說禮是法的根本大法，是憲法，而法是禮精神的工具化表現。法不能獨立出來成為一種理念，而只能是人治理社會的一種手段，法不能違背禮。可知在儒法早期的爭論中，儒家的代表人物就已經認識到法與禮的這種衝突性。如子產、趙鞅等人鑄刑鼎，將法律條文公開化，叔向、孔子對此予以強烈的譴責。孔子批評晉國鑄刑鼎說道：「今棄是度也，而為刑鼎，民在鼎矣，何以尊貴？貴何業之守？貴賤無序，何以為國。」〔註35〕王肅在《孔子家語》中對這段話注解說：「民將棄神而徵於書不復戴奉上也，民不奉上則上無所守也。」認為如果將法律條

〔註33〕 瞿同祖：《瞿同祖論中國法律》，商務出版社，2014年，第25頁。
〔註34〕 《荀子·君道》。
〔註35〕 《左傳·昭公二十九年》。

文公開，就等於將平民與貴族的差別抹平。民眾遇到事情以法律爲準則而不求助上，相當於將貴族給架空了；貴族被架空了，那麼也就沒有必要存在了。這樣一來儒家學者認爲就會導致社會動亂，沒有秩序，國將不國。因此，法只能在禮的權威下運行，這樣才能讓王道思想紮根在現實基礎上，使得整個社會有禮有節保持和諧穩定。陳寅恪說：

> 吾中國文化之定義，具於白虎通三綱六紀之說，其意義爲抽象理想最高之境，猶希臘柏拉圖所謂 Idea 者。……夫綱紀本理想抽象之物，然不能不有所依託，以爲具體表現之用；其所依託以表現者，實爲有形之社會制度。（《王觀堂先生挽詞序》）

> 儒者在古代本爲典章學術所寄託之專家。李斯受荀卿之學，佐成秦治。秦之法制實儒家一派學說之所附繫。《中庸》之「車同軌，書同文，行同倫」，（即太史公所謂：「至始皇乃能並冠帶之倫」之倫）爲儒家理想之制度，而於秦始皇之身而得以實現之也。漢承秦業，其官制法律亦襲用前朝。遺傳至晉以後，法律與禮經並稱，儒家《周官》之學說悉採入法典。夫政治社會一切公私行動莫不與法典相關，而法典爲儒家學說具體之實現。故二千年來華夏民族所受儒家學說之影響最深最巨者，實在制度法律公私生活之方面。（《馮友蘭《中國哲學史》下冊審查報告》）

前面瞿同祖先生的「以禮入法」的觀點與陳先生所論述是一致的。儒學王道理念，只有依靠法律法典的制度化才能在具體生活實踐中得以具體實現的。在漢武帝「獨尊儒術」，以及東漢漢章帝建初四年（79年）朝廷召開白虎觀會議等一系列的討論後，儒家的王道理念漸漸成爲此後二千多年帝國治國理政的意識形態。

五、結語

綜上所述，儒家王道思想以仁愛爲核心，經過禮與生活世界的相互交融，以法律法典的形式將人與人、人與社會、人與國家等外在的一切關聯起來。人在這一觀念世界裏生存、生活、發展以及死亡。每個人都可以成爲聖賢，所謂人皆可以爲堯舜。因此，個人每天要時時地三省吾身去修養提升自己，要去格物致知、誠意正心。不管是遇到順境還是逆境要保持良好的心態。所謂貧而樂、富而好禮，窮則獨善其身、達則兼濟天下。在這一成長過程中，

禮可以說涉及到人生活的方方面面，據《禮記・昏義》說：「夫禮，始於冠，本於婚，重於喪、祭，尊於朝、聘，和於射、鄉，此禮之大體也。」而在社會國家層面，《周禮》中有五禮的說法「吉禮、凶禮、賓禮、軍禮、嘉禮」等等。儒家王道思想在以仁修身，以禮治國的指導下，孔子認為統治者在選拔人才時應該從制度上打破血統論從而舉賢任能，實行精英治國的；在具體政策實施過程中應該注重民生，富民而教，減輕民眾負擔；在宗教信仰上，主張「敬鬼神而遠之」、強調「未能事人，焉能事鬼」的人本主義。由此而建立起一套孝道（仁）與名分（禮）為主的和諧而穩定的賢能政治社會。

《論語》語錄中的矛盾及其解釋

　　摘要：《論語》一書中存在著大量的矛盾。其主要表現在三個方面：第一、孔子言行之間的矛盾；第二、孔子與弟子言行之間的矛盾；第三、弟子言行之間的矛盾。這些矛盾的存在是儒家內部相互討論妥協的結果。矛盾的存在揭示著一個重要現象：《論語》是在「儒分爲八」後，各流派爲了防止因內訌而造成儒家衰落，並藉此重新統一儒家而「相與輯而論纂」的結果。它包涵的不純粹是孔子的思想，更重要的是《論語》編者的思想。孔子只是《論語》編者的工具而已。

關鍵詞：《論語》、矛盾、孔子、編者

　　作爲「五經之錧鎋，六藝之喉衿」的《論語》，自從它誕生以來，無時無刻不在影響著中國兩千年來的政教體制、社會習俗以及人們的行爲、思想、言語等。關於《論語》的編撰、結集以及西漢時期的流傳情況，前輩學者已經做了許多相關的研究。如朱維錚的《〈論語〉結集脞說》、郭沂的《〈論語〉源流再考察》、王博的《論〈論語〉的編撰》、梁濤的《〈論語〉的結集與早期儒學的價值觀》、吳龍輝的《〈論語〉的歷史眞相》、《〈論語〉是儒家集團的共同綱領》〔註1〕等等。這些研究對於我們瞭解《論語》形成的過程以及早期儒

〔註 1〕 以上文章可參看，朱維錚：〈《論語》結集脞說〉，《孔子研究》，1986 年第 1
　　　 期；郭沂：〈《論語》源流再考察孔子研究〉，1990 年第 04 期；王博：〈論《論

學的發展狀況有著重要意義。值得注意的是他們大都主張《論語》是經過精心編排的，而絕不像一些人所說的是一部簡單和隨意的孔子語錄〔註2〕。雖是如此，但是他們對於《論語》語錄本身當中的矛盾並沒有進行詳細地分析以及對矛盾背後存在的原因進行深入地探討。本文將對此進行研究，現將鄙見略述如下，敬祈方家指正。

一、《論語》語錄中的矛盾

關於《論語》的成書，《漢書·藝文志》中說：「《論語》者，孔子應答弟子時人及弟子相與言而接聞於夫子之語也。當時弟子各有所記。夫子既卒，門人相與輯而論纂，故謂之《論語》。」可知，《論語》的編訂是在孔子所親授的弟子們所記錄的材料基礎上，由孔子門人相互討論編輯論纂而成的。在《論語》篇章的主旨、結構以及語錄的甄別選擇上，可以說是用心良苦了。雖然經過了反覆的討論，但是在《論語》中除了內容重複的五條語錄外，還是存在著大量矛盾的地方。這些矛盾的語錄主要表現爲以下三個方面：第一、孔子言行之間的矛盾；第二、孔子與弟子言行之間的矛盾；第三、弟子言行之間的矛盾。接下來，我們逐一進行分析。

首先，關於孔子《論語》中記載孔子言行之間的矛盾，特別是對同一件事的看法上。在天命鬼神方面：孔子一方面否認天命鬼神的主宰性，如「天何言哉！四時行焉，百物生焉，天何言哉！」（《陽貨》）「巍巍乎唯天爲大」（《泰伯》）這裡的「天」都是自然之天的意思，沒有絲毫的主宰性。對鬼神的存在採取一種懷疑的態度。他說：「祭如在，祭神如神在。」（《八佾》）祭祀鬼神好像鬼神眞的存在那裡，實際上是說它並不存在。但另一方面，孔子

<hr>

語》的編撰〉，《簡帛思想文獻論集》，臺灣古籍出版有限公司，2001 年；吳龍輝：〈《論語》的歷史眞相〉，《湖南大學學報》，2007 年第 5 期；吳龍輝：〈《論語》是儒家集團的共同綱領〉，《湖南大學學報》，2010 年第 1 期；梁濤：〈《論語》的結集與早期儒學的價值觀〉，見姜廣輝主編：《中國經學思想史》第一卷第十九章，中國社會科學出版社，2003 年。

〔註 2〕 關於《論語》的語錄次序與結構的精心編排，前人很早就有研究。陳澧在《東塾讀書記》對《論語·學而》前十章總結說道：「爲人孝悌，賢賢易色，事君致身，朋友有信，五倫之事備矣。（賢賢易色，主夫婦而言。）時習學文，格物致知也。忠信，不巧言令色，誠意正心也。三省，修身也。孝悌，齊家也。道國，治國也。犯上者鮮，作亂者未之有，天下平也。《大學》八條目備矣，此皆在《學而》篇前十章也。」（陳澧：《東塾讀書記》，中西書局，2012 年 6 月，第 10 頁。）

又承認天命鬼神的主宰性。如他說:「獲罪於天,無所禱也。」(《八佾》)並且認爲自己背負著天所給予的使命,如「天生德於予,桓魋其如予何?」(《述而》)「天之將喪斯文也,後死者不得與於斯文也;天之未喪斯文也,匡人其如予何?」(《子罕》)因此,對待天命鬼神的態度上,要去「畏天命」(《季氏》)「敬鬼神」(《雍也》)。在人性方面:孔子一方面認爲「性相近也,習相遠也」(《陽貨》)人類在本性是差不多的,只是後來的教育、環境等使得人有所不同。但另一方面,孔子又將人分爲四個等級,他說:「生而知之者,上也;學而知之者,次也;困而學之,又其次也;困而不學,民斯爲下矣。」(《季氏》)並且認爲這四種等級之間的鴻溝是很難逾越的,特別是上智與下愚之間:「唯上智與下愚不移。」(《陽貨》)在評價人物方面:孔子對不同的人有不同的評價,如聖人、仁人、善人、賢人、君子、小人等等。但其中有個非常明顯的矛盾就是對管仲的評價。孔子一方面對管仲評價非常高,認爲他已經是一個仁人了:「桓公九合諸侯,不以兵車,管仲之力也。如其仁!如其仁!」(《憲問》)但另一方面卻又對他進行了嚴厲的批評:批評管仲「器」小,不能知聖賢大學之道。並且認爲管仲個人行爲不節儉,在很多場合都僭越了禮制。(《八佾》)這種評價可以說是兩極分化了。在治國的禮儀制度方面:孔子一方面認爲「周監於二代,郁郁乎文哉!吾從周」(《八佾》),主張順從和恢復周代的禮制,以此治理國家就行。但另一方面,孔子又主張要損益四代,擇善而從。如在《衛靈公》中提到「顏淵問爲邦。子曰:『行夏之時,乘殷之輅,服周之冕,樂則韶、舞。』」又如在體力勞動方面:孔子一方面稱讚大禹親自勞動「卑宮室而盡力乎溝洫」(《泰伯》),並且以此得到天下:「禹稷躬稼,而有天下。」(《憲問》)但另一方面,孔子在針對樊遲學稼學圃的要求時,顯得很不高興,並罵樊遲是小人。如:樊遲請學稼,子曰:「吾不如老農。」請學爲圃。曰:「吾不如老圃。」樊遲出。子曰:「小人哉,樊須也!(《子路》)除此之外,《論語》中記載孔子矛盾的語錄還有很多:如對待名的態度,他一方面說「不患人之不己知」,但又說「君子疾沒世而名不稱焉」;又如對待具體的生活方式上,他一方面讚美顏淵式的一簞食,一瓢飲,不改其樂的曠達生活,而另一方面卻又追求食不厭精,膾不厭細式的精緻生活。

其次,孔子與弟子言行之間的矛盾。《論語》中除了收錄孔子的言行外,還收錄了許多孔子弟子的言行語錄。這些語錄也有很多與孔子的言行相互衝突的地方。如在《論語》開篇第二章,編撰者將有若的話編入其中。有子

曰：「其爲人也孝悌，而好犯上者鮮矣。不好犯上而好作亂者，未之有也。君子務本，本立而道生，孝悌也者，其爲仁之本歟！」這裡有子認爲仁之本是孝悌，一個人只要做到孝悌，那麼就不會犯上作亂。雖然孔子也很重視孝悌，如他說「入則孝，出則悌」（《學而》），「出則事公卿，入則事父兄」（《子罕》），但卻從沒說人孝悌就不會犯上、作亂，甚至說君主做得不好的地方應該據理力爭，如：子路問事君。子曰：「勿欺也，而犯之。」（《憲問》）又如在《學而》的第六章，孔子說：「弟子入則孝，出則弟，謹而信，泛愛眾，而親仁。行有餘力，則以學文。」而在第七章，子夏說：「賢賢易色，事父母能竭其力，事君能致其身，與朋友交言而有信。雖曰未學，吾必謂之學矣。」這兩章都在講求學的道理。孔子認爲一個人做到孝、弟、信、愛眾、親仁並不是學，有餘力才去學。但子夏卻並不這樣認爲，他反而說一個人只要盡力做好了孝、忠、信、愛眾親仁（賢賢易色）等等就是學了。這難道不是和孔子唱反調嗎？

第三、弟子言行之間的矛盾。《論語》作爲一本以孔子語錄爲中心的格言集，卻將弟子間的爭論與矛盾收錄其中，是非常值得玩味的。按常識來說，這是完全可以避免的。但《論語》中確實記載了不少孔子弟子間的矛盾與衝突的言論。如子夏與子張關於如何交友方面：子夏曰：「可者與之，其不可者拒之。」（《子張》）交朋友在子夏看來應該有所選擇，如孔子所說「毋友不如己者」。而子張認爲子夏的不太對。他說：「……君子尊賢而容眾，嘉善而矜不能。我之大賢與，於人何所不容？我之不賢與，人將拒我，如之何其拒人也？」（《子張》）也就是賢與眾，善與不能都可以交往。又如子游與子夏同時作爲孔門文學科的代表。在對待本與末、大道與小道方面卻又相互矛盾：如子游批評子夏說：「子夏之門人小子，當灑掃、應對、進退，則可矣。抑末也，本之則無。如之何？」（《子張》）子游認爲子夏在教學生時太重小道，有末無本。子夏不服氣，反過來批評子游。他說，學道當然得循序漸進，貴在有始有終。人都是從小事做起，沒有小，爲有大。又如，《論語》中收錄了弟子間互相評論的言論。如子游評論子張，曾子評論子張的言論。這兩人都批評子張未能達到仁的境界。這種未關孔子是非的言論被收錄到《論語》中似乎讓人不可琢磨。另外，《論語》中也收錄了一部分孔子評論弟子的言論。這一部分言論可以影響後人對其弟子的印象。如冉雍可使南面，顏回好學，子張過，子夏不及等等。

　　通過上面論述可知，《論語》一書中存在著相當多的矛盾。除此之外，《論語》中也有一些孔子語錄與其他流傳下來的經典典籍中所記載的孔子語錄相矛盾。如《論語》中論述孔子的孝道觀點，主要從「三年無改於父之道」對父敬、順、無違的角度著眼。而《荀子》中所引孔子語錄卻不盡如此，他說父親犯錯誤時，應該爭辯才算得上孝，所謂「父有爭子，不行無禮」〔註3〕。這一點，在《孝經》中孔子表達了幾乎相同的意思：「父有諍子，則身不陷於不義。故當不義，則子不可以不諍於父。」《論語》作為孔子語錄中的傑出代表，經過一代又一代儒者們的千錘百鍊。〔註4〕可為什麼依舊存在如此之多顯而易見的矛盾和衝突呢？特別是關於弟子們之間言行矛盾，為什麼沒有被刪除掉？這是非常值得深究的。

二、《論語》語錄矛盾的原因

　　在對《論語》中矛盾的原因進行分析前，首先需要弄清楚孔子與《論語》之間的關係。孔子死後，關於孔子的遺言軼事非常之多。這從流傳下來的書籍以及近些年出土的簡帛文獻中就可以知道。如在《左傳》、《國語》、《孟子》、《荀子》、《孝經》、《禮記》、《大戴禮記》、《韓詩外傳》等書籍以及上博簡、郭店楚簡、帛書《要》等出土文獻中就有很多《論語》中沒有記載的孔子語錄。顧炎武曾對這一現象以孟子為例研究考察後說：「《孟子》書引孔子之言凡二十有九，其載於《論語》者八。又多大同而小異，然則夫子之言其不傳

〔註3〕　《荀子・子道》篇記載：「魯哀公問於孔子曰：『子從父命，孝乎？臣從君命，貞（忠）乎？』三問，孔子不對。孔子趨出以語子貢曰：『鄉者，君問丘也，曰子從父命，孝乎？臣從君命，貞乎？三問而丘不對，賜以為何如？』子貢曰：『子從父命，孝矣。臣從君命，貞矣，夫子有奚對焉？』孔子曰：『小人哉！賜不識也！昔萬乘之國，有爭（諍諫）臣四人，則封疆不削；千乘之國，有爭臣三人，則社稷不危；百乘之家，有爭臣二人，則宗廟不毀。父有爭子，不行無禮；士有爭友，不為不義。故子從父，奚子孝？臣從君，奚臣貞？審其所以從之之謂孝、之謂貞也。』」

〔註4〕　《論語》從最初的孔子弟子的記錄到西漢安昌侯張禹版《論語》（也就是現代流傳本的始祖）的出現，期間經歷了400多年的歷史。何晏《論語集解》的序說：「安昌侯張禹，本受魯論，兼講齊說，善者從之，號曰張侯論，為世所貴。」在這段漫長的歷史當中，《論語》經過了前十章的編輯，也就是《上論》，以及後十章的編輯，也就是《下論》。這上下論的編撰的時間經前人研究是處於不同時期的。經過秦火和戰亂之後，《論語》至少還保留著三個著名的不同版本：《古論語》、《齊論語》、《魯論語》，直到張侯論版本的出現，《論語》才基本定型。

於後者多矣。」（《日知錄，卷七》）可知，《論語》中收錄的只是一部分孔子語錄，還有大量的語錄散落在其他書籍當中。換句話說，當時記載孔子語錄的書籍非常之多，包括很多偽造孔子言論的書籍如《莊子》、《列子》等等。因此，《論語》的編者在編撰的過程中，必須要慧眼識珠，以便在眾多繁雜的孔子語錄中取其精華去其糟粕。這樣才能使《論語》從眾多孔子語錄的書籍中脫穎而出而受到儒門的支持和社會的認可。

既然如此，那《論語》的編者從「雜記聖人言行真偽錯雜中取其純粹，以成此書，固見其有識。」〔註5〕中的固見有識，或者說標準是什麼呢？只有弄清楚此標準後，才能解開《論語》語錄中存在矛盾的原因。

《漢書藝文志》說：「《論語》者，孔子應答弟子時人及弟子相與言而接聞於夫子之語也。當時弟子各有所記。夫子既卒，門人相與輯而論纂，故謂之《論語》。」趙岐《孟子題辭》云：「七十子之疇，會集夫子所言以為《論語》。可知，第一，《論語》的選擇標準必須是孔子本人的話，不能是後人轉述；即使是轉述也必須是孔子入門弟子所說的話，並且這話能代表孔子思想的，而不是胡亂編造的。只有這樣才具有可信度。但僅有此是遠遠不夠的。這只能解釋《論語》記載孔子言行的真實性，而不能判斷其思想取向性。第二，《論語》是在孔子弟子各有所記的材料基礎上，由門人相互討論的結果。弟子與門人是有所區別的。歐陽修認為弟子是孔子學生，門人是孔子弟子的學生。這不準確。準確的說法是：弟子指的是親身受教於孔子的人，而門人的範圍則廣一些，除了以各種形式受教於孔子的人，還包括受業於孔子弟子的人。〔註6〕因此，《論語》的編撰是門人在眾多的孔子語錄中選擇哪一條，是經過反覆討論與爭辯的。那麼又有誰才有資格參與到討論與編輯的過程中呢？

在本文的第二條注釋已經說到，《論語》的編撰是經過了400多年的歷史才完全定型。那麼在定型之前，孔子相關語錄的增刪以及文字上的改動與篇章次序上的調整是經常發生的。最為典型的一個參照物就是《老子》版本的

〔註5〕 趙翼：戰國及漢初人書所載孔子遺言軼事甚多，《論語》所記本亦同此記載之類，齊、魯諸儒討論而定，始謂之《論語》。語者，聖人之遺語；論者，諸儒之討論也。於雜記聖人言行真偽錯雜中取其純粹，以成此書，固見其有識，然安必無一二濫收者？固未可以其載在《論語》而遂一一信以為實事也。（《陔餘叢考‧卷四》）

〔註6〕 吳龍輝，〈《論語》的歷史真相〉，《湖南大學學報》，2007年第5期。

流動與變遷。最大的變化莫過於對內容的篡改，如今本《老子》第十九章「絕聖棄智，民利百倍。絕仁棄義，民復孝慈。絕巧棄利，盜賊無有。」但是在郭店簡中「絕聖棄智」作「絕智棄辯」「絕仁棄義」作「絕偽棄詐」，並且三組句子的順序也不相同。《老子》既然如此，那麼《論語》也逃不過這種命運。我們知道，孔子死後，儒家內部就發生了分裂。最有名的是《韓非子‧顯學》中「儒分為八」的記載。當然當時的分裂情況遠不止此。在這些分裂的流派當中，每個流派都存有孔子大量的言行記錄的材料。時間久了，加上當初孔子「因材施教」以及各個弟子的領悟能力高下不同等一系列的原因，每個流派掌握的孔子語錄必然會出現差異和矛盾。因此，《論語》初期結集的討論與編撰只能落在孔子門人中那些有較大社會影響力的流派的弟子身上。只有他們才有原始材料和能力去編撰。那他們為什麼又非得抽出時間，不遠千里而「相與輯而論纂」呢？

　　那就是為了調和儒家內部不同流派的矛盾與紛爭，適應社會形勢的發展，以便在「車同軌、書同文、行同倫」的大一統社會中取得思想的主導地位。戰國是百花齊放、百家爭鳴的時代。如果儒家內部的不同流派都以自己的標準去衡量是非，那必然會在內訌中消耗實力而使得儒家在與墨、道、名等其他派別的競爭中敗落下來，甚至消滅。因此，他們不得不編撰一部讓儒家各派都能接受，並且又能夠概括總結儒家基本思想與主張的孔子語錄。其中還包括親身受教於孔子並得到孔子承認的部分弟子的語錄。這就是《論語》編撰者的思想取向性。《論語》代表的不只是孔子的思想，更體現的是《論語》編撰者的思想。孔子只是《論語》編者的工具罷了。明白了這個道理，那麼《論語》中看似矛盾的地方也就非常好理解了。

　　首先，對於弟子言行之間的矛盾語錄。《論語》的編者之所以收錄其中，除了表達孔子「因材施教」的理念外，更重要的是《論語》編撰時各流派弟子實力的體現。《韓非子‧顯學》中說的「儒分為八」，包括子張之儒、子思之儒、顏氏之儒、孟氏之儒、漆雕氏之儒、仲良氏之儒、孫氏（即荀況）之儒、樂正氏之儒。主要指孔子死後先後出現，並且在韓非時影響依舊較大的儒家流派。其實儒家的流派並不僅僅如此。根據古書記載及現代研究可知，孔子死後，至少還有子夏、子游、曾子、澹臺滅明﹝註7﹞等流派。韓非的老師

────────────

﹝註7﹞ 史馬遷說他當時跟從他的「弟子三百人，設取予去就，名施乎諸侯」。(《仲尼弟子列傳》)

荀子在《非十二子》一文中，曾將「子張氏之儒」、「子夏氏之儒」、「子游氏之儒」並列提出，將他們都罵作「賤儒」。可見在荀子時期，這三家門派已經比較衰落，等到韓非時「子夏氏之儒」和「子游氏之儒」幾乎凋零了，而只剩下影響力相對較大的「子張氏之儒」了。因此在《論語》中，「子夏氏之儒」、「子游氏之儒」、「子張氏之儒」的學派開創者子夏、子游、子張的言行語錄雖然在《論語》中多次出現。但是也收錄了他們互相批評指責的話。這樣一來他們的形象就不顯得那麼高大了。而作為戰國中後期影響巨大的學派，如子思之儒、孟氏之儒、荀氏之儒，則他們的學派開創者曾參、冉雍，在《論語》中的形象非常高大。除了收錄他們大量的言行外，《論語》的編者，不僅沒有選編一些弟子間對他們批評或者不贊成的語錄，甚至還選擇孔子一些對他們讚揚的話來為他們的形象保駕護航。如對冉雍，子曰：「雍也可使南面。」（《雍也》）或曰：「雍也人而不佞。」子曰：「焉用佞？御人以口給，屢憎於人！不知其仁，焉用佞！」（《公冶長篇》）相反，對於子張、子夏而言，《論語》的編者則保留了一些對他們形象有損的語錄。如：「子貢問：『師與商也孰賢？』子曰：『師也過，商也不及。』曰：『然則師愈與？』子曰：」過猶不及。」（《論語‧先進》）

其次，關於《論語》中孔子與弟子言行之間的矛盾。這種矛盾的出現是後世儒者不想見到的，其實也更是《論語》編者們不想收錄的。但是他們又不得不如此。以《論語》第一章為例，《論語》開篇就記錄了孔子用啟發式的語氣說：「學而時習之，不亦說（悅）乎！」但對於究竟學什麼內容，孔子沒有說〔註8〕。這就給讀者留下一個懸念。而在接下來的一章，讀者自然而然會把它當作是第一章懸念的謎底。但是第二章收錄的並不是孔子的語錄，而是孔子弟子有若的話。有若說：其為人也孝悌（悌），而好犯上者鮮矣。不好犯上而好作亂者，未之有也。君子務本，本立而道生，孝悌也者，其為仁之本歟！那為什麼不選用孔子的話，而選用有若的話呢？只能說明孔子本人的語錄中沒有這樣的話，但編撰者為了向取得統治者的信任，又不得不採用這樣的話。據此，《論語》編者對學習內容懸念的結果解答就是「仁之本是孝悌，孝悌的效果就是不犯上、不作亂」。這個答案是當時諸侯、大夫以及掌權者所

〔註8〕　關於此種疑問，前人早已提出過，但並未有進行下一步論證。如陸象山說：「《論語》中多有無頭柄底說話，如『學而時習之』，不知時習者何事？」（《陸九淵集》，中華書局，1980年，第395頁。）

歡迎和提倡的，也爲後世帝王等統治者尊奉儒學提供了資源。雖然孔子也很重視孝悌，如他說「入則孝，出則悌」（《學而》），「出則事公卿，入則事父兄」（《子罕》），但孔子卻從沒說過人孝悌就不會犯上、作亂，甚至說君主做得不好的地方應該據理力爭。如：子路問事君。子曰：「勿欺也，而犯之。」（《憲問》）因此，正如前面所論述的，孔子此時已不得不淪爲編者的工具了。又如，在《論語》中孔子關於天命鬼神以及人性的看法有很多，但是《論語》的編者依然收錄了子貢個人對孔子在天道與性的看法。他說：「夫子之文章，可得而聞也；夫子之言性與天道，不可得而聞也。」（《公冶長》）這種矛盾的存在，是《論語》編者又意造成的。因爲戰國儒者關於性與天道的爭論分歧過大，甚至相互矛盾。如在人性看法上，孟氏之儒和荀氏之儒就完全相反，一派主張性善，一派主張性惡。還有的主張性無善惡。郭店楚簡以及上博簡的出土也證明了當時的儒者對人性問題有過激勵的爭論。在天道方面也是如此。因此，爲了調和儒家內部的矛盾，《論語》的編者不得已選用了孔門十哲之一的子貢現身說法。既然子貢都沒有聽說過，那麼後世關於性與天道的看法都只是一家之言而已，並沒有高下之分，從而維護了儒門內部的團結。

最後，關於孔子《論語》中記載孔子言行之間的矛盾。孔子在與曾子的談話中，提到他對道的體悟時說：「參乎！吾道一以貫之。」認爲自己對對道的理解應該是一以貫之的。再者，《論語》是經過精心編撰的，但爲什麼《論語》中還會出現那麼多看似矛盾的話呢？其中的原因如前所述，是編者不得不收錄。孔子一方面評價管仲「相桓公，霸諸侯，匡扶天下，利澤百姓，維繫華夏文化」，認爲他已經是個仁人了。但另一方面卻說管仲爲臣而僭邦君之禮，認爲他「器小」、「不知禮」。這兩處看似矛盾的地方，讓後人不知所措。所謂「夫子向者言管仲之器小哉，又謂僭不知禮，今乃連稱誰如其仁，誰如其仁，聖人之言，何其不恒如是邪？」〔註9〕很多人爲了維護孔子的形象，爲它曲折辯論。程樹德的《論語集釋》中就收錄了四種不同的解釋。如果我們此時能換一種思維方式，從編者的角度去理解，那麼就很好解釋了。編者之所以不得不收錄這兩種看似矛盾的語錄，是因爲孔子之後的最有影響力兩大儒者孟子和荀子爲了應付其他學派的挑戰和社會戰爭形勢，對管仲進行了不同的評價。孟子站在尊崇王道否定霸道的立場上否定管仲，他對於弟子拿自

〔註9〕 陳天祥：《四書辯疑》，轉自程樹德：《論語集釋》，中華書局，2013 年，第 1134 頁。

己與管仲相提並論，表示出特別的不屑。(《孟子·公孫丑上》) 而荀子則既尊王道又大力提倡霸道。所以後世的《論語》編者爲了調和儒家內部矛盾，防止儒家因內訌而衰落，不得不收錄這兩則看似明顯矛盾的語錄。又如第一節中提到的《論語》中關於孔子在治國的禮儀制度的理念上有兩條明顯的不同。一條是：周監於二代，郁郁乎文哉！吾從周。(《八佾》) 此條主張順從周代的禮制；另一條是：顏淵問爲邦。子曰：「行夏之時，乘殷之輅，服周之冕，樂則韶、舞。」(《衛靈公》) 此條則主張要損益四代，擇善而從。對宣揚以「禮」治國的儒家集團來說，爲什麼在編輯《論語》的時候會留有如此明顯的矛盾而不擇其一呢？理由只能如前面所論述的一樣，它必定是爲了調和後世儒家不同流派在此問題上的矛盾而不得不收錄。因爲這不只牽扯先秦時期儒家流派內部的矛盾還涉及到漢代和清代以來的今古文之爭。我們知道今古文之爭是儒家學說內部的一大公案。無論是在經文文字的異同上，在對待孔子是素王還是先師的態度上，在對待孔子與六經的關係上，還是在以「今古文」爲藉口的政治鬥爭、黨同伐異中，今古文學派都有不同的價值取向。梁啓超曾說過：「清學分裂之導火線，則經學今古文之爭也。」〔註10〕那麼這與此兩條語錄到底有什麼關係呢？這就不得不提到廖平的《今古學考》。廖平以禮制劃分經今古文學，可以說揭開了今古文學派的根本區別的謎底。他認爲「今、古之分，全在制度，不在義理，以義理今、古同也」〔註11〕，「今學同祖《王制》，萬變不能離宗……古學主《周禮》，隱與今學爲敵」〔註12〕。他在「今、古學宗旨不同表」中提到：「今祖孔子，古祖周公；今主因革 (參用四代禮)，古主從周 (專用周禮)；今爲經學派，古爲史學派。」〔註13〕而歷史上那些「好言今、古得，爭辯申難，無所折中」〔註14〕之人，「則莫非門戶之見，徒爲紛更而已」〔註15〕。更重要的是他認爲今古兩派皆源出於孔子：今爲孔子晚年之說，而古爲孔子壯年之說。因而認爲今古兩派無所軒輊，從而平分今古。另外他提到：「《論語》則採錄博雜，有爲今學所祖，有爲古學

〔註10〕 梁啓超：《清代學術概論》，中華書局，2010 年 1 月，第 109 頁。
〔註11〕 劉夢溪主編：《中國現代學術經典廖平、蒙文通卷》，河北教育出版社，1996 年 8 月，第 43 頁。
〔註12〕 同上，第 40 頁。
〔註13〕 同上，第 20 頁。
〔註14〕 同上，第 68 頁。
〔註15〕 同上。

所祖。欲一律牽合，於今古說必多削足合履之失。然舊有古今二派，又不能強合之，竊欲仍分為二家。」而後面這點恰恰是與我們的意見相左。我們認為《論語》在 400 多年才編撰定型的過程中，正是為了調和儒家內部不同流派的矛盾才將兩條似乎相反的言論收錄其中，而不是故意使《論語》「矛盾」迭出。又如，對待天命鬼神上，《論語》中將孔子看似矛盾的語錄收進去，也是後世儒者在這方面的分歧所造成的。如後世影響巨大的思孟學派強調天人合一，而孫氏（荀況）之儒特別強調天人相分。因此為了調合儒家內部的矛盾，《論語》的編撰者不得不收錄孔子在天命鬼神方面看似矛盾的話語。另外在體力勞動方面，在對待名的態度上等等顯示出的矛盾，都有這方面的因素在內。因為《論語》的編者們為了維護儒門內部的利益，有太多的思想不得不借孔子的嘴來表達。

三、結論

總而言之，《論語》從最初的結集到最後的定型，是經過儒門內部反覆討論，精心編撰而成的。在看似許多矛盾的地方，其背後有著它存在的重要緣由。這些矛盾的存在揭示著一個重要現象：《論語》是在「儒分為八」後，各流派為了防止因內訌而造成儒家衰落，並藉此重新統一儒家而「相與輯而論纂」的結果。它包涵的不純粹是孔子的思想，更重要的是《論語》編者的思想。孔子只是《論語》編者的工具而已。

莊子聖人觀研究

摘要：莊子思想中的「聖人」猶如當時君子的內涵一樣具有「德」、「位」兩重性。莊子批評的「聖人」不是儒家所謂的「聖人」，而是當時竊國大盜一類的「諸侯」。莊子贊成的「聖人」也不是儒家認可的「聖人」。它們之間的差別主要是由於對「道」的不同理解而造成的。另外，莊子並不反對「仁義」，而是反對儒家「提倡仁義」，也就是反對儒家將仁義口號化、工具化。由於莊子對儒家王道治國困境的擔憂，最終他走向了逃避現實、追求單純精神逍遙的道路。

關鍵字：莊子、聖人、儒家、仁義、王道困境

一、聖人的內涵

　　莊子〔註1〕一書中談論「聖人」的地方非常多，全文一共 113 處，而給人呈現出兩種不同的印象。在內篇以及外雜篇的一些章節中，莊子對聖人推崇

〔註 1〕　《莊子》的作者問題眾說紛紜，誰也沒有絕對的把握與證據證明哪篇文章是莊子所寫，而其他篇章不是他所寫。事實上現在有很多人認為《莊子》內篇是莊子本人所寫，外雜篇為它人所寫。然而，他們在寫文章的過程當中卻又常常引用外雜篇的內容去證明自己論述莊子思想的觀點，這難道不是很矛盾嗎？因此，對於此問題，我們懸隔判斷。本文的莊子指稱《莊子》一書，將莊子當成一個整體來討論。

備至，乃至成爲精神修養、理想人格的代名詞〔註2〕。如內篇中：「聖人無名。」
（《逍遙遊》）「聖人不從事於務，不就利，不違害，不喜求，不緣道，無謂有
謂，有謂無謂，而遊乎塵垢之外。」（《齊物論》）外雜篇中有：「聖人者，原
天地之美而達萬物之理。」（《知北遊》）「以天爲宗，以德爲本，以道爲門，
兆於變化，謂之聖人。」（《天下》）而在莊子外篇，主要是前四章中，他對聖
人則採取一種批評乃至鄙視的態度。如：「聖人則以身殉天下。」（《駢拇》）「毀
道德以爲仁義，聖人之過也。」（《馬蹄》）「天下之善人少而不善人多，則聖
人之利天下也少而害天下也多……聖人不死，大盜不止。」（《胠篋》）這兩種
不同的觀點同時出現在同一本書中，從而使得人們對莊子思想產了迷惑。那
麼如何解釋這種矛盾呢？

　　一般認爲，聖人是儒家思想的核心觀念。聖人這種知行完備、止於至善
的境界是儒家推崇和一致追求的。孔子將「聖」視爲人生最高的境界。他說：
「若聖與仁，則吾豈敢。」（《述而》）並且有「聖人吾不得而見之矣，得見君
子者斯可矣」（《述而》）的感歎。孟子說「聖人，人倫之至也」（《離婁上》），
「聖人，百世之師也」（《盡心下》），並且發出了「人皆可以爲堯舜」的口號，
鼓勵當政者推仁心，行仁政。用仁義作爲衡量一個國家行爲的標準。而莊子
對聖人的批評正是基於這種現象而來。因此人們在無意識的情況下就把莊子
批評聖人的觀點當成批評儒家仁義思想的一個證據，簡單地認爲莊子反對「仁
義」思想。張松輝先生在《莊子疑義考辯》一書中，對莊子的「聖人」存在
的矛盾做了分析舉證。他說莊子的聖人「它有時指道家的理想人物，有時則
指世俗中的所謂聖人，也即儒家心目中的理想人物」〔註3〕「因此，《莊子》
書中的『聖人』究竟指什麼，我們必須根據上下文來判斷。」〔註4〕近代莊子
研究者，大都持此相近的觀點。那麼莊子在外雜篇所批評的「聖人」眞的就
是指世俗中的聖人、或者儒家心目中的聖人嗎？

　　如果，莊子「聖人不死，大盜不止」中的聖人眞指儒家所推崇的聖人，
那麼「堯、舜、禹、湯、文武、周公」等人早已經死了，爲什麼莊子還要提
出此種命題？有人接著會反駁說「你不能單純地將聖人看成具體的人，你應

〔註2〕　關於莊子的理想人格及其境界可參看崔大華先生的《莊學研究》中「理想人
　　　　格的精神境界和人生實踐」一節以及鄙人的碩士論文《莊子修養論研究》。崔
　　　　大華：《莊學研究》，人民出版社，1992年。
〔註3〕　張松輝：《莊子疑義考辯》〔M〕，北京：中華書局，2007年，第18頁。
〔註4〕　同上，第19頁。

該把它當成以仁義之道規定的理想人格。所以，莊子的『聖人不死，大盜不止』指的就是反對仁義之道，將仁義之道滅絕。」那麼莊子真的反對仁義之道嗎？如果是這樣，那莊子為什麼還說「意仁義其非人情乎？彼仁人何其多憂也」？（《駢拇》）這句話翻譯過來不就是在說：「仁義難道不是人性中所固有的嗎？那些仁人又何必如此多憂呢？」因此，莊子所批評的「聖人」只能是指別的內涵。那究竟是什麼呢？我們看下面這句話：

> 小人則以身殉利；士則以身殉名；大夫則以身殉家；聖人則以
> 身殉天下。（《駢拇》）

在這句話中，莊子其實已經告訴我們他所批評的「聖人」的具體內涵。「小人、士、大夫」指得是不同身份的人以及他們做出的行為。值得注意的是，這裡他們的身份等級一級比一級高。可知，「聖人則以身殉天下」中的「聖人」必然也是身份等級的一種代表，而不是道德屬性的稱謂。因此，莊子極力批評的「聖人」可能指得就是當時的在位者「諸侯」。當時的田齊三晉，可以說都是篡奪竊位之國，卻儼然被列為諸侯，僭稱王號，真可謂是「竊鉤者誅，竊國者為諸侯」（《胠篋》）。莊子在當時的社會不可明言，所以悠謬其詞，從而說「聖人不死，大盜不止」（《胠篋》）。

另外，我們知道君子在西周時期主要是指一種身份制度，它與小人相對。君子和小人同屬於國人，國人是與野人相對。國人與野人的身份地位區別相當於近代的城市人與農村人。國人屬於統治階層民族，而野人屬於被統治階層民族。野人因為地位比國人要低，所以也稱為「庶人」。《左傳》昭公三十一年：「三后之姓，於今為庶。」據杜預的注解，三后指得是虞、夏、商，它們均為被征服民族。國人雖然都屬於統治階層民族，但是根據血緣的近疏關係也有貴族與非貴族之分，貴族在當時被稱為君子，而非貴族則被呼為小人。所謂「君子勞心，小人勞力」。這就是周朝血緣宗法世襲制度的簡單概括。因此，君子在當時主要是一種身份地位的象徵。但隨著周王朝的腐敗衰落以及周邊非中原國家的崛起，國人與野人的區別，君子與小人的界限慢慢變得模糊。他們之間的流動行也變得越來越頻繁。後來孔子鑒於當時的社會政治環境，借用昔日象徵身份地位的「君子」名稱，將它改造成注重德行的「新君子」。後來君子慢慢變成德行的象徵，而非身份等級的象徵。但是又沒有能完全否定掉「君子」是一種身份等級。我們在《論語》當中可以見到此兩種情況的混用。關於「聖」的看法，沈文倬先生在《孔子身世考》中提到：「『聖』

在春秋時被理解作通人或智者的。認爲等級愈高就愈智愈聖：王就被稱爲聖王；卿大夫之賢者也有被稱爲聖人的，如《左傳》昭七年孟僖子說『孔子聖人之後』，聖人是指其遠祖毋父何、正考父，都是宋園的賢大夫。至於『君子』，《士相見禮》云：『凡侍坐於君子』，《禮記・檀弓下》云：『君子不能爲謀也，士弗能死也』，鄭注均云：『君子謂卿大夫也。』」〔註5〕可知既然卿、大夫、士是君子，那麼當時的諸侯王就可以稱之爲聖人。因此莊子批評的「聖人」不是以德行而言，而是就等級名號來論。我們在這裡基本上可以確定爲是「諸侯」的代稱，而不是指儒家心目中的聖人。

既然莊子所批評的「聖人」不是儒家所認可和提倡的「聖人」，那麼他贊成的「聖人」形象是儒家所說的理想人格嗎？

答案是否定的。莊子在《天運》篇中說：

> 子貢曰：「夫三王五帝之治天下不同，其繫聲名一也。而先生獨以爲非聖人，如何哉？」老聃曰：「小子少進。子何以謂不同？」對曰：「堯授舜，舜授禹，禹用力而湯用兵，文王順紂而不敢逆，武王逆紂而不肯順，故曰不同。」老聃曰：「小子少進。余語汝三皇五帝之治天下。黃帝之治天下，使民心一，民有其親死不哭而民不非也。堯之治天下，使民心親，民有爲其親殺其殺而民不非也。舜之治天下，使民心競，民孕婦十月生子，子生五月而能言，不至乎孩而始誰，則人始有夭矣。禹之治天下，使民心變，人有心而兵有順，殺盜非殺人，自爲種而天下耳，是以天下大駭，儒、墨皆起。其作始有倫，而今乎婦女，何言哉！余語汝：三皇五帝之治天下，名曰治之，而亂莫甚焉。三皇之知，上悖日月之明，下睽山川之精，中墮四時之施，其知憯於蠣蠆之尾，鮮規之獸，莫得安其性命之情者，而猶自以爲聖人，不可恥乎？其無恥也。」子貢蹴蹴然立不安。

在這裡，莊子明確不同意儒家所認可的三王五帝的聖人形象，所謂「此非吾所謂道也」（《讓王》），並且他對聖人進行了重新的詮釋與定義。他說：「三皇五帝之治天下，名曰治之，而亂莫甚焉。」而只有眞正懂得「安其性命之情者」才可能稱之爲聖人。除此之外，我們也可以在其他篇章中看到莊子類似的表達。如在《讓王》、《盜跖》、《漁夫》等篇章。那麼究竟什麼才是莊子所

〔註5〕 沈文倬：《菿闇文存》（下）〔M〕，北京：商務印書館，2006年，第805頁。

認可的「聖人」呢？它所代表的精神境界又是怎樣的呢？

在文章開頭，我們說到莊子所認可的聖人是不去獵取名聲；不從事於具體的事物；而能探索天地的美德，掌握萬物的規律，逍遙地遨遊於塵垢之外。除此之外，莊子還有很多對聖人其他方面的描述：

1、聖人之靜也，非曰靜也善，故靜也。萬物無足以撓心者，故靜也。（《天道》）

2、聖人休休焉則平易矣。平易則恬淡矣。（《刻意》）

3、聖人之生也天行，其死也物化。靜而與陰同德，動而與陽同波。不爲福先，不爲禍始。感而後應，迫而後動，不得已而後起。去知與故，循天之理。故無天災，無物累，無人非，無鬼責。其生若浮，其死若休。不思慮，不豫謀。光矣而不耀，信矣而不期。其寢不夢，其覺無憂。其神純粹，其魂不罷。虛無恬淡，乃合天德。（《刻意》）

4、聖人並包天地，澤及天下，而不知其誰氏。（《徐无鬼》）

5、夫聖人未始有天，未始有人，未始有始，未始有物，與世偕行而不替，所行之備而不洫，其合之也，若之何！（《則陽》）

從1、2條可知，聖人的心是非常平靜而恬淡的。這種平靜恬淡的心與莊子對道的認識一致的。從第3條可知，聖人之心如鏡子一樣（「感而後應，迫而後動，不得已而後起。」）這與莊子對至人的狀態描述是一樣的。他說：「至人之用心若鏡，不將不迎，應而不藏，故能勝物而不傷。」（《應帝王》）因此我們可以說莊子所推崇的「聖人」就是他說的「至人」。而「去知與故，循天之理」則與莊子「黜聰明，離形去知」的「坐忘」相通。「其寢不夢，其覺無憂」則與莊子「古之真人，其寢不夢，其覺無憂」（《大宗師》）的真人是一致的。第4、5條則是再一次重申「聖人無名」的態度。另外，前面提到的「聖人不從事於務……而遊乎塵垢之外」則與「乘雲氣，御飛龍，而遊乎四海之外」（《逍遙遊》）的神人相通。所以成玄英在解釋「至人無己，神人無功，聖人無名」時說「至言其體，神言其用，聖言其名。故就體語至，就用語神，就名語聖，其實一也」，是非常有道理的。因此，莊子所說的「至人、神人、聖人、真人」在最高的境界上都是相通的，這種最高的精神境界就是「天地與我並生，而萬物與我爲一」，而這種相通則來自於莊子本人對形而上「道」的體悟。

二、道與聖人

　　莊子對聖人的理解與儒家對聖人的理解的不同關鍵在於對道的不同體悟與闡釋。我們知道春秋戰國是百花齊放、百家爭鳴的偉大時期。諸子們都認爲自己所掌握的「道」才是眞理〔註6〕，社會應該以我的「道」爲指導才能更合理地向前發展。由此，「天下同歸而殊途，一致而百慮」的道隨著社會的動亂與人文精神的發展不得不被迫分裂。莊子對此有非常深刻的描述，他說：「內聖外王之道，暗而不明，鬱而不發。天下之人各爲其所欲焉以自爲方。悲夫，百家往而不反，必不合矣！後世之學者，不幸不見天地之純，古人之大體，道術將爲天下裂。」（《天下》）既然每個人，或者每個團體所掌握的道只是眞理的一部分，如果我們將他們各自對道的理解闡釋清楚，那麼也就弄清楚了他們之間的根本異同〔註7〕。

　　由於孔子在子貢看來很少談論性與天道，因此我們對儒家的形上之道的討論只好以《論語》之外的孔子言論以及其他儒家學者的言論爲依據。孔子對名教（也就是以正名定分爲中心的禮教）與孝道（孝悌也者，其爲仁之本與）的推崇已經是大家所共知的了。與孔子有關的《春秋》，則是一部宣揚名教的書。《莊子‧天下篇》說：「《春秋》以道名分。」爲了社會的穩定，孔子認爲各個階層必須按照自己的名份行事而不得僭越。孔子對季氏「八佾舞於庭」的嚴厲批評以及回答齊景公問政時所說的「君君，臣臣，父父，子子」無不是對名教的推崇。名正言順的目標是爲了興起禮樂，而刑罰則是保證禮樂秩序落實的手段。正名與興禮是關鍵。樂是配合禮的教化手段〔註8〕。於是社會就和諧了。（「禮之用，和爲貴」）這種爲了社會穩定的等級存在，到後來的儒家學者的思想中，如《周易》易傳的繫辭部分，就有了形上學的根據了。爲什麼要有這種等級的存在，並且儒家集團一直維持它？因爲在他們看來天道就是這樣的。《繫辭傳上》開篇就說：「天尊地卑，乾坤定矣。卑高以陳，貴賤位矣。動靜有常，剛柔斷矣。方以類聚，物以群分，吉凶生矣。」

〔註6〕　如莊子在《秋水》篇中所說「以天下之美爲盡在己」。

〔註7〕　因本文著重討論儒道的異同關係上，因此儒道之外的流派暫不涉及，等以後另寫文章，專門討論。

〔註8〕　子路曰：「衛君待子而爲政，子將奚先？」子曰：「必也正名乎！」子路曰：「有是哉？子之迂也。奚其正？」子曰：「野哉由也。君子於其所不知，蓋闕如也。名不正，則言不順；言不順，則事不成；事不成，則禮樂不興；禮樂不興，則刑罰不中；刑罰不中，則民無所措手足。故君子名之必可言也，言之必可行也。君子於其言，無所苟而已矣。」（《論語‧子路》）

儒家認爲天尊地卑是天道的體現，那麼人世間的貴賤等級也應該按天道來運行，故稱之爲「貴賤位矣」。正如《中庸》裏說：「天命之謂性，率性之謂道，修道之謂教。」性來自於天，我們遵循天所賦予的性來行動與辦事，那麼這就是道，將這個道傳播出去就可謂是對社會大眾的教化了。這裡的核心也就是要求我們要認可君臣、父子、夫婦、兄弟等之間的名分等級。每個人處在自己的角色中，處理好自己的事，社會也就和諧了。當然，這一名份等級不能由單純的禮去規定，在不違背禮的前提下，人與他人、外物之間應該要「親親而仁民，仁民而愛物」，要講究「仁、義、禮、智、信」。故孟子將儒家推崇的「堯舜」等聖人概括爲「堯舜之道，孝悌而已矣」（《告子下》）。這一「仰則觀象於天，俯則觀法於地」而來的「道」也就是儒家治國的奧妙所在。

前面我們已經論述了莊子的聖人觀，莊子不同意儒家推崇的聖人，那麼他在形而上的基礎也必定會與儒家的道不同。既然如此，那以莊子爲代表的道家所體悟的「道」又是如何的呢？

> 1、夫道，有情有信，無爲無形；可傳而不可受，可得而不可見；自本自根，未有天地，自古以固存；神鬼神帝，生天生地；在太極之先而不爲高，在六極之下而不爲深，先天地生而不爲久，長於上古而不爲老。（《大宗師》）
>
> 2、道與之貌，天與之形，惡得不謂之人？（《德充符》）
>
> 3、何謂道？有天道，有人道。無爲而尊者，天道也；有爲而累者，人道也。（《在宥》）
>
> 4、夫道，覆載萬物者也，洋洋乎大哉！君子不可以不刳心焉。無爲爲之之謂天，無爲言之之謂德。（《天地》）
>
> 5、夫恬淡寂漠，虛無無爲，此天地之平而道德之質也。故曰：聖人休休焉則平易矣。平易則恬淡矣。平易恬淡，則憂患不能入，邪氣不能襲，故其德全而神不虧。（《刻意》）

從1、2條可知，莊子認爲道就是世界的本源，它在神和鬼之上，也在天地產生之前。世界的萬物都來源於道，人也不例外。因此人的行爲應該要順應大道。這種思想是與老子的「道生一、一生二、二生三、三生萬物」以及「人法地、地法天、天法道、道法自然」是一脈相承的。在 3、4、5 條中，莊子對道的特性作了充分的闡釋，他認爲道是清靜無爲，而又無比尊貴。（「無爲

而尊者」）所謂「恬淡寧靜，清虛無為，這是自然的原則，是大道的本質」。（「夫恬淡寂漠，虛無無為，此天地之平而道德之質也」）因此，在莊子看來，道是清靜無為的，所以，聖人作為道在人間的一個重要體現，他的心境也是十分平靜，思想恬淡，從而他能保持天性完整，而精神不會受到損害。（「聖人休休焉則平易矣。平易則恬淡矣。平易恬淡，則憂患不能入，邪氣不能襲，故其德全而神不虧。」）除了聖人，君子也應如此。他不能不虛心向大道學習。以清靜無為的態度去做事叫做順應自然，以清靜無為的態度去講話叫做順應天性。（「君子不可以不刳心焉。無為為之之謂天，無為言之之謂德。」刳，挖空；刳心：空心。指排除一切成見去效法道。）理解了莊子的道，以及他對人效法道的訴求，那麼我們也就很容易明白他為什麼提出「無何有之鄉」以及他的「至德之世」的理想了。

　　從上面的分析顯然可知，莊子所理解的「道」幾乎完全不同於儒家的「道」。就像韓愈在《原道》中說：「斯吾所謂道也，非向所謂老與佛之道也。」既然儒道之間對道的本源性看法有著根本的不同，那麼自然而然他們對於人效法道而產生的一切關係的理解上（對社會制度的看法、對人性的看法、對生命的意義、對天人之間的關係）便有著不同。因此，以莊子為代表的道家在對聖人的定義，對理想人格的訴求必然就不同於儒家的聖人了。（換句話說，正因為莊子要反對儒家的聖人觀。所以，在形而上的構建上就必須有不同的看法。因此，這兩者的道是不同的。）這也從形上學的角度進一步證明了我們在上一節中所說的「莊子贊成的『聖人』形象完全不是儒家所說的理想人格」。孔子說「道不同不相為謀」，既然如此，那為什麼莊子卻又千方百計的諷刺儒家呢？（如：「儒以《詩》、《禮》發冢」等文）另外，他們對仁義看法究竟有什麼根本異同？

三、聖人與仁義

　　前文提到，現在的研究者將莊子所批評的「聖人」錯誤地理解為「儒家的聖人」，所以在討論莊子仁義觀的時候，無形當中將「聖人不死，大盜不止」作為莊子反「仁義」的一個證據。通過前文的分析，這顯然是不能成立的。至於莊子為什麼要在一些篇章中諷刺孔子以及以孔子為首的儒家呢？一方面，孔子思想在當時是社會的主要思潮，處於顯學的地位，對他的引用與批評，是尊重孔子和藉重孔子表達自己思想的重要手段；另一方面，莊子非常

地瞭解孔子，以致前人將他的思想歸源於儒學。如韓愈說「蓋子夏之學其後有田子方，子方之流而爲莊周」〔註9〕所以，他能體悟到以孔子思想治國的困境與不足之所在。雖是如此，但莊子並不否定孔子所說的「仁義」。他也承認人性中固有仁義等道德屬性。如他在《駢拇》兩次提到「仁義難道不是人性中所固有的嗎？」（「意仁義其非人情乎」）可見，他反對的是「提倡仁義」，而不並不是「仁義」本身；反對孔子，也只是反對口號化、工具化的假孔子。

在現代大多數研究者看來，認爲莊子反對儒家的仁義。如，崔大華先生在《莊學研究》中認爲「莊子思想從根本上來說是和儒家思想相對的」〔註10〕，「在外、雜篇中，莊子後學更有所發展，經常是通過老聃和其他隱者（如老萊子、子桑雽、漢陰丈人、漁夫）之口，尖銳地、直接地剽剝儒家『仁義』，譏評孔子的行爲，甚至詆毀孔子的爲人」〔註11〕。曹礎基先生在《莊子淺注》中說《駢拇》篇「主要說明人性自然，而認爲仁義智辯以及爲名、爲利、爲國、爲家都是違反和傷害人性的，是道德上的駢拇枝指、邪門歪道。」〔註12〕在注釋《在宥》篇說「文中先承《駢拇》、《馬蹄》、《胠篋》三篇之指，重述仁義、聖智、刑罰等只能擾亂人心而導致『天下脊脊大亂』，絕聖棄智才能天下大治的主張。」〔註13〕劉笑敢先生在《莊子哲學及其演變》中將《駢拇》、《馬蹄》、《胠篋》、《在宥上》、《讓王》、《盜跖》、《漁父》歸爲莊子後學中的「無君派」，認爲「這一派強調『安其性命之情』……反對仁義道德和禮義賞罰」〔註14〕。「人的自然之性是無君派的根本立足點，他們破壞立論都是以性的不可侵犯爲依據的，他們反對仁義是因爲仁義可『擢德塞性』，他們認爲伯夷盜跖之間不當有君子小人之別是因爲二者『於殘生傷性均也』，他們既反對桀之暴政又反對堯之德政是因爲二者或『苦其性』或『樂其性』，都破壞了人的淳樸之性，他們既反對懲罰又反對恩賜是因爲『以賞罰爲事』則無暇『安

〔註9〕 參看《昌黎先生集》卷二十《送王秀才序》，除此外，章學誠在《文史通義·經解》中說：「荀、莊皆出子夏門人。」而章太炎反駁了章學誠的觀點，提出「莊生傳顏氏之儒」。（《菿漢昌言》卷一）

〔註10〕 崔大華：《莊學研究》〔M〕，北京：人民出版社，1992年，第351頁。

〔註11〕 同上，第352頁。

〔註12〕 曹礎基：《莊子淺注》（修訂本）〔M〕，北京：中華書局，2000年，第119頁。

〔註13〕 同上，第140頁。

〔註14〕 劉笑敢：《莊子哲學及其演變》（修訂版）〔M〕，北京：中國人民大學出版社，2010年，第96頁。

其性命之情』(《在宥上》:『自三代以下者，匈匈焉終以賞罰爲事，彼何暇安其性命之情哉！』)。他們認爲眞正的善即『任其性命之情』，一切有損於性命之情的都是應該反對的，都在他們的批判之列」〔註15〕。雖是如此，但我們並不贊成他們對莊子論述仁義方面的觀點。在《駢拇》、《馬蹄》、《胠篋》、《在宥》、《讓王》、《盜跖》、《漁父》等這些莊子關注現實的篇章，如果眞正能靜下心來體會，莊子在這些篇中幾乎沒有一條確切的證據證明他反對人性中有「仁義」，他反對的只是「提倡仁義」而已。我們現在一一分析大家常常引用的一些段落來進行分析：

　　1、駢拇、枝指出乎性哉，而侈於德。附贅縣疣出乎形哉，而侈於性。多方乎仁義而用之者，列於五藏哉，而非道德之正也……枝於仁者，擢德塞性以收名聲，使天下簧鼓以奉不及之法非乎？而曾、史是已……夫小惑易方，大惑易性，何以知其然邪？自虞氏招仁義以撓天下也，天下莫不奔命於仁義，是非以仁義易其性與？(《駢拇》)

　　2、及至聖人，蹩躠爲仁，踶跂爲義，而天下始疑矣；澶漫爲樂，摘僻爲禮，而天下始分矣。故純樸不殘，孰爲犧尊！白玉不毀，孰爲珪璋！道德不廢，安取仁義！性情不離，安用禮樂！五色不亂，孰爲文采！五聲不亂，孰應六律！夫殘樸以爲器，工匠之罪也；毀道德以爲仁義，聖人之過也。(《馬蹄》)

　　3、脣竭則齒寒，魯酒薄而邯鄲圍，聖人生而大盜起。掊擊聖人，縱捨盜賊，而天下始治矣！(《胠篋》)

　　4、昔者黃帝始以仁義攖人之心，堯、舜於是乎股無胈，脛無毛，以養天下之形。愁其五藏以爲仁義，矜其血氣以規法度。然猶有不勝也，堯於是放讙兜於崇山，投三苗於三峗，流共工於幽都，此不勝天下也。夫施及三王，而天下大駭矣，下有桀、跖，上有曾、史，而儒、墨畢起。於是乎喜怒相疑，愚知相欺，善否相非，誕信相譏，而天下衰矣。大德不同，而性命爛漫矣；天下好知，而百姓求竭矣。於是乎釿鋸制焉，繩墨殺焉，椎鑿決焉。天下脊脊大亂，罪在攖人心。(《在宥》)

在第 1 條中，莊子認爲「多方乎仁義而用之者」非道德之正，而並不是認爲

〔註15〕同上，第263～264頁。

「仁義」非道德之正，是反對提倡仁義。後面的「枝於仁者」，「招仁義以擾天下」都不是批評仁義，而是批評「枝於」、「招」仁義，也就是反對「提倡仁義」；在第 2 條中，莊子認爲「蹩躠爲仁，踶跂爲義」，於是天下的人開始疑惑了。他反對的是「蹩躠」、「踶跂」地爲仁義，而不是反對「仁義」。「毀道德以爲仁義，聖人之過也」說的是將人固有的本性都以「仁義」爲標準，這個就是聖人的過錯。可知，莊子並沒有反對「仁義」，反對的是提倡「仁義」；第 3 條，我們在前文已經分析過了。在第 4 條中，莊子與我們這裡的第 2 條類似，也是反對「提倡仁義」，分析了一切以「仁義」爲標準而造成的嚴重後果。同樣的是，他沒有直接地反對眞正的「仁義」。總之，莊子是以「安其性命之情」的原則去分析這些情況。他認爲天下「至正」的做法是「不失性命之情」，只要符合各人的本性，那麼「合者不爲駢，而枝者不爲跂，長者不爲有餘，短者不爲不足」。人的本性就像鳧與鶴的脖子一樣有長有短，人性中的仁義也是如此，有高有低，如果人人都改變自己美好的天性而去追求仁義，即使達到了像曾參和史鰌那樣精通仁義，也不是他所認爲的美好。（「且夫屬其性乎仁義者，雖通如曾、史，非吾所謂臧也。」《駢拇》）另外，在莊子看來，如果一個人改變自己的本性而去追求外在人爲設定的「仁義」標準，那麼會帶來殘生損性的後果。同時，這也會刺激人們內心中的欲望，久而久之就會將仁義當成一種逐名求利手段。因此，他強烈反對的是「提倡仁義」，而不是「仁義」本身，反對以外在的標準去衡量一個人的價值。相反，人應該要懂得知止，懂得知止，才能拋棄文明矯揉造作的習慣、多餘的需求和錯誤的偏見，才能回到自己的內心而獲得良知、眞理的指引。

除此之外，學者們常常引用的其他段落，如「自我觀之，仁義之端，是非之塗，樊然殽亂，吾惡能知其辯！」（《齊物論》）「夫堯既已黥汝以仁義，而劓汝以是非矣，汝將何以遊夫遙蕩、恣睢、轉徙之塗乎？」（《大宗師》）「又何偈偈乎揭仁義，若擊鼓而求亡子焉？意，夫子亂人之性也！」（《天道》）等等，其實都是反對推銷仁義以及以仁義爲口號去獲得個人的私利，而不是眞正的反對仁義。

既然莊子和以孔子爲首的儒家都肯定人性中固有仁義，那麼莊子爲什麼會轉向認同老子所說的「道」而走向背離他十分熟悉的孔子所說的「道」呢？這是因爲莊子看到了儒家王道治國存在不可避免的困境。這種困境除了對弱勢個體的尊嚴與權利壓制外，更明顯的是存在著「盜亦有道」的不可避免性。

所謂「竊鉤者誅，竊國者爲諸侯，諸侯之門而仁義存焉」。這些竊國者在奪權後無不是在說自己仁民愛物，自己推行的政策是仁政，但背後做的卻都是一些苟且之事。孟子說：「春秋無義戰」。除了《莊子》一書中表達了對當時及前時代的君主們提倡仁義所帶來的嚴重後果的批評外，我們從歷史上看，國與國之間的征伐掠奪無一不是打著「仁義」的口號。如暴君秦始皇在滅六國之後，他登上之罘山，在其石碑上刻著「大聖作治，建定法度，顯著綱紀。外教諸侯，光施文惠，明以義理。六國回辟，貪戾無厭，虐殺不已。皇帝哀眾，遂發討師，奮揚武德。義誅信行，威燀旁達，莫不賓服。烹滅強暴，振救黔首，周定四極。普施明法，經緯天下，永爲儀則。」（《史記・秦始皇本紀》）將自己毀滅文化、殺戮百姓的歷史改爲所謂的替天行道，哀眾而不得已。王莽、魏國的曹氏集團、晉朝的司馬氏集團等等，他們的行爲無不在揭示著儒家王道治國的困境。而這種困境所帶來的煩惱無時無刻都縈繞在莊子的腦海。但在當時的現實的世界中卻又不能不按儒家的那套方案來辦。他借用孔子的口說：「天下有大戒二：其一，命也；其一，義也。子之愛親，命也，不可解於心；臣之事君，義也，無適而非君也，無所逃於天地之間。是之謂大戒。」（《人間世》）因此以孝治國，以仁禮治國猶如天下兩大戒一樣在以農爲本的社會體系中不可避免。這種困境所帶來的煩惱與痛苦最終迫使莊子走向了逃避現實、追求單純精神逍遙的道路。只有這樣，他才能解脫自己，擺脫痛苦的深淵。在《齊物論》中，他用自己的巧辯將仁與不仁、是非、美醜、善惡、生死以及夢與現實等相互對立的彼此關係全部抹平；借用心齋、坐忘等方法將自己帶入到形如槁木、心如死灰的無情境界。在現實世界中，他以清靜無欲的形上之道爲指導，設想了一個「同與禽獸居，族與萬物並，惡乎知君子小人哉！同乎無知，其德不離；同乎無欲，是謂素樸。素樸而民性得矣」（《馬蹄》），「不尚賢，不使能，上如標枝，民如野鹿；端正而不知以爲義，相愛而不知以爲仁，實而不知以爲忠，當而不知以爲信，蠢動而相使不以爲賜。是故行而無跡，事而無傳。」（《天地》）的至德之世。

四、結論

總而言之，莊子思想中「聖人」的內涵猶如當時君子的內涵一樣具有德、位的兩面性。莊子反對的聖人並不是儒家提倡的聖人，而是指當時的諸侯王們。在對待「仁義」的態度上，莊子和儒家一樣並沒有本質的區別。他們都

認可「仁義」是人之為之的根本原則。所不同的是莊子反對「提倡仁義」，也就是反對將仁義口號化、工具化。猶如人們反對以仁義作為一種謀取私利的手段強加給其他國家，從而造成被強加國家的社會奔潰與秩序混亂。另外，莊子也看到了儒家王道治國的缺陷所在，而這種缺陷所帶來的痛苦與煩惱一直壓迫著他。於是莊子轉向了他所追求的逍遙境界，從而背離了儒家提倡的聖人觀念，而創造了新的「聖人」觀。

莊子「天籟」思想研究

摘要：「天籟」這一概念可以說是理解《齊物論》的一個關鍵所在。「天籟」是針對「人籟」所發，「地籟」只是作爲引出「天籟」的一個過度。「天籟」包括「地籟」和一部分無「機心」的「人籟」。《齊物論》一文的中心點不是「吾喪我」也不是「齊物」等觀念，而是「天籟」。「吾喪我」與「齊物」只是認識「天籟」，體悟「天籟」境界的手段，而不是最終目的。人們要懂得知止，才能進一步用智慧的光芒照亮內心，實現自我的自由與價值，從而達到「與天地萬物爲一」的「天籟」境界。

關鍵詞：莊子、天籟、齊物論、吾喪我、知止

　　《莊子》一書蘊涵豐富，循環無端，汪洋闊閬，最難瞭解。《齊物論》作爲《莊子》一書的核心，對它的理解更是難上加難〔註1〕。章太炎先生曾曰：「《齊物》文章，華妙難知，魏晉以下，解者亦眾，既少綜覈之用，乃多似象之辭。」〔註2〕那麼我們如何才能正確地把握莊子「齊物論」的中心思想呢？

〔註1〕　章太炎作爲晚清民國時期最重要的國學大師，他認爲《齊物論》一篇在《莊子》中具有特殊重要的地位，「維綱所寄，其唯《消搖》、《齊物》二篇」。錢基博同樣認爲，《莊子》全書只有「逍遙」、「齊物」兩條主線，除最後的《天下篇》以外，其餘各篇都只是闡發《逍遙遊》、《齊物論》的餘蘊而已。《讀莊子南華眞經卷頭解題記》說：「莊子三十三篇，言《逍遙遊》者二十篇，言《齊物論》者十二篇，而《天下篇》之爲敍錄者不算焉。」

〔註2〕　《章太炎全集》第六卷，上海人民出版社，1986年12月，第3頁。

在《齊物論》的一開始，莊子通過南郭子綦與顏成子游的對話，就提出了他的「天籟」思想。可見這一思想在《齊物論》中占具重要地位。因此如果我們認知了「天籟」，那麼也就獲得了理解莊子《齊物論》中心思想的一把鑰匙。那麼什麼是「天籟」呢？

一、天籟的內涵

《齊物論》云：

> 南郭子綦隱機而坐，仰天而噓，荅焉似喪其耦。顏成子游立侍乎前，曰：「何居乎？形固可使如槁木，而心固可使如死灰乎？今之隱機者，非昔之隱機者也。」子綦曰：「偃，不亦善乎，而問之也！今者吾喪我，汝知之乎？女聞人籟而未聞地籟，女聞地籟而未聞天籟夫！……子游曰：「地籟則眾竅是已，人籟則比竹是已。敢問天籟。」子綦曰：「夫吹萬不同，而使其自己也。咸其自取，怒者其誰邪？」

莊子在「地籟」、「人籟」的基礎上提出了「天籟」這一理念。他借用子綦的話解釋說：「夫吹萬不同，而使其自己也，咸其自取，怒者其誰邪！」這句話就是理解莊子「天籟」思想的關鍵，但這句話的深奧隱晦又使得後人在注解莊子時產生了各種分歧。晉郭象注：

> 夫天籟者，豈復別有一物哉？即眾竅比竹之屬，接乎有生之類，會而共成一天耳。無既無矣，則不能生有；有之未生，又不能為生。然則生生者誰哉？塊然而自生耳。自生耳，非我生也。我既不能生物，物亦不能生我，則我自然矣。自己而然，則謂之天然。天然耳，非為也，故以天言之。以天言之，所以明其自然也，豈蒼蒼之謂哉！而或者謂天籟役物使從己也。夫天且不能自有，況能有物哉！故天者，萬物之總名也，莫適為天，誰主役物乎？故物各自生而無所出焉，此天道也。〔註3〕

在這裡郭象認為「天籟」即是「自然」、「天然」，與「地籟（眾竅）」、「人籟（比竹）」相應。因它們都是「塊然而自生」（即所謂的「獨化」說）的，所以是齊同的，用成玄英的話便是「故夫天籟者，豈別有一物邪？」〔註4〕清末

〔註3〕 清·郭慶藩：《莊子集釋》，中華書局，1961年7月，第50頁。
〔註4〕 清·郭慶藩：《莊子集釋》，中華書局，1961年7月，第50頁。

馬其昶也認爲：「萬竅怒號，非有怒之者，任其自然，即天籟也。」〔註5〕但是如果按照這種理解，那麼文中的「怒者」又指的是什麼呢？顯然，郭象爲了自己內部體系的統一，將後文中的「眞君」、「眞宰」也就是「怒者」的角色抹平，從而達到符合他性分逍遙說的目的。宣穎說：「眾竅之鳴，怒者其誰邪？分明有個主宰。」〔註6〕王先謙在《莊子集解》也有類似觀點：「『怒者其誰』使人言下自領，下文所謂『眞君』是也。」〔註7〕因此，郭象的解釋並未圓通。近代的王叔岷解釋說：「一切皆由自取，誰使之怒號耶？地籟如此，人籟之聲亦然。自不齊觀之，則有人籟、地籟、天籟之別，自其齊觀之，則人籟、地籟皆天籟也。」〔註8〕在他眼中，此三籟是三種不同的類型，但對於此三者的具體區別與相同點並沒有給出合理的解釋。可見這種解釋是不完備的。

宋代的趙以夫在其《莊子內篇注》中直接將「天籟」解釋爲「造物者」、「眞君」。他說：「聲出眾竅，誰實怒之？蓋有聲聲者存乎其中，不可得而聞見，此地籟中之天籟也。人籟亦猶是，而非比竹所能盡，故後章喻以知言夢覺、喜怒哀樂，日夜相代，不知所萌。萌者，生之始，旦暮得此所由以生，即籟之天也。所謂眞宰、眞君亦此意。」〔註9〕這裡他將「天籟」與「地籟」、「人籟」分開，並將「天籟」作爲後兩者的主宰，明顯與莊子原意不符。錢澄之則將「天籟」解釋爲「地籟」，所謂：「天籟即在地籟之中，『自己』謂各自成聲，『自取』謂各因其竅。」〔註10〕這使得「天籟」與「人籟」完全無關了。

除上面的論述外，今人對莊子「天籟」的解釋並沒有超越前人。陳鼓應在《莊子今注今譯》中說：「『人籟』是人吹簫管發出的聲音，譬喻無主觀成見的言論。『地籟』是指風吹各種竅孔所發出的聲音，『天籟』是指各物因其各己的自然狀態而自鳴。可見三籟並無不同，它們都是天地間自然的音響。」

〔註5〕 崔大華：《莊子歧解》，中華書局，2012年3月，第43頁。

〔註6〕 清・宣穎：《南華經解》，曹礎基點校，廣東人民出版社，2008年5月，第12頁。

〔註7〕 清・王先謙：《莊子集解、莊子集解內篇補正》，中華書局，1987年10月，第10頁。

〔註8〕 王叔岷：《莊子校詮》上，中華書局，2007年6月，第48頁。

〔註9〕 崔大華：《莊子歧解》，中華書局，2012年3月，第43頁。

〔註10〕 清・錢澄之著；殷程祥點校：《莊子精釋、屈賦精釋》，黃山書社，1995年5月，第16頁。

〔註11〕陳的解說明顯是不對的，如果是一樣的話，那麼莊子有何必要在一個句子中分別論說三籟。方勇、陸永品在《莊子詮評》中說：「天籟：指天地間萬物的自鳴之聲。按，人籟、地籟比喻帶有『成心』的言論，天籟比喻不帶任何主觀成見的言論。」〔註12〕方、陸在這裡解釋「天籟」時應該說有一定的道理，但是對人籟地籟的解釋卻是錯的，並且在這一解釋中把「天籟」與「人籟」、「地籟」完全分割開來了。張松輝老師在《莊子疑義考辨》中說：「我們要想理解『天籟』是什麼，就必須緊緊把握住本篇的主旨。本篇的主旨就是萬物一齊，毫無疑問，提出『天籟』這一概念正是為闡述這一主旨服務的。『夫吹萬不同，而使其自己也，咸其自取，怒者其誰邪』也基本把『天籟』的意思交代清楚了：雖然眾竅形狀不一，聲音各異，但它們在風的作用下，根據各自不同的形狀發出不同的聲音，都是順己之自然。從這個角度出發，它們又都是一樣的，因此各種聲音都可等量齊觀，都是『天籟』。」〔註13〕這裡將「天籟」與「人籟」、「地籟」同樣解釋為相同的。與陳鼓應不同的是，這裡強調了順己之自然。張和平在《「天籟」新解》中將「天籟」解釋為「『至人』的『若鏡』之心」〔註14〕，這是對的，但是他將「天籟」與「地籟」、「人籟」三者的關係解釋為兩大序列，天籟為一序列，地籟人籟為一序列並說「三『籟』之間真正的不同乃是上述兩大序列之間的不同，也就是莊子所一再強調的『天道』與『人道』的不同」〔註15〕，這就不太對了。

從上面論述，我們可以發現，歷代注家對「天籟」眾說紛紜，甚至彼此矛盾。但似乎並沒有完全將「天籟」解釋清楚，也因此無法將「天籟」與「地籟」、「人籟」的關係說得清楚明瞭。那到底什麼是「天籟」呢？它和「地籟」特別是和「人籟」的關係是如何的呢？

其實，莊子在文中已有所暗示。「天籟」話題的引出是由於南郭子綦「隱機喪我」。喪我就是摒棄我見的意思。林希逸在口義中指出：「吾即我也，不曰『我喪我』，而曰『吾喪我』，言人身中才有一毫私心未化，則吾、我之間

〔註11〕陳鼓應：《莊子今譯今注》，商務印使館，2007年7月，第46頁。
〔註12〕方勇、陸永品：《莊子詮評》，四川出版集團巴蜀書社，2007年5月，第41頁。
〔註13〕張松輝：《莊子疑義考辨》，中華書局，2007年4月，第31頁。
〔註14〕張和平：《「天籟」新解——兼論「天籟」與莊子哲學》，《廈門大學學報》（哲學社會科學版），2011年第05期。
〔註15〕同上。

亦有分別矣。」〔註16〕這就是說要人們摒棄「機心〔註17〕」不能有一毫私心，這樣才能體會到天籟之音，也才能知道什麼是真正的「天籟」。釋德清則明確指出：「此《齊物論》以『喪我』發端，要顯世人是非，都是我見。」〔註18〕可見「天籟」其實是針對「人籟」所發，「地籟」只是作為引出「天籟」的一個過度。因為「地籟」屬於風吹空穴而自然發出的聲響，原本就沒有摻雜絲毫人為的「機心」，故「地籟」是「天籟」的一部分。而「人籟」卻不同，每個人都有自己的「機心」、「成心」，這就產生了是非對錯的觀念，此時人發出的聲音、言語就不是「天籟」，而只是在表達是非對錯的意見罷了。反之，如果一個人能達到「吾喪我」的境界，那麼他所發出的聲音和言語就如小鳥的「鷇音」一般，是無心之言，這也就屬於「天籟」。因此「天籟」包括「地籟」和一部分「人籟」。我們現在也有時會說，某人的歌聲太好聽了，猶如天籟之音一般。瞭解了它們之間的關係，我們就掌握了理解莊子「齊物」思想的樞紐。所以莊子所說「天籟」──「夫吹萬不同，而使其自己也。咸其自取，怒者其誰邪？」──的正確內涵應為：「吹萬不同」，這裡專指人們對於大道的獲得。每個人都從道而來，就如長風一氣而吹萬竅一樣。而每個人所稟的形器不同，所以他們的見識也就各不相同，就像眾竅發出的聲音各不相同。如果人人不知大道之所在，而自以為是，這就落下了萬物不齊的病根，故曰「而使其自己也」。於是，如果人人都從自我的「機心」出發（咸其自取），那麼這發怒的又是誰呢？把產生人的大道又放在哪裡呢？這一反問莊子是要提醒我們，人必須「喪我」、「坐忘」，必須忘掉「機心」，這樣才能感受到「道」，那麼此時人所發的言語才是「天籟」。

二、從「知止」角度進一步認識「天籟」

　　人生的意義，在莊子看來是自我價值的實現。這種自我的價值實現不在於物質財富的多少，社會地位的高低以及科學技術的進步與否，而在於自我心靈對自然與社會的明覺。過度地追求知識而忘記了自我的生活世界，那麼

〔註16〕　宋・林希逸：《莊子鬳齋口義校注》，中華書局，1997 年 3 月，第 13 頁。

〔註17〕　《莊子・天地》中描繪一位抱著瓦器灌溉菜地的老農，斥責孔子學生子貢向他建議採用新的灌溉機械，其言曰：「吾聞之吾師，有機械者必有機事，有機事者必有機心。機心存於胸中，則純白不備。純白不備，則神生不定。神生不定者，道之所不載也。吾非不知，羞而不為也。」

〔註18〕　明・釋德清：《莊子內篇注》，上海華東師範大學出版社，2009 年 8 月，第 21 頁。

人存在的意義也是不完整的。因此人在與外界事物的接觸過程中要懂得知止，才能喪我、坐忘，才能讓心靈達到對宇宙人生意義的領會，才能讓道的智慧照亮世界。只有體悟了此中境界的人，那麼他所發的言語「人籟」就是「天籟」了。因此莊子的「天籟」思想與他的知止觀有著密切的聯繫。在此，我們通過對「知止」的分析，來進一步明晰莊子的「天籟」思想。但莊子這種「正言若反」的言說卻被許多人理解為「反智」、「愚民」的思想了。

　　白壽彝在《中國通史》中說：「莊子反對社會進步，否定文化知識，痛恨仁義禮樂，主張愚昧。」〔註19〕余英時在《反智論與中國政治傳統》一文中，他明確將以老莊為代表的道家定義為反智論。他說：「道家和法家的政治思想雖然也有不少與儒家相通之處，但在對待智性及知識分子的問題上卻恰恰站在儒家的對立面。道家尚自然而輕文化，對於智性以及知識本不看重。……他以『墮肢體，黜聰明，離形去智』為『坐忘』，這顯是反智性的。」〔註20〕姜廣輝在主編的《中國經學思想史》中也持同樣的觀點。他說：「道家的思想體系則顯出一種反智主義的特點。」〔註21〕那麼莊子果真如此嗎？（由於本文重點討論莊子，關於老子是否為反智主義的思想則暫不討論，以後另寫文章專門討論。）

　　不過，《莊子》一書中，的確有很多表面上看起來是反對知識的言論。如《養生主》開篇就說：「吾生也有涯，而知也無涯。以有涯隨無涯，殆已！已而為知者，殆而已矣！」對知識的追求將會使人生陷入無窮的困苦當中。又如外雜篇中說，「絕聖棄知，大盜乃止……攘棄仁義，而天下之德始玄同矣」（《胠篋》）、「不尚賢」（《天地》），否則「天下每每大亂，罪在於好知」（《胠篋》）、「任知則民相盜」（《庚桑楚》）等。但如果我們進一步思考莊子他為什麼要表面上強烈反對知識的話，結果發現他只是迫不得已。因為莊子追求的是一種個人自我價值的實現。這種價值體現在人們對真理智慧的把握，而不是單純的知識。世人之所以「多知為敗」，是因為他們把知識的追求當作了終極的目標，而遺忘了個體存在生命的意義。他們不瞭解人應該與至道合一，卻讓知識擾亂了心靈的純和。於是，只有拋棄內心當中自以為是的觀念，才能消解理性的傲慢與偏見，這樣才能「與天地精神而往來」。心靈的純和是一

〔註19〕　白壽彝：《中國通史》第三卷，上海人民出版社，1989年版，第1240頁。
〔註20〕　余英時：《中國思想傳統及其現代變遷》，廣西師範大學出版社，2004年4月，第283頁。
〔註21〕　姜廣輝：《中國經學思想史》，中國社會科學出版社，2003年9月，第34頁。

種虛靜的狀態，莊子論心齋時說：「若一志，無聽之以耳而聽之以心，無聽之以心而聽之以氣！聽止於耳，心止於符。氣也者，虛而待物者也。唯道集虛。虛者，心齋也。」所謂「聽之以氣」即是心境空虛，而與物相應待。心境空虛，則與道合而爲一。因此莊子通過孔子說的「心齋」即是保持內心的虛靜。淮南子《精神訓》：「虛無者，道之所居也。」〔註 22〕《詮言訓》：「虛者，道之捨也。」〔註 23〕也是此意。將自己的感覺引向虛無之境，達到「未始有回」的神秘體驗，從而擺脫因與世界萬物接觸而帶來的煩惱。因此莊子表面上所謂反對知識的言論，只是讓人們「知止」，而並不是所謂的反智論。「知止」就是知道自己的本性，返回到自己的內心而已。反之，對外界無窮無盡的追求只會讓自己內心更加痛苦罷了。莊子說：

　　夫大道不稱，大辯不言，大仁不仁，大廉不嗛，大勇不忮，道昭而不道，言辯而不及，仁常而不成，廉清而不信，勇忮而不成。五者圓而幾向方矣。故知止其所不知，至矣。孰知不言之辯，不道之道？若有能知，此之謂天府。(《齊物論》)

「知止其所不知」這才是最高的智慧（至矣）。因爲眞正的大道，最高的眞理是無法用語言表達出來的（大道不稱、道昭而不道）。而在《天道》篇中莊子更提出「知者不言、言者不知」，並借用輪扁與桓公對話的寓言故事，將所謂的聖人之言的書籍貶爲糟粕。這提醒人們如果用有限的生命去追求無涯的知識，那是非常危險的一件事，況且無涯的知識中又包涵不知道多少糟粕。因此，懂得知止，才是人生的最大的智慧。懂得知止，才能拋棄文明矯揉造作的習慣、多餘的需求和錯誤的偏見，才能回到自己的內心，傾聽到它隱秘的情感，而獲得良知、眞理的指引。知止正是立足於自我與自然存在的關係中，認識到主體自我的能與不能，如此才可能在實踐中擺脫盲目性，止於所應止，找到自我存在的價值與目標。

　　莊子對知止的論說，在很大程度上揭示了知識與眞理之間的矛盾。這種矛盾在莊子哲學中暴露十分徹底：知識是邏輯性的理性推理而眞理智慧則是非邏輯性體悟式的得意忘言。這種書不盡言，言不盡意的智慧觀，使得莊子在表達自己的思想時常常採取了寓言、重言、卮言等審美式的體悟方式。因此，莊子的知識觀不是一般人理解的認識論，而是一種修養論或者說是一種

〔註 22〕何寧撰：《淮南子集釋》，北京：中華書局，1998 年，中冊，第 504 頁。
〔註 23〕同上，第 998 頁。

境界論。這種體悟方式使人認識到，無限的世界不是知識的對象，不能希望通過不斷的知識積累，實現自我的價值與自由。反而只能通過對心靈的自覺，從而達到化解有限自我的存在而達到永恆。莊子對個體自由的嚮往，對人生意義與眞知的追求，使得他不得不在形式上、表面上做出反對知識的姿態。從而在整體生命的觀照下強調知識的局限性。難道我們還能說莊子是一個反智論者嗎？

明晰了莊子的「知止觀」之後，那麼就可以進一步洞曉「天籟」的內涵了。在前面我們說到「天籟」其實是針對「人籟」所發，沒有人個體性的存在也就沒有所謂的「天籟」了。「地籟」只是作爲引出「天籟」的一個過度。「天籟」包括「地籟」和一部分無「機心」的「人籟」。那麼何謂無「機心」的「人籟」呢？莊子在《大宗師》中說過：「其耆欲深者，其天機淺。」他反對過分的人爲與機心，是因爲這些向外追求的欲望，會擾亂人內心的平靜。所謂「有機械者必有機事，有機事者必有機心。機心存於胸中，則純白不備；純白不備，則神生不定；神生不定者，道之所不載也。吾非不知，羞而不爲也。」（《天地》）如果我們忘掉知識與技巧，懂得知止，就會到達合於天德的境界。如莊子在《刻意》中說：「去知與故，循天之理。故無天災，無物累，無人非，無鬼責。……其神純粹，其魂不罷。虛無恬惔，乃合天德。」因此，「人籟」與「天籟」相通的那部分只能是懂得知止，才能喪我、心齋和坐忘而獲得眞知的人所發的言論。

三、齊物與天籟

通過前面兩節的論述，我們基本上弄清楚了莊子「天籟」的基本內涵。但這顯然是不夠的，因爲我們並不能深刻理解爲什麼子綦批評子游「女聞人籟而未聞地籟，女聞地籟而未聞天籟夫」！如果想當然的話，子綦直接告訴子游「天籟」的內涵就行了，又何必引出齊是非、齊生死、莊周夢蝶等等一系列其他論述呢？那麼原因只有一個，莊子後面的論述就是爲了進一步說明什麼是「天籟」，對達到何謂「天籟」境界的描述。由此可知，《齊物論》一文的中心點不是「吾喪我」也不是「齊物」等觀念，而是「天籟」。「吾喪我」與「齊物」只是認識「天籟」，體悟「天籟」境界的手段，而不是最終目的。在「天籟的內涵」一節，我們對「吾喪我」與「天籟」的關係已經論述，下面我們著重論述莊子的齊物思想及與「天籟」之間的關係。

上面提到，莊子所追求的是一種自由的人生，也就是藝術化的人生。這種人生需要個體自我的心靈自覺。而在現實中，煩惱卻又無窮無盡，個體的自我又怎麼能憑空使人生藝術化而達到心靈的自覺呢？老子說「為道日損，損之又損，以至於無為」（《道德經·第四十八章》），這樣才能清靜無為而與道合一。但在莊子看來，如何「日損」才是最重要的。而這種通過「日損」達到個體自我「獨與天地精神相往來」的「天籟」境界的根本方式在於「齊物」。

「齊物」思想可以說貫穿了莊子哲學的始終。無論是在事物的美醜、大小、高低上還是人與自然、人與人的是非、善惡相互關係以及知識與真理智慧的差別中，莊子的齊物觀都無不有所體現。它是莊子批評當時思想學界的理論武器也是他提出對人生藝術化和境界論的主要方法。在人的生命過程中，對是非對錯的判斷，對生的執著與死的恐懼是人最難抉擇與擺脫的宿命。因此在這一節，我們著重考察莊子齊物論思想的也正是這兩個方面：「齊是非」和「齊生死」。如果這兩個問題闡釋清楚了，那麼我們也就基本上明晰了莊子是如何擺脫宿命而獲得自由這一哲學的關鍵。另外也真正明白了莊子的「天籟」境界到底是什麼。下面我們首先來考察莊子的「齊是非」思想。

春秋戰國時代，諸子百家對事物的評論各執一端，相互非難，甚至為了自己一方的利益而顛倒是非。莊子在《齊物論》中寫道：「故有儒墨之是非，以是其所非而非其所是。」這種利用知識混淆是非掩蓋黑白，結果造成大道被遮蔽，道術被分裂。從而使得無奈與痛苦壓迫著人們的心靈。莊子對人們在是非辯論的過程中表現出的焦慮有深刻的體會，他說：

> 大知閒閒，小知間間；大言炎炎，小言詹詹。其寐也魂交，其覺也形開。與接為構，日以心鬥……小恐惴惴，大恐縵縵。其發若機栝，其司是非之謂也；其留如詛盟，其守勝之謂也；其殺若秋冬，以言其日消也；其溺之所為之，不可使復之也；……近死之心，莫使復陽也。喜怒哀樂，慮歎變慹，姚佚啟態；樂出虛，蒸成菌。日夜相代乎前，而莫知其所萌。已乎，已乎！旦暮得此，其所由以生乎！（《齊物論》）

人們為了爭奪各自的利益和目的，免不了「與接為構，日以心鬥」，結果「小恐惴惴，大恐縵縵」。這些憂慮使自己陷溺盲目的追求中而不能自拔。精神上的痛苦幾乎影響著、控制著每一個人。因此，莊子要擺脫此種苦痛，首先要

齊是非。如果一個人擺脫是非對錯的執著後，那麼痛苦也會減輕。他的齊是非觀點可分為三個層次：

第一，是非彼此因對方而存在，雖然相互對立，但又不能取消，恰如矛盾對立的雙方。莊子說：

> 非彼無我，非我無所取。（《齊物論》）

> 彼出於是，是亦因彼，彼是方生之說也。雖然方生方死，方死方生；方可方不可，方不可方可；因是因非，因非因是。（《齊物論》）

第二，是非對錯不是絕對的，它因辯論的時間、環境等外界因素改變而改變。換一個辯論的立場與角度，那麼結論也就完全不同了。莊子說：

> 可乎可，不可乎不可。道行之而成，物謂之而然。惡乎然？然於然。惡乎不然？不然於不然。物固有所然，物固有所可。物無不然，物無不可。（《齊物論》）

> 因其所大而大之，則萬物莫不大；因其所小而小之，則萬物莫不小。……因其所有而有之，則萬物莫不有；因其所無而無之，則萬物莫不無。……因其所然而然之，則萬物莫不然；因其所非而非之，則萬物莫不非。（《秋水》）

第三，是非對錯的標準不是絕對的，所以在莊子看來是非對錯的辯論也是沒有意義的。它既無法被證實也無法被證偽。莊子說：

> 「即使我與若辯矣，若勝我，我不若勝，若果是也，我果非也邪？我勝若，若不吾勝，我果是也，而果非也邪？其或是也，其或非也邪？其俱是也，其俱非也邪？我與若不能相知也，則人固受其黮？，吾誰使正之？使同乎若者正之？既與若同矣，惡能正之！使同乎我者正之？既同乎我矣，惡能正之！使異乎我與若者正之？既異乎我與若矣，惡能正之！使同乎我與若者正之？既同乎我與若矣，惡能正之！然則我與若與人，俱不能相知也。（《齊物論》）

由此，很多人認定莊子是相對主義。其實這是誤解了他。在前面我們提到，莊子的對事物的認識不是一種認識論，而是一種修養論或者境界論。莊子論述的目的在於使個體自我認識到知識性的邏輯辯論的困境。他曾說過「豈唯形骸有聾盲哉？夫知亦有之」（《逍遙遊》），個體存在的局限性是誰也無法避免的。在一些根本的價值原則上，誰是誰非在莊子看來是誰也確定不了的事。這就如神是否存在，靈魂到底會不會隨著個體死後一同消滅的問

題，沒有人能證明，但也沒有人能否定。用康德的話來說這是存在我們知識之外的緣故。因此，在生命的旅途中、在追求知識的道路上，我們應該要知止。在對待是非的辯論的態度上，莊子處理的方式是「莫若以明」，「休乎天鈞」，「照之於天」，也就是讓智慧之光照進心靈，從而使個體自我擺脫是非爭論所帶來的痛苦，通過「吾喪我」達到「天籟」的境界。

接著，我們討論莊子齊物思想中的第二個方面：「齊生死」。它同樣可以三個層次進行論證：

第一，生死一齊。莊子不僅在是非上認爲一齊的，而且在對待生死問題上也是如此。《知北遊》說：「人之生，氣之聚也。聚則爲生，散則爲死。」人本來都是氣產生的，死後又復歸於氣，這些氣進行新的組合，演變成新的事物。這一過程也就是莊子所說的「物化」，因此生生死死只是一種永不停息的循環而已：

> 其分也，成也；其成也，毀也。凡物無成與毀，復通爲一。(《齊物論》)

> 萬物一府，死生同狀。(《天地》)

第二，強調死比生好，改變人們對生死的喜惡，從而打破了人們對死亡的恐懼心理。莊子認爲人們對生的執著是一種迷惑，而死猶如漂泊在外的人們回到了故鄉。另外，莊子通過與骷髏的對話，將死亡世界描寫成人人嚮往的地方，沒有階級的壓迫，沒有四季的變化，甚至比當王還要舒適，從而強調死比生好。由此，希望藉此改變人們對生死的看法，破除人們內心對死的憂慮。如莊子說：

> 予惡乎知說生之非惑邪！予惡乎知惡死之非弱喪而不知歸者邪！……予惡乎知夫死者不悔其始之蘄生乎！(《齊物論》)

> 夜半，髑髏見夢曰：「子之談者似辯士。視子所言，皆生人之累也，死則無此矣。子欲聞死之說乎？」莊子曰：「然。」髑髏曰：「死，無君於上，無臣於下；亦無四時之事，從然以天地爲春秋，雖南面王樂，不能過也。」莊子不信，曰：「吾使司命復生子形，爲子骨肉肌膚，反子父母妻子閭里知識，子欲之乎？」髑髏深矉蹙頞曰：「吾安能棄南面王樂而復爲人間之勞乎！」(《至樂》)

第三，順其自然，與大道共遊。莊子所要做的不單是破除人們內心對死亡的恐懼心理，更重要的是達到「不熱」、「不寒」、「不驚」的境界，從而順

應自然的變化，與道同遊，與天地萬物為一體。如莊子說：

> 至人神矣！大澤焚而不能熱，河漢冱而不能寒，疾雷破山、飄
> 風振海而不能驚。若然者，乘雲氣，騎日月，而遊乎四海之外，死
> 生無變於己，而況利害之端乎！（《齊物論》）

> 上與造物者遊，而下與外死生無終始者為友。（《天下》）

　　結合對「齊是非」「齊生死」的考察，我們基本可以知道，莊子提出「齊
物」思想的主要目的是破斥人們對是非的執著，對死亡的恐懼，從而達到與
道同遊，與天地萬物為一的逍遙境界。而人為什麼有對是非、生死的執著呢？
在莊子看來是因為人們內心有俗我的存在。於是諸子百家各以小知小見為自
是，以為天下之道術盡在於我，那麼與自己意見相同的則為正確的，而與自
己意見相悖的就是不正確的，就如儒墨兩家相互牴觸一樣，是是非非終究無
法齊同。面對這種是非不齊給人無法抉擇所帶來無窮痛苦的困境，莊子用他
的齊物理論，在生命意義的追求道路上劈開了一扇窗口。只有這樣，才能在
濁浪排空、紅塵匝地的世界中尋找到人生的自由。如此以來，物論不必要齊
同而是非的爭論自然就會消除了。這也就讓我們明白莊子為什麼在《齊物論》
開篇就提出要人們「吾喪我」這一重要命題。在他看來，只有「吾喪我」的
人才能感受到「天籟」之音。因此，莊子所描繪的「與道同遊，與天地萬物
為一的逍遙」的「齊物」境界也就是「天籟」境界。

　　綜上可知，「天籟」這一概念可以說是理解《齊物論》的一個關鍵所在。
《齊物論》一文的中心點不是「吾喪我」也不是「齊物」等觀念，而是「天
籟」。「吾喪我」與「齊物」只是認識「天籟」，體悟「天籟」境界的手段，而
不是最終目的。文章一開始就提出只有達到「吾喪我」境界的人才能知道什
麼是真正的「天籟」。但因不明大道的人們各自懷有成心與偏見，所以莊子只
能退而求其次，順著眾人的思維，不得已而辯之。其實最高的齊物境界就是
什麼都不要辯論，連言語都要忘卻。正所謂「道可道，非常道」，佛家說：「第
一義不可說也。」說出來也就不是第一義了。於是莊子針對是非、美醜、善
惡、生死等等觀點進行逐一分析，逐一破斥。他希望人們要懂得知止，才能
進一步用智慧的光芒照亮內心，實現自我的自由與價值，從而達到「與天地
萬物為一」的「天籟」境界。

致　謝

　　時光流水，白駒過隙。轉眼三年就過去了，然而在這個不眠的深夜，我想起了許多的往事。

　　在高中階段，我曾經許下過願望，我一定要到北京上大學。這樣的話，我就可以到現場去看08年北京奧運會了。然而事與願違，我進入了一所地方大學求學。在大學中，我感受到的並不是希望與幸福，更多的卻是茫然與失落。在大學中，我看到的並不是對知識的渴望與尊重，更多的是荒誕與絕望。在那很長的一段時間裏，我迷失了自己，很多次地想放棄學業，我不知道大學存在的意義在哪裏。後來我把自己流放到了圖書館，希望能從先賢智者的人生思考中尋找到生命意義的所在。在那段苦悶的時間，我每天寫日記，做讀書筆記。在那四年中我寫了 3 部長篇小說和若干些散文詩詞。在快畢業面臨工作的時候，出於對文學的愛好以及人生意義的追求，我決定放棄我學生物工程的專業，轉入到對哲學學習中。好的文藝必然來自偉大的思想者，而哲學是思想的精華所在。於是，研究生階段我選擇了哲學。

　　研究生生活是我成長的三年，在這裡我學會了基本的學術規範。在與嶽麓山和湘江爲伴的日子裏，讓我明確了自己人生所尋求的方向。有一位老師在課堂上與我們聊天說到人生的意義的話題時，他說：人生就像一顆種子，我們所做的就是讓這個種子儘量吸取養分，使它盡力地成長。他認爲人生最不後悔的一種生活方式就是將時間花在讀書上。這些觀點似乎就是我冥冥中要尋找的。在碩士階段，我選擇了老莊作爲我的畢業論文的方向。莊子那種淡泊名利的心態讓我在紅塵匝地的世界中淡然了許多。雖然以老莊道家爲中心，但是我並沒有將自己局限在他們的思維世界中。對一切未知的知識，不

管是西方的經典還是中國的經典，我都保持著一種開放的態度。在很多的時間中，我常常感歎「吾生也有涯，而知也無涯」，什麼時候才能將書讀完呀！對於孔子、耶穌、釋迦牟尼、慧能等先賢們說他們如何如何大悟、聰明大開時，我總是抱著一種懷疑的態度。可是又怎麼可能不信呢？當我遇到人生中的問題時，發現這些問題他們早已經經歷過了，並且想的比我更深，也有了很好的解決方式。回頭想來，是不是我的生命就只能在他們思想籠罩下過完一生呢？我不甘心！但我只能默默行著。

在碩士論文寫作的過程中，我讀到了李景林老師的書，我決定報考他的博士研究生。希望能在儒、道兩方面都有所研讀。隨著考試時間的臨近，我懷著忐忑的心情給李老師寫了一封郵件。他看了之後，說歡迎報考，並對嶽麓書院的學習環境讚美了一番。後來在面試的時候才第一次見到他。考完後的某一天，我接到周師兄的電話。說李老師打電話給我，我沒有接到。後回了李老師的電話，他問了我一些考博的情況，讓我等消息。與李老師通話後，我還迫不及待地去了北京一趟。後來通過周耿師兄得知老師已經把我的名字報上去了，我這才安心下來了。因為我知道每年考李老師學生太多了。

在北京三年生活中，我第一次感受到了北方寒冷的冬天。樹葉幾乎掉光，灰蒼蒼的大地，再加上灰濛濛的霧霾。整個世界似乎都沒有生機一樣。但這些對於南方的我來說並沒有太大的影響。在有著多暖夏涼的圖書館，我感覺就很知足了。三年的博士生活是一段單調寂寞的人生旅程，它也是我成長的三.我將自己的大部分時間放在了圖書館。我知道自己不是那種天才型人物，但我相信大器晚成。在這裡我特別要感謝李景林老師，是他的眼力和信任使我有機會在北師大求學，是他的包容和理解使我有機會閱讀自己喜歡的書和選自己愛好的研究課題。在這三年中，他從來不會對我提任何要求，也不要求我參與什麼課題。這樣我才有可能將時間和精力放在自己感興趣的研究上。他說，寫任何文章都應該經過反覆的思考與琢磨，寫出來的每個字都應該經得其考驗的。這種對知識尊重的表現對我產生了很大的影響。

本書從選題到最後的成稿都凝聚著李老師的心血，雖然論文有些地方遠沒有達到李老師的要求，但是在以後我會繼續努力前行的。除了李老師外，我還要特別感謝李祥俊老師、強昱老師、張奇偉老師、田智忠老師、章偉文老師、蔣麗梅老師。從您們的課程和與您們的交流中，我受益匪淺。《列子·湯問》：「薛譚學謳於秦青，未窮青之技，自謂盡之，遂辭歸。秦青弗止，餞

於郊衢，扶節悲歌，聲振林木，響遏行雲。薛譚乃謝求反，終身不敢言歸。」
雖然我要離開您們了，但我自知您們的知識我並沒有「盡之」，儘管如此，您
們的恩德與教誨我會一直保留在內心的深處。

　　在生活和學習的旅程中，我還要感謝周耿師兄，是他在我學習的旅程中
給了我許多很好的建議，激勵我前行。和他相識 6 年，在讀書會上 5 年多的
讀書、討論的歲月中，從他那裡我學到了很多。在博士的生活中，我要感謝
我的室友，我的朋友馮俊，在和他一起生活的時間裏，我學會了對待生活的
不同態度，那些一起談天討論的學術、時事、政治等問題的日日夜夜，都是
我美好的回憶。我還要感謝戰世錯同學，他對我的討論問題時的對我的鼓勵
都使我變得更好。還要感謝賈椏釗、程旺、張曉立、陳永勝、劉宏等同學，
還有馬曉慧師妹、李興興師妹、王涵師妹、唐玉潔師妹、張輝師弟、鄭超師
弟、戴勝宇師弟，彭愛華師兄，是你們讓我的博士生活多姿多彩。最後，要
感謝我的父母，我的哥哥、妹妹，鄧翌軒，是你們讓我有一個學習上進的機
會，是你們讓我覺得生活是多麼的美好。

鄧夢軍

2015 年 3 月 19 日

　　補記：畢業後，我來到了廈門工作。轉眼就快三年了。去年 6 月份接到
花木蘭文化事業有限公司的編輯楊嘉樂老師的短信，她說，經李景林老師推
薦，出版社有意要出版我的博士論文，起初有點小興奮，後來我感到很是緊
張。記得北齊的著名學者顏之推曾說，「觀天下書未遍，不敢妄下雌黃」，而
自己很多的必讀書我都未曾讀過，更何況是天下書了。黃侃先生說：「五十歲
以前不著書。」而自己三十歲不到就想著要出版自己的書，心中的愧疚之心
頓時無處安放。治學著書在前人先賢們的眼中，是非常嚴肅的一件事，正所
謂「文章千古事」。而自己似乎未免太浮躁、太功利了。

　　當接到可以出版的通知後，我就抓緊時間把自己的論文找來整理整理。
回頭來看自己兩三年前的論文，總覺得有很多不滿意的地方。甚至在某些個
凌晨的深夜，我認為這個論文有必要重新來寫。心想如果出版它，自己以後
一定會「悔其少作」的。後來轉念一想，既然是自己當時的所思所想，能出
版它不管怎樣也算是代表著自己過去的一段人生旅程。也許正因為它的不
足，以鞭策我在以後的日子裏成為更好的自己。

關於先秦儒家代表人物的王道思想，現在的想法與當時的似乎有了一些改變。這種改變在我後補入的《王道理念與禮法實踐》一文中已經有所體現。另外，本書還收錄了其他三篇論文。有兩篇是關於《莊子》的論文，一篇是關於《論語》的文章。因本人在碩士階段主要研究的是《莊子》，故有一些這些年繼續閱讀的心得。另一篇關於《論語》的論文主要是受吳龍輝老師的《〈論語〉是儒家集團的共同綱領》一文而寫。這是要特別說明的。

在廈門工作的這些日子裏，有過彷徨、有過迷惘。自己反覆思考著自己的選擇到底是否違背了初心。工作也就是工作。在讀書治學方面就如電影《霸王別姬》裏面所說的「人得自個成全自個」。最後，在廈門我很幸運地找到了自己未來的終身伴侶。謝謝她。

2018 年 5 月 8 日星期二